Siegfried Stoll
Der Situationsansatz im Kindergarten

Siegfried Stoll

Der Situationsansatz im Kindergarten

Möglichkeiten seiner Verwirklichung

Der Autor:
Siegfried Stoll, Jahrgang 1966, Kinderpfleger, Erzieher,
Dipl. Sozialpädagoge, tätig in der Jugend- und Erwachsenenbildung
Adresse: Siegfried Stoll, Horststr. 26, 35236 Breidenbach

Die Deutsche Bibliothek - CIP-Einheitsaufnahme

Stoll, Siegfried:
Der Situationsansatz im Kindergarten : Möglichkeiten seiner
Verwirklichung / Siegfried Stoll. - Berlin ; FIPP-Verl., 1995
ISBN 3-924830-39-8

Alleinauslieferung: Juventa Verlag Weinheim und München

Das Werk einschließlich aller seiner Teile ist urheberrechtlich geschützt.
Jede Verwertung außerhalb der engen Grenzen des Urheberrechts-
gesetzes ist ohne Zustimmung des Verlages unzulässig und strafbar.
Das gilt insbesondere für Vervielfältigungen, Übersetzungen, Mikrover-
filmungen und die Einspeicherung und Verarbeitung in elektronischen
Systemen.

© 1995 FIPP Verlag Berlin
Redaktion: Christa Preissing, Cornelia Stauß
Layout: Cornelia Stauß
Umschlaggestaltung: Dietrich Otte
Titelfoto: Siegfried Stoll, Kinder im Kindergarten Winterkasten
Printed in Germany
ISBN 3-924830-39-8

Inhalt

Vorwort	9
Einleitung und Begriffsbestimmung	15

**Der Situationsansatz – Das Kind ist der Ausgangs-
und Mittelpunkt der pädagogischen Arbeit nach
diesem Konzept** ... 19
Situationsanlaß, Situationsanalyse und Situation –
Grundbegriffe des Situationsansatzes ... 21
Verlauf eines pädagogischen Projektes nach den
Prinzipien des Situationsansatzes ... 28

Gegenstand und Struktur des Situationsansatzes ... 36
Die ethischen und pragmatischen Grundlagen der
pädagogischen Arbeit nach dem Situationsansatz ... 36
Das Menschenbild des Situationsansatzes ... 36
Die Pädagogik der Befreiung nach Paulo Freire ... 42
**Der Situationsansatz – seine Merkmale und Prinzipien als
Voraussetzung seiner Verwirklichung** ... 47
Prinzipien einer Arbeit nach dem Situationsansatz ... 51
    Gemeinwesenorientierung ... 51
    Der Bezug zu Lebenssituationen von Kindern ... 56
Einbezug der Eltern in die pädagogische Arbeit ... **57**
    Leben und Lernen in altersgemischten Gruppen ... 58
    Die Verbindung von sozialem und instrumentellem Lernen ... 60
    Generationsübergreifendes Lernen ... 61
    Wandlung des Verhältnisses zwischen Lehrenden und Lernenden ... 62
    Offene Planung ... 63
    (Handlungs-)Räume für Kinder ... 65
    Lebendige Teamarbeit ... 67
    Begleitung und Beratung der Praktikantinnen und Praktikanten ... 69
    Kooperation mit den Ausbildungsstätten ... 70
    Kooperation mit dem Träger ... 71
    Übergreifende Zusammenarbeit mit anderen Kindergärten ... 72
    Kinder haben Rechte! ... 73
Situationsansatz und Religion – Gedankensplitter ... 82

**Felderkundungen –
Der Situationsansatz in der Praxis**   87
Pädagogisches Arbeiten nach dem Situationsansatz –
dargestellt am Beispiel der Kindergärten Lorsch und
Winterkasten   90
„Willste auch 'en warmes Toastbrot?" –
meine ersten Eindrücke und Empfindungen beim
Besuch der Kindergärten Winterkasten und Lorsch   91
Institutionsbeschreibung   94
Kindergarten Winterkasten   94
Kindergarten Lorsch   96
**Analyse der Raumgestaltung in den Kindergärten Winterkasten
und Lorsch anhand der Kriterien des Situationsansatzes**   97
Pädagogische Konzeption   104
Dokumentation von Projekten und Diskussionsergebnissen
von Elternabenden und Kinderkonferenzen in Broschüren
und Wandzeitungen   107
Das pädagogische Projekt „Einbruch, Diebstahl, Angst"   110
des Kindergartens Winterkasten   110
„*Mit* Kindern sprechen und nicht zu ihnen" –   117
Die Kinderkonferenz   117
Das gleitende Frühstück   123
Zusammenarbeit mit den Eltern   127
Teamarbeit   132
Öffentlichkeitsarbeit   134
„Wir lernen am Leben ... „ – Einschätzungen von
Sieglinde Mühlum und Marion Boehm zu einer
Arbeit nach dem Situationsansatz   135
Resümee der pädagogischen Arbeit in den
Kindergärten Lorsch und Winterkasten   141

Der Situationsansatz in der gegenwärtigen wissenschaftlichen Diskussion   143
Wissenschaftler/innen, die bei dem Versuch einer Standortbestimmung einbezogen wurden   145
Die gegenwärtige wissenschaftliche Diskussion – ein Überblick   146
„Think global, act local" – ein Gespräch mit Jürgen Zimmer,
Christa Preissing, Thomas Thiel   154
„ ... es hat mit dem eigenen Mensch-Sein zu tun!" –   163
ein Gespräch mit Armin Krenz   163
Eine Standortbestimmung zur Erzieherinnenausbildung
von Günther Scheibehenne   174

Anhang 178
„Einbruch, Diebstahl, Angst" ein pädagogisches Projekt des
Kindergartens Winterkasten 178
Pädagogische Konzeption des Kindergartens Lorsch 184
Dankeschön – sage ich... 188
Literaturverzeichnis 189

„Wo kämen wir hin,

wenn alle sagten:

‚Wo kämen wir hin‘,

und niemand ginge

einmal zu schauen,

wohin man käme,

wenn man ginge?"

Kurt Marti

(MARTI, zit. nach STRECKER, 1990, S. 32)

Vorwort

Die Auseinandersetzung mit dem Situationsansatz in diesem Buch hat ihre Geschichte: Meine Geschichte.
 Durch meine Ausbildung als Kinderpfleger und Erzieher und durch die Arbeit in Kindergärten erhielt ich einen Einblick in die Praxis. Im Verlauf meiner Erzieherausbildung lernte ich den Situationsansatz kennen und vertiefte meine Auseinandersetzung mit diesem pädagogischen Konzept im Rahmen meines Studium an der Universität-Gesamthochschule Siegen. So thematisierte ich den Situationsansatz auch in meiner Diplomarbeit. Meine wissenschaftliche Arbeit stellt die Grundlage für dieses Buch dar, in dem der Situationsansatz erörtert und zur Diskussion gestellt wird.

Es war für mich nicht so einfach, dieses Konzept zu verstehen, bei dem es nicht darum geht, Kinder zu beschäftigen, sondern sich mit den Kindern damit zu befassen, was die Kinder beschäftigt. Einen Grund für meine Schwierigkeiten sehe ich in meiner Ausbildung als Kinderpfleger und Erzieher, die ich zum großen Teil als sehr verschult erlebt habe. Oft sah ich mich einer Frontalunterrichtung in beiden Ausbildungsabschnitten ausgesetzt. Ebenso antidialogisch, wie ich überwiegend unterrichtet wurde, führte ich Aktivitäten im Kindergarten im Rahmen der Kinderpflegerausbildung durch:
 Aktivitäten (besser: schulisch diktierte Beschäftigungsmaßnahmen), die in der Praxis unter dem kritischen Auge der Lehrerin und der Kindergartenleiterin (beide saßen daneben und beteiligten sich nicht) stattfanden, und anschließend benotet wurden, hatten keinen Bezug zu der Lebenssituation der Kinder und der Gruppe: Die Inhalte der Aktivitäten, die mit den Kindern durchgeführt werden mußten, und bei denen die Kinder vorgeführt wurden, waren an ein von der Schule vorgegebenes Thema gebunden. Ein Gesamtthemengebiet wurde genannt und wir Kinderpflegerschüler/innen mußten Beschäftigungen aus dem Ärmel schütteln, die vorher nach einem rigiden System, einem Schema – man könnte es auch „Denk- und Handlungsschablone" nennen – in einer Ausarbeitung erörtert werden mußten.
 Mit Kindern, die vorher ausgesucht wurden (überwiegend jene, die besonders gut basteln konnten...), führte ich die Beschäftigungen in einem nicht mehr genutzten Gruppenraum im Keller des Kindergartens durch. Im Rahmen der „herbstlichen Aktivität" war ich genötigt, die Kinder für das Basteln von Blättermännchen zu begeistern, bei der „weihnachtlichen Aktivität" für das Basteln von Tischlaternen (ich glau-

be, ich hatte am wenigsten dazu Lust!), bei der „hauswirtschaftlichen Aktivität" für das Bauen einer Futterglocke und bei der „spielerischen Aktivität" für das Basteln eines Tischtheaters.

Die tatsächlichen Bedürfnisse und Gefühle der Kinder blieben mehr oder weniger außen vor – meine auch. Die Kinder wurden beschäftigt – sie taten etwas, weil ich etwas mit ihnen tun mußte; ihnen wurde Schaffen aufgedrückt – aber eine sinnverbindende Auseinandersetzung mit dem, was die Kinder tatsächlich beschäftigte, was sie berührte, was sie spürten, fand kaum statt bzw. konnte gar nicht stattfinden.

Angesichts dieses fragwürdigen Umgangs mit Kindern hätte der polnische Kinderarzt und Pädagoge Janusz Korczak seine Aussage stellvertretend für jene Kinder wiederholt: „Ihr fesseltet meine Taten, aber meinen Gedanken ließ ich freien Lauf" (vgl. KORCZAK, 1978, S. 105).

In der Fachschule für Sozialpädagogik (FSP) erlebte ich im Verlauf meiner Erzieherausbildung ebenfalls in einem gewissen Rahmen eine funktionsorientierte Ausbildung: Auch hier wurde uns vermittelt, wie man minutiös Beschäftigungen auszuarbeiten hat. Die Aktivitäten wurden dann an Kindern in einem nahegelegenen Kindergarten ausprobiert – wir Studierenden kannten überhaupt nicht die Situation der einzelnen Kinder und der Gruppe... .

Allerdings soll, darf und kann den Lehrerinnen und Lehrern sowie den Erzieherinnen, mit denen und bei denen ich diese pointiert skizzierten Situationen erlebte, kein Vorwurf gemacht werden: Sie alle haben ihre individuelle Lebens- und Lerngeschichte, die zu dem jeweiligen Erleben, Denken und Verhalten führte. Ich möchte mich für meinen Teil nachträglich bei den Kindern entschuldigen, die ich bei den mir verordneten Beschäftigungen in eine „Denk- und Handlungsschablone" gepreßt und ihnen damit Raum zur Entwicklung genommen habe.

Einen Kontrast gegenüber den geschilderten Eindrücken stellte der Unterricht in der FSP von Dr. Günther Scheibehenne dar. Trotz der ungünstigen schulischen Strukturen bemühte er sich couragiert, mit uns Studierenden so oft wie möglich das „Geschwür" Schule zu verlassen und projektorientiert „vor Ort" zu lernen.

Bei Günther Scheibehenne lernte ich den Situationsansatz kennen. In selbstorganisierten Arbeitsgruppen, die sich auch noch außerhalb der Schule trafen, tasteten wir uns Stück für Stück vorwärts. Wir diskutierten über den Ansatz, über unsere Unklarheiten, Fragen und Irritationen und führten Praxiserkundungen durch. Wir sprachen mit Kindern, Erzieherinnen und Eltern sowie mit Personen von Institutionen, die mit der Arbeit im Kindergarten in Verbindung stehen. Darüber hinaus sichteten wir Fachliteratur und werteten sie aus. Jede Arbeitsgruppe dokumentierte ihre Erlebnisse und Ergebnisse und stellte den anderen Gruppen ihr spezifisches Wissen zur Verfügung.

Günther Scheibehenne danke ich recht herzlich dafür, daß er uns Studierenden Raum für diese Erfahrungen gab. Ich möchte ihn gleichzeitig ermutigen, einen solchen lebendigen Unterricht trotz aller Widrigkeiten und trotz aller damit verbundenen Mühe weiter zu praktizieren! Danken möchte ich ihm auch dafür, daß er im Rahmen eines Interviews, das in diesem Buch zusammengefaßt ist, engagiert und couragiert eine Standortbestimmung der Ausbildung an der FSP vornahm.

Meine Sympathie zu dem Situationsansatz wuchs, als ich versuchte, ihn im Verlauf meines Berufspraktikums – also nach dem zweijährigen Ausbildungsabschnitt an der FSP – in der Praxis zu realisieren. So bemühte ich mich, die Situation der Kinder mit den Kindern zu erkunden. Ich führte Projekte im sozialen Umfeld durch und spürte dabei das Interesse und die Begeisterung der Kinder und anderer beteiligter Personen. Mir wurde aber bald bewußt, daß es kaum möglich ist, nach dem Situationsansatz zu arbeiten, wenn nicht das gesamte Team dieses Konzept als Grundlage für die pädagogische Arbeit wählt.

Dennoch entwickelten sich für mich und für die Kinder neue Lernfelder und dadurch viele Möglichkeiten, Erfahrungen miteinander zu machen. Ich war nicht immer in der Lage, zu beschreiben und zu verstehen, welche Prozesse sich da abspielten – bei mir, bei den einzelnen Kindern, bei den Eltern, bei den Kolleginnen und bei anderen an Projekten beteiligten Personen. Es entstand der Wunsch, die praktischen Erfahrungen durch weiteres Wissen zu reflektieren und zu vertiefen. So begann ich mein Studium, bei dem ich u.a. sehr persönliche und für mich äußerst wichtige Erfahrungen machte. Dadurch wurde es mir möglich, weitere Schätze, die im Situationsansatz verborgen sind, zu heben. Die Schatzsuche geht nach wie vor weiter ...

Dieser Verweis auf meine eigene Geschichte ist bedeutsam, da die Ausführungen in diesem Buch nicht von einem blutleeren Phantom stammen, sondern eben von mir. Ich beschreibe das Konzept des Situationsansatzes auf dem Hintergrund meiner (beruflichen) Geschichte, meines derzeitigen Wissens, meiner derzeitigen Erfahrung und meiner derzeitigen Situation. Das Buch ist jedoch kein Tagebuch, bei dem ich über meine Erlebnisse berichte. Die Ausführungen stehen aber in Zusammenhang mit meinem Erleben und Handeln und mit meinem damit verbundenen Denken und Fühlen. Sie dokumentieren somit auch ein Stück weit meine Kenntnisse, meine Unkenntnisse, meine Stärken und meine Schwächen. Zu beachten ist, daß die Leserin und der Leser den Situationsansatz, so wie er hier vorgestellt und diskutiert wird, durch „meine Brille" sieht sowie aus der Sicht jener Menschen, die in diesem

Buch zu Wort kommen, und die ebenfalls auf dem Hintergrund ihrer Lebensgeschichte, ihres Wissens und ihrer Erfahrungen Stellung beziehen. Es wird niemand erspart bleiben, sich selbst auf Spurensuche zu begeben, um sich eine eigene Meinung bilden zu können.

Ebenso wie ich und die Beteiligten an diesem Buch hat auch jede Leserin und jeder Leser – und in diesem Kontext jede Erzieherin ihre eigene Lebensgeschichte, die hinter dem jeweiligen Fühlen, Handeln und Denken steht. Aufgrund dieser Lebensgeschichte handelt die Erzieherin, wie sie handelt. Wenn nun eine Erzieherin über ihre pädagogische Arbeit nachdenkt – muß sie deshalb immer auch über ihre Lebensgeschichte nachdenken und sich auf sich selber einlassen – eben sich selber erleben und erfahren wollen.

Bei einer pädagogischen Arbeit nach dem Situationsansatz ist die Bereitschaft zur Selbsterfahrung eine Grundbedingung, denn Erzieherinnen, die nach diesem Konzept arbeiten, verstehen nicht nur die Kinder, sondern auch sich selber als Lernende.

Was das für die praktische Arbeit bedeutet, soll durch das Beschreiben der pädagogischen Arbeit von Mitarbeiterinnen zweier südhessischer Kindergärten (Lorsch und Winterkasten) verdeutlicht werden.

Im Verlauf meiner Recherchen traf ich dort eine lebendige pädagogische Arbeit nach dem Situationsansatz an, die in diesem Buch dargestellt wird. Innerhalb einer einwöchigen Hospitation lernte ich von den Kindern und den dort tätigen Mitarbeiterinnen unendlich viel.

Ich danke den Kindern und den dort tätigen Kolleginnen recht herzlich dafür. Ohne deren freundliche, engagierte, mutmachende und einfühlsame Unterstützung, ohne deren Annahme und Wertschätzung wäre eine Arbeit in dieser Form nicht möglich gewesen. Ich danke ihnen auch für die tatkräftige Mitarbeit bei der Gestaltung des Praxisteiles. Ich bedanke mich zudem dafür, daß sie es mir ermöglichten, ihre pädagogische Arbeit zu dokumentieren.

Die exemplarische Darstellung der Arbeit dieser beiden Kindergärten soll nicht zu einer Glorifizierung führen. Dies wäre auch nicht im Sinne der dort tätigen Erzieherinnen. Die Beschreibung der angetroffenen Arbeit soll nicht suggerieren, daß der Situationsansatz nur so, wie am Beispiel dargestellt, realisiert werden kann. Eine solche Einengung widerspräche dem Konzept. Es wäre dann wiederum eine „Denk- und Handlungsschablone"!

Insofern ist das Buch nicht als „Handlungsanleitung" für Erzieherinnen zu verstehen, die nach diesem Konzept arbeiten wollen, sondern als eine Diskussionsgrundlage, die zum Verständnis des Konzeptes beitragen will.

Dieses Buch soll dazu anregen, die eigene Persönlichkeit zu hinterfragen, die eigene **Haltung** gegenüber Kindern zu reflektieren und die eigene pädagogische Arbeit zu überdenken.

Es ist ein Plädoyer für eine Kindergartenpädagogik, bei der das Kind Ausgangs- und Mittelpunkt der pädagogischen Arbeit ist.

Es ist ein Plädoyer für eine Kindergartenpädagogik, die auf der Einsicht basiert, daß Kinder gleichberechtigte Individuen sind.

Es ist ein Plädoyer für eine Kindergartenpädagogik, bei der Kinder als Würde-Träger verstanden werden; bei der Kindern mit Be-Achtung begegnet wird.

Es ist ein Plädoyer für eine Kindergartenpädagogik, die auf der Erkenntnis beruht, daß jedes Kind seine *eigene* Deutung von Leben hat, und sein Er-Leben und Ver-Halten das Resultat dieser Deutung ist.

Es ist ein Plädoyer für eine Kindergartenpädagogik, die sich nicht selber genügt, sondern bei der „Offenheit, Sensibilität und persönliche, pädagogische und politische Wachheit" (KRENZ, 1993a, S. 9) zum wesentlichen Merkmal wird.

Es soll eine Ermutigung für Erzieherinnen sein, sich auf eine pädagogische Arbeit nach dem Situationsansatz einzulassen. Damit wende ich mich ganz besonders an jene Erzieherinnen, die mit ihrer momentanen Arbeit unzufrieden sind, die frustriert sind, die sich müde, ausgepowert und unsicher fühlen; die wissen, daß sie eine verantwortungsvolle und bedeutsame Tätigkeit ausüben, aber das Gefühl haben, daß sie ihren eigenen Ansprüchen nicht gerecht werden. Vielleicht beinhaltet ja diese (Krisen)-Situation die Triebfeder für eine Rückbesinnung der eigenen Arbeit. Vielleicht ist das Buch jenen Erzieherinnen eine Hilfe bei der Klärung u.a. folgender Fragen: Welche Haltung habe ich gegenüber mir? Welche Haltung habe ich gegenüber dem Kind? Wie möchte ich arbeiten, wie nicht? Welche an mich gestellten Erwartungen kann und will ich erfüllen, welche nicht? Und: Wie kann ich so leben und arbeiten, daß ich mich wohl fühle; daß ich mich über mich und meine Arbeit freue.

Darüber hinaus soll dieses Buch ein Beitrag zum Brückenbauen sein. Es kann also auch als „Brücken-Bau-Buch" verstanden werden. So ist zu beobachten, daß der Dialog von Personen, die verschiedene pädagogische Konzepte vertreten, nicht immer gesucht wird. Möglicherweise sind wohl auch durch Vorurteile Gräben entstanden, die einen Diskurs erschweren. Dies ist vielleicht auch der Fall bei Personen, die das gleiche Konzept favorisieren. Zu wünschen ist deshalb ein effektiver Dialog und damit ein Austausch von klar formulierten Meinungen und Argumenten, bei dem sich alle Beteiligten weiterentwickeln können – und damit die pädagogische Arbeit mit den Kindern.

Vielleicht kommen durch dieses Buch Erzieherinnen, die nach dem Situationsansatz arbeiten, mit Erzieherinnen, die nicht nach dem Situationsansatz arbeiten und die ihn möglicherweise noch gar nicht kennen bzw. ihm gleichgültig gegenüber stehen oder ihn sogar ablehnen, miteinander ins Gespräch. Vielleicht ist dies auch bei angehenden Erzieherinnen und Erziehern, Eltern, Fachreferentinnen und -referenten, Dozentinnen und Dozenten, Studentinnen und Studenten, Hochschullehrerinnen und Hochschullehrern sowie anderen Interessierten der Fall. Ich möchte dazu ausdrücklich ermutigen!

Ganz herzlich danke ich meiner Dozentin, der Dipl. Pädagogin Songrid Hürtgen-Busch, und meinem Hochschullehrer Prof. Dr. Werner Metzler, die mir das Thema überlassen und mich vorbildlich beim Erstellen meiner wissenschaftlichen Arbeit begleitet haben. Darüber hinaus danke ich beiden dafür, daß sie mich bei der Erstellung des Manuskriptes für dieses Buch ermutigt sowie engagiert und einfühlsam beraten haben.

Ich bedanke mich zudem bei jenen Wissenschaftlerinnen und Wissenschaftlern, mit denen ich im Rahmen meiner Forschungen zu dieser Arbeit diskutierte, stritt, nachdachte, lachte, mich schriftlich austauschte und die mir geduldig und freundlich Auskunft gaben.

Das sind Prof. Dr. Norbert Huppertz, Dr. Armin Krenz, Dr. Christa Preissing, Dipl. Pädagoge Thomas Thiel und Prof. Dr. Jürgen Zimmer.

Zudem danke ich Cornelia Stauß und Dr. Christa Preissing für die angenehme Zusammenarbeit bei der Gestaltung und Herausgabe des Buches.

Ich wünsche nun viel Spaß beim Lesen, eine riesige Portion Neugier und: Mut zum Gefühl!

Siegfried Stoll, Breidenbach-Kleingladenbach im Juni 1995

Einleitung und Begriffsbestimmung

„Wir beobachten, daß unsere Gesellschaft ganz allgemein Kinder vorzeitig auf die Maßstäbe der Erwachsenenwelt ausrichtet. Sie schafft immer weniger Lebensbedingungen, die den Kindern gemäß sind, vielmehr beeilt sie sich, die Kinder verfrüht an die Lebensformen des Erwachsenenalters anzupassen. Kinder werden also weniger als das gesehen, was sie sind, als das, was aus ihnen werden soll, so als wäre die Kindheit nur ein Provisorium, ein Vorstadium des vollwertigen Lebens. ... Jedenfalls nimmt die Kindheit immer mehr den Charakter einer puren Trainingsphase an. Die Freiheit der Kinder zum Ausleben ihrer momentanen Bedürfnisse wird zugunsten künftiger Anforderungen im Übermaß eingeengt" (RICHTER, 1993, S. 197).

Mit diesen Aussagen umschreibt der Gießener Psychoanalytiker und Hochschullehrer Horst-Eberhard Richter in zutreffender Weise ein Dilemma, das auch in der pädagogischen Praxis anzutreffen ist:

Kinder werden nicht gesehen als das, was sie sind, nämlich als Individuen, die unendlich viele Kompetenzen, Gefühle und Gedanken haben, sondern eher als defizitäre Menschen, die sich noch in einem Zustand der „Unfertigkeit" befinden und auf eine bestimmte Lebensphase hin trainiert werden müssen. Bei einer solchen Haltung wird jedoch übersehen, daß jeder Mensch Kompetenzen hat und daß es keinen Mensch gibt, dessen Entwicklung völlig abgeschlossen ist. Aufgrund einer defizitorientierten Sichtweise und einer daraus resultierenden Kindergartenpädagogik dürfen Kinder nicht sie selber sein.

Ihre Erlebnisse, ihre Erfahrungen und ihre damit verbundenen Gefühle sowie ihre bereits vorhandenen vielfältigen sozialen und instrumentellen Kompetenzen werden oft nicht wahrgenommen bzw. nicht in adäquater Weise in der pädagogischen Arbeit berücksichtigt. Stattdessen werden zweifelhafte (oft genug von der Lebenswirklichkeit der Kinder isolierte künstlich arrangierte) Aktivitäten mit wohlmeinenden Zielen durchgeführt, bei denen die Kinder aber wenig Raum haben, ihre Betroffenheiten, ihre Themen, ihre Lage, ihren Zustand, ihre Bedürfnisse, ihren Bedarf, ihre Lebenswirklichkeit, kurz: ihre Situation einzubringen, sich verbal und ganz besonders nonverbal auszudrücken und sich frei-zu-spielen.

Tagesabläufe sind relativ starr festgelegt, die Zeiten, in denen die Kinder spielen, frühstücken und auf den Hof gehen (dürfen), werden teilweise noch von den Erzieherinnen vorgegeben und Gruppenräume sind so eingerichtet, daß Kinder kaum oder gar nicht unbeobachtet spielen, sich wohlfühlen oder sich zum Schmusen und Kuscheln zurückziehen können.

Demgegenüber ermöglicht der Situationsansatz eine pädagogische Arbeit, bei der nicht Fremdbestimmung und fragwürdige Beschäftigungsmaßnahmen aus reinem Selbstzweck („etwas tun, damit etwas getan wird...") im Mittelpunkt stehen, sondern das Kind, das Kind in seinem Erleben „hier und jetzt".

Es ist kaum möglich, den Situationsansatz durch das Lesen von Büchern zu verstehen und zu begreifen. Also: Das Buch jetzt wieder zur Seite legen? Nein. Die hier vorgenommene Beschreibung des Situationsansatzes kann dazu beitragen, dieses Konzept besser nachzuvollziehen. Aber: Der Situationsansatz wird erst durch das eigene Er-leben, durch das Er-spüren, Er-tasten und Er-fragen nachvollziehbar und führt dadurch zum Er-staunen – über die Chancen und Möglichkeiten, die dieses Konzept beinhaltet. Allerdings kann dieses Buch nur ein „Appetithäppchen" sein und lediglich einen begrenzten Einblick in eine Arbeit nach dem Situationsansatz geben.

Zu Beginn werden die Grundbegriffe, der Gegenstand und die Struktur des Situationsansatzes dargestellt und erläutert.

Im zweiten Teil steht die Praxis im Mittelpunkt. Am Beispiel von zwei Kindergärten wird pädagogische Arbeit nach dem Situationsansatz beschrieben und diskutiert.

Im letzten Teil wird der Versuch einer Standortbestimmung der wissenschaftlichen Diskussion bezüglich des Situationsansatzes vorgenommen.

Das Buch entstand im Dialog mit Kindern, mit Erzieherinnen, mit Eltern, mit Wissenschaftlerinnen und Wissenschaftlern sowie mit einem Dozenten einer FSP. Das entspricht dem dialogischen Grundsatz des Situationsansatzes.

Um zu verdeutlichen, daß auf das Konzept der Arbeitsgruppe Vorschulerziehung des Deutschen Jugendinstitutes (DJI) Bezug genommen wird, wird der Terminus „Situationsansatz" verwendet, den auch die Wissenschaftlerinnen und Wissenschaftler des DJI benutzen (ZIMMER, o. J., S. 2, ARBEITSGRUPPE VORSCHULERZIEHUNG, 1979, S. 73, BAMBACH, 1973, S. 173, COLBERG-SCHRADER, 1986, S. 9, COLBERG-SCHRADER, 1991a, S. 8, COLBERG-SCHRADER, 1991b, S. 12).

Ausdrücklich ist der „Situationsansatz" von dem „Situativen Ansatz" und dem „Situativen Arbeiten" abzugrenzen.

Dies soll in Anlehnung an Ausführungen von Armin Krenz im Verlauf eines Interviews, das in Kapitel vier („Der Situationsansatz in der gegenwärtigen Diskussion") dokumentiert ist, an einem vereinfachten Beispiel skizziert und damit verdeutlicht werden:

Bei einer pädagogischen Arbeit nach dem Situationsansatz wird eine Erzieherin nicht gleich das Thema „Tod" mit den Kindern erörtern, wenn die Oma eines Kindes gestorben ist. Gemeinsam mit dem betroffenen Kind und den anderen Kindern in der Gruppe wird sie untersuchen, was das Thema des Kindes ist, inwiefern die Gruppe davon betroffen ist, welchen konkreten Erlebnissen und Gefühlen des Kindes und der Kinder nachgegangen werden soll und welche Kompetenzen die Beteiligten dieser Situation benötigen und bereits haben, um sie bewältigen zu können. Dabei könnte beispielsweise festgestellt werden, daß das Kind sehr traurig darüber ist, weil die Oma die einzige Person war, die mit ihm spielte, denn beide Eltern müssen arbeiten. Möglicherweise fürchtet es sich auch vor dem Alleinesein und sucht Freundinnen und Freunde. So könnte die Situation, nachdem im Verlauf einer Situationsanalyse sein soziales Umfeld näher untersucht wurde, z.B. heißen: „Ich suche und brauche Freundinnen und Freunde" oder: „Ich habe Angst vor dem Alleine-Sein". Ausgangspunkt / Situationsanlaß war der Tod der Oma.

Erzieherinnen, die nach dem „Situativen Ansatz" arbeiten, gehen automatisch davon aus, bei diesem Beispiel müsse das Thema „Tod" bearbeitet werden, und erarbeiten dies anhand der Prinzipien, die der Situationsansatz beinhaltet. Diese Prinzipien werden später dargestellt.

Bei einer „Situativen Arbeit" warten die Erzieherinnen „auf die Dinge, die da kommen" – es ist eher reaktives Tun und Handeln ohne Berücksichtigung der tatsächlichen Bedürfnisse, ohne Berücksichtigung des tatsächlichen Bedarfs der Kinder.

Beispiel: Ein Kind berichtet begeistert, wie es mit seinem Opa einen Imker besucht und die Bienen bewundert hat. Es kommt immer wieder auf dieses Thema zurück. Die Erzieherin lauscht seinen Ausführungen und erinnert sich an die Bastelaktivität „Basteln von Bienen mit Baststreifen". Diese Beschäftigung bietet sie dann an. Darüber hinaus singt sie mit dem Kind und mit den anderen Kindern „Summ summ summ, Bienchen flieg herum" und stellt den Kindern die Märchencassette „Biene Maja" zur Verfügung.

Es ist zu beobachten, daß in der Praxis eine solches Vorgehen, wie in diesem Beispiel skizziert, als eine Arbeit nach dem Situationsansatz verstanden und bezeichnet wird. „Situative Arbeit" und eine Arbeit nach dem „Situativen Ansatz" entsprechen aber nicht einer pädagogischen Arbeit nach dem Situationsansatz. Dies mag sich nach „Wortklauberei" anhören. Daß dem aber nicht so ist, wird im weiteren Verlauf dargestellt. In diesem Zusammenhang wird bei der Erörterung der Grundbegriffe des Situationsansatzes darauf hingewiesen, daß alleine schon durch den Begriff „Situation", der beim Situationsansatz eine andere Bedeutung hat als in der Alltagssprache, Irritationen entstehen können. Dieses Buch soll deshalb zur Klärung beitragen.

Während ich den Terminus „Situationsansatz" benutze, spricht Armin Krenz von dem „Situationsorientierten Ansatz in der sozialpädagogischen Praxis" (KRENZ, 1992, S. 7). Dieser Begriff korrespondiert mit dem Terminus „Situationsorientiertes Arbeiten" (ALMSTEDT, 1980, S. 11) mit dem die niedersächsische Projektgruppe des Erprobungsprogrammes operierte. Sie verwendete aber auch den Begriff „Situationsansatz" (ebd., S. 17).

Da ich die inhaltlichen Forderungen an eine Arbeit nach dem „Situationsorientierten Ansatz", so wie ihn Krenz darstellt, teile, wäre auch eine Benutzung des Terminus „Situationsorientierter Ansatz" möglich gewesen.

Im Verlauf der Ausführungen werden Wörter entgegen der üblichen Schreibweise getrennt.

Beispiel: Ent-wicklung, Ver-wicklung etc. Damit soll auf die besondere Bedeutung des Wortes, das in bezug auf eine Aussage gewählt wurde, hingewiesen werden.

Um schwer lesbare Satzgebilde zu vermeiden, verwende ich ausschließlich die Begriffe „Erzieherin" und „Erzieherinnen". Das gleiche gilt für die Worte „Praktikantin" und „Praktikantinnen".

Der Situationsansatz

Das Kind ist der Ausgangs- und Mittelpunkt der pädagogischen Arbeit nach diesem Konzept

Der Situationsansatz – das Kind ist der Ausgangs- und Mittelpunkt der pädagogischen Arbeit nach diesem Konzept

Ausgangs- und Mittelpunkt einer pädagogischen Arbeit nach dem Situationsansatz ist das Kind – das Kind in seinem Erleben und Verhalten „hier und jetzt".

Ausgangs- und Mittelpunkt einer pädagogischen Arbeit nach dem Situationsansatz sind demnach die Themen, die die Kinder in den Kindergarten bringen, die sich dort in vielfältiger Form aktualisieren und die sich im Alltag durch das Zusammen-Sein im Kindergarten ergeben.

Erzieherinnen, die nach dem Situationsansatz arbeiten, versuchen, die Themen der Kinder wahrzunehmen. Sie verstehen diese Themen als Ausgangs- und Mittelpunkt der pädagogischen Arbeit.

Das setzt voraus, sich auf das Erleben und Verhalten der Kinder einzulassen, eben: Mit ihnen zu arbeiten (nicht für sie), sie zu beobachten und sich mit der Geschichte des Kindes und der Kinder zu befassen. Dies ist die Voraussetzung für eine pädagogische Arbeit, bei der auch tatsächlich die Kinder der Ausgangs- und Mittelpunkt sind. Dazu bietet das Konzept des Situationsansatzes konkrete Hilfestellung. Eine pädagogische Arbeit nach diesem Konzept setzt ein genaues Wissen über den Inhalt der Grundbegriffe des Ansatzes und deren Bedeutung für eine Realisierung voraus.

Die drei Grundbegriffe lauten: „Situationsanlaß", „Situationsanalyse" und „Situation".

Situationsanlaß, Situationsanalyse und Situation – Grundbegriffe des Situationsansatzes

Bei einer Arbeit nach dem Situationsansatz wird unterschieden zwischen dem „Situationsanlaß", der „Situationsanalyse" und der „Situation".

„Situationsanlässe" (ARBEITSGRUPPE VORSCHULERZIEHUNG, 1979, S. 73) sind „Vorfälle, wie sie im Kindergarten, in der Familie oder im Gemeinwesen zu finden sind" (ebd., S. 73). Solche Vorfälle sind beispielsweise wiederkehrende Konflikte der Kinder in der Gruppe oder der begeisterte Bericht eines Kindes über seinen Zoobesuch am Wochenende, „der bevorstehende Eintritt in die Schule, die Trennung der Eltern, die Geburt einer Schwester oder eines Bruders, der Tod des Großvaters, der Wegzug der Familie" (ebd., S. 73).

Ein Situationsanlaß kann auch die Errichtung eines Abenteuerspielplatzes sein, der Ausbau einer Straße und der damit möglicherweise einhergehende Abriß einer von den Kinder zum Spiel genutzten alten Scheune, der Umbau des Kindergartens, das Fällen eines von den Kindern geliebten Baumes, der Umzug eines oder mehrerer Kindergartenkinder, die Krankheit eines Kindes, der Tod eines Kindes oder ein Einbruch in den Kindergarten.

Kurz: Jedes Ereignis im sozialen Umfeld des Kindes kann ein Situationsanlaß sein, sofern es mit dem Erleben und Verhalten des Kindes in irgendeiner Beziehung steht, wobei dies von dem Kind ebenso erlebt werden muß.

Diese Anlässe stellen jedoch nicht gleichzeitig auch die Situation des Kindes und der Kinder im Sinne des Situationsansatzes dar. Sie sind demzufolge nicht gleichzeitig automatisch das Thema für ein pädagogisches Projekt.

So wäre es mit Sicherheit verfehlt, aufgrund der begeisterten und immer wiederkehrenden Erzählungen eines Kindes über den Zoobesuch mit seinen Eltern, wobei dann vielleicht auch die anderen Kindern über ihre Erlebnisse von einem Tierparkbesuch berichten, ein Projekt mit dem Thema „Zoo" durchzuführen. Vielmehr ist es hier nun wichtig, herauszufinden, welche Bedeutung dieser Zoobesuch für das Kind möglicherweise hat und ob das Kind verbal oder nonverbal Auskunft über seine derzeitige „Lage" gibt.

War es vielleicht für das Kind deshalb schön, weil es mit seinem Vater, der von der Mutter getrennt lebt, die Tiere bestaunt hat, oder, weil die Eltern sich an diesem Wochenende einmal intensiv um das Kind und nicht um die kleine Schwester gekümmert haben? Ähnliches müßte bei den anderen Kindern herausgefunden werden, um Hypothesen über die Situation des Kindes und der Gruppe bilden zu können. Es wird deutlich, wie wichtig es ist, Situationsanlaß und Situation zu unterscheiden. Somit wäre, um bei dem Beispiel zu bleiben, der Zoobesuch Situationsanlaß. Anhand der Erzählungen, der Rollenspiele, Bilder und Zeichnungen etc. des Kindes versucht die Erzieherin mit dem Kind, seine derzeitige Lage, seine Situation zu lokalisieren. So äußert das Kind möglicherweise seine Freude über die bei dem Zoobesuch erlebte Zuwendung der Eltern und gleichzeitig den Ärger, die Eifersuchtsgefühle gegenüber der Schwester, die Wut über die intensive Zuwendung der Eltern gegenüber der Schwester und vielleicht sein Gefühl, vernachlässigt und nicht ausreichend beachtet zu werden.

Es wäre jedoch nicht redlich zu sagen, Erzieherinnen könnten mit absoluter Sicherheit die Bedeutsamkeit eines Themas für das Kind und seine Lage herausfinden. So werden (subjektive) Einschätzungs- und

Beurteilungsfehler immer möglich sein. Deshalb kann der Anspruch nicht darin bestehen, sie auszugrenzen, weil es eine irreale Vorstellung wäre, dies zu können. Es geht vielmehr darum, sie soweit wie möglich einzugrenzen und immer stärker zu minimieren (vgl. KRENZ, 1992, S. 86).

Der Schlüssel dazu liegt beim Kind bzw. der Schlüssel ist das Kind. Das Kind wird verbal und/oder non-verbal mitteilen, ob die Erzieherin seine individuellen Bedürfnisse zu seiner Zufriedenheit verstanden oder nicht verstanden hat.

Wichtig ist deshalb eine genaue Beobachtung und der Dialog mit dem Kind, den Eltern, den Kolleginnen und mit anderen Personen. Dadurch können sich Klärungen von Beobachtungen der Erzieherinnen ergeben, die darauf hinweisen, daß das Kind Ereignisse wahrgenommen hat, die es nicht alleine verarbeiten kann und wo es auf eine Begleitung angewiesen ist. Erzieherinnen, die nach dem Situationsansatz arbeiten, müssen daher gute Beobachterinnen sein. Dazu gehört auch, daß sie kontinuierlich Tagebuch über ihre Beobachtungen führen, und in diesem Rahmen kurz und prägnant Ereignisse und Vorfälle im Tagesablauf notieren. Nach einer gründlichen Beobachtung versucht die Erzieherin, die Hintergründe für das jeweilige Verhalten und Erleben mit dem Kindes herauszufinden.

Da das Erleben und Verhalten des Kindes, da die „Situation" des Kindes, wie bereits dargestellt, in engem Zusammenhang mit den Erlebnissen in seinem sozialen Umfeld steht, wird es nun not-wendig, den Erlebnissen des Kindes gemeinsam mit dem Kind und den Kindern nach-zu-gehen und damit seinen bzw. ihren Freuden und Nöten. Insofern kann ein Projekt, bei dem die Not von einem oder mehreren Kinder thematisiert wird, eine Wende für das Kind oder die Kinder bedeuten, weil das Kind und/oder die Kinder dadurch Be- und Verarbeitungshilfen erhält bzw. erhalten. Jedoch basiert die Situation eines Kindes nicht nur auf Krisenereignissen, sondern auch auf seinen freudigen Erlebnissen. Insofern werden mit den Kindern bei einer Arbeit nach dem Situationsansatz nicht nur Problemthemen erarbeitet, sondern natürlich auch jene Themen, mit denen die Kinder angenehme Erlebnisse verbinden. Die Themen, die bei den Projekten erkundet werden, sind so vielfältig wie das Leben selber. Aber: Es ist die Stärke des Konzeptes, daß Kinder, die Probleme haben, eine Entwicklungsunterstützung erhalten, weil ihr Problem ein Thema sein kann (nicht muß), dem im Rahmen eines pädagogischen Projektes nachgegangen wird. Um Wissen über die mögliche Situation des Kindes und der Kinder zu erhalten, muß eine Situationsanalyse durchgeführt werden. Dabei bezieht die Erzieherin das Kind und möglichst alle anderen Beteiligten ein.

Unter einer „*Situationsanalyse*" versteht man „alle jene Überlegungen, die Erziehende dazu befähigen, zu begründen, warum sie etwas mit den Kindern bearbeiten, warum sie ihnen Freiräume einräumen und dort durch eigene Anregungen, Informationen, Projektvorschläge ins Geschehen eingreifen. Situationsanalysen sind zum Beispiel Nachforschungen darüber, wie Kinder im Einzugsgebiet des Kindergartens leben. Es können aber auch Nachfragen zu Alltagsabläufen in der Einrichtung sein, Beobachtungen, Diskussionsergebnisse, Hintergrundüberlegungen zu bestimmten Ereignissen. Diese ersten wesentlichen Planungsschritte werden sich je nach Zugang zu einer Fragestellung ganz unterschiedlich niederschlagen: in Beobachtungsnotizen, Protokollen, Sammlungen von Zeitungsartikeln, in Elternbriefen, gemeinsam angefertigten Collagen usw." (COLBERG-SCHRADER, 1991b, S. 113).

Bei einer Situationsanalyse gehen Erzieherinnen mit den Kindern und Eltern „Fragen zur Erschließung des Lebensumfeldes von Kindern" (ebd., S. 113) und „Fragen zur Erschließung von Inhalten und zur Planung von Arbeitsschritten bei der Thematisierung einer für Kinder wichtigen Situation" (ebd., S. 115) nach.

Bei der Erschließung des Lebensumfeldes wird die bauliche Wohnumwelt, die soziale Beziehungswelt und die Situation der Familie mit den Beteiligten erkundet (vgl. S. 113 f). Außerdem stehen Überlegungen an, mit welchen Personen und Institutionen kooperiert werden kann, welche Arbeitsschritte sinnvoll sind, und welche Schlüsse aus bisherigen Praxisverläufen gezogen werden können (vgl. ebd., S. 117 f).

Anhand einer Situationsanalyse werden aufgrund der gewonnen Informationen Hypothesen gebildet: Was könnte die Ursache von einem bestimmten beobachteten Verhalten sein? Was könnte ein Kind in dieser Situation bewegen? Welche Fragen werden aufgeworfen? Welche Gefühle hat möglicherweise das Kind? Welche Bedürfnisse könnte das Kind haben? Welche Gefühle haben möglicherweise die anderen Beteiligten? Für die Erzieherin dürfte es hilfreich sein, zu versuchen, sich gemeinsam mit den Kolleginnen in die Lage des Kindes hineinzuversetzen. Dabei könnte folgenden Fragen nachgegangen werden: Welche Gefühle spüre ich? Welche Bedürfnisse habe ich? Habe ich vielleicht schon einmal ähnliches erlebt? Wie fühle ich mich, wenn ich mich daran erinnere? Was brauche ich in dieser Situation?

Noch ein wichtiger Hinweis zur „Spurensuche" bei der Situationsanalyse: Es ist nicht möglich und nicht nötig, daß Erzieherinnen alleine entsprechende Erkundungen anstellen, und wie ein Detektiv verdeckt recherchieren. Dies ist auch nicht damit gemeint. Ebensowenig sollen

Eltern und andere Erwachsene ausgehorcht und belehrt werden. Es geht hier vielmehr um das offene einfühlende Gespräch, um den Dialog mit dem Kind und mit Personen, die mit dem Kind und den Kindern hinsichtlich seiner spezifischen Situation in Verbindung stehen. Es geht zudem um den Austausch mit fachkompetenten Personen.

So kann eine pädagogische Arbeit nach dem Situationsansatz nur dann praktiziert werden, wenn sich der Kindergarten öffnet, und die Erzieherinnen mit Kolleginnen, mit Kindern, Eltern, Fachleuten und anderen Personen zusammenarbeiten. Möglicherweise werden nicht alle Eltern mit den Erzieherinnen kooperieren. Dies ist eine Realität, die, so bedauerlich sie auch ist, zur Kenntnis genommen werden muß. Aber es ist im Interesse des Kindes, daß Erzieherinnen den Dialog mit den Eltern suchen, denn erst aufgrund einer Zusammenarbeit mit den Eltern und der Familie der Kinder (viele Themen der Kinder haben ihren Ursprung in Ereignissen im familiären Umfeld) ist es möglich, der Situation des Kindes und der Kinder nachzugehen. In der Regel kann davon ausgegangen werden, daß Eltern an einer Zusammenarbeit interessiert sind. Das zeigen auch die Praxisbeispiele in diesem Buch.

Mit Hilfe der Situationsanalyse kann im günstigsten Falle eine Brücke gebaut werden: eine Brücke zum Kind, um sein Erleben und Verhalten besser verstehen zu können. Eine Brücke, um seine derzeitige Lage, um seine Situation erspüren und erahnen zu können. Ich verwende bewußt das Wort „erahnen". Es soll damit darauf hingewiesen werden, daß es letztendlich nicht möglich ist, die Lebenswirklichkeit des Kindes ganz zu erfassen. Jeder Mensch hat seine individuelle Deutung von Leben. Die Gefühle sind das Resultat dieser Interpretation und Bewertung. Insofern ist es auch nicht möglich, die Gefühle des Kindes ganz zu erspüren. Da sich diese Deutung, diese Bewertung insbesondere beim Kind in Symbolen bei seinem Handeln offenbart, bieten sich aber hier Anhaltspunkte für seine mögliche Situation. Deshalb ist es wichtig, zum einen über Kenntnisse des Beobachtens zu verfügen, zum anderen Symbole als solche wahrzunehmen und zu versuchen, sie zu entschlüsseln, denn: Symbole sind verschlüsselte Botschaften; sie sind eine verdichtete Gestaltung des Gemeinten (vgl. LINGEN, 1976, S. 84).

Symbole sind in Handlungen, Gebärden, Zeichnungen, Worten etc. zu finden. Sie sind ein Ausdruck, ein Name oder auch ein Bild, das uns im täglichen Leben vertraut sein kann, und das zusätzlich zu seinem herkömmlichen Sinn noch besondere Nebenbedeutungen hat (vgl. JUNG, 1982, S. 20). Wenn ein Kind beispielsweise der Erzieherin eine Blume schenkt, so kann die Blume und die Handlung ein Symbol, eine

Nachricht für die Erzieherin sein, die das Kind sendet. Sie lautet vielleicht so: *„Ich mag dich!"* Spielzeugwaffen und Dinosaurier sind für die Kinder möglicherweise Symbole für Macht und Stärke. Symbole sind somit auch Offenbarungen, die über das Befinden, über die Lage, über die Situation eines Menschen Auskunft geben. Deshalb sind sie hilfreiche „Wegweiser" bei der Erkundung der Situation des Kindes.

Aufgrund der Beobachtungen, Gespräche und Überlegungen im Rahmen der Situationsanalyse wird nun gemeinsam mit dem Kind, den Eltern und anderen Beteiligten die Situation herausgearbeitet.

Was ist mit *„Situation"* gemeint?

Der Begriff „Situation" hat beim Situationsansatz eine andere Bedeutung als in der Alltagssprache. Dies mag eine Ursache dafür sein, daß der Situationsansatz in der Praxis zuweilen mißverstanden wird. In der Alltagssprache wird im allgemeinen mit „Situation" ein konkretes beobachtbares Ereignis bezeichnet. Beim Situationsansatz werden die beobachtbaren Situationen als Situationsanlässe definiert, während mit dem Terminus „Situation" die Lage, der Zustand des Kindes und der Kinder gemeint ist. Sie ergibt sich aus dem Erleben bestimmter Ereignisse und Vorfälle. Um Irritationen auszuschließen, bezeichne ich deshalb Alltagssituationen nicht als Situationen, sondern als „Ereignisse" und „Vorfälle".

Erzieherinnen, die sich den Unterschied zwischen Situationsanlaß und Situation nicht bewußt machen, befinden sich in der Gefahr, *linear ein Ereignis oder Ereignisse zu thematisieren.* Darauf wurde eingangs hingewiesen. Dabei wird dann aber nicht die Lage, der Zustand, die Situation des Kindes, die aus dem Ereignis resultiert, thematisiert, sondern das Ereignis – also der Sachinhalt und nicht das Erleben des Kindes. Ausgangs- und Mittelpunkt einer solchen pädagogischen Arbeit ist dann nicht mehr das Kind, sondern ein spezifischer Vorfall und der damit korrespondierende Sachverhalt.

Unter der „Situation" wird also die Lage, der Zustand des Kindes verstanden. Sie ergibt sich aus einem von dem Kind wahrgenommenen Ereignis (oder mehreren Ereignissen) und den damit in Verbindung stehenden Gefühlen und Erlebnisinhalten des Kindes. Teilweise verwende ich auch gleichbedeutend das Wort „Lebenssituation". Damit soll ausdrücklich auf die Wechselwirkung zwischen den Erlebnissen des Kindes und seinem Spüren und Denken aufmerksam gemacht werden.

Die Erlebnisse, die Gefühle wie z.B. Angst, Freude, Trauer und Wut auslösen und beinhalten, sind die „Anlässe" für das individuelle Erleben und Verhalten des Kindes – aus diesen „Situationsanlässen" ergibt sich die jeweilige „Situation" des Kindes. Diese Situation kann für das Kind bedrückend sein. Somit ent-wickelt sich bei dem Kind das Bedürfnis, sich von dem Druck zu befreien – es drückt sich verbal und ganz besonders non-verbal aus. Das Bedürfnis ist also als Bedarf zu verstehen. Es ist ein Hinweis auf einen Mangel. Aufgabe der Erzieherin wäre nun, mit dem Kind und anderen Beteiligten Wege zu suchen, um den Mangel soweit als irgend möglich zu beseitigen. Dies kann im Rahmen eines Projektes passieren. Wie die Durchführung eines Projektes aussehen kann, wird gleich dargestellt.

Zusammenfassend läßt sich sagen:
In seinem näheren und weiteren sozialen Umfeld wird das Kind mit vielfältigen Ereignissen konfrontiert. Diese Ereignisse beeinflussen mehr oder weniger das Erleben und Verhalten des Kindes. Solche Ereignisse können Situationsanlässe sein. Sie können ein Anlaß sein, der sich auf das Erleben und Verhalten des Kindes in besonderer Weise auswirkt.

Dadurch befindet sich das Kind in einer spezifischen Lage, in einem Zustand, in einer Situation; in einer Situation, bei der es ggf. eine Begleitung benötigt. Eine Begleitung, die es ihm ermöglicht, seine Gefühle und Gedanken, die mit einem oder mehreren Ereignissen in Verbindung stehen, aufzuarbeiten und zu bewältigen. Dadurch kann es sich von Ver-wicklungen, die seine Situation möglicherweise beinhaltet, ent-wickeln; dadurch kann es seine Kompetenzen weiter-ent-wickeln. Aus diesem Grund ändert sich bei einer pädagogischen Arbeit nach dem Situationsansatz die Rolle der Erzieherin. Erzieherinnen „ziehen" bei diesem Konzept nicht das Kind in eine von ihnen vorgegebene Richtung, sondern begleiten und unterstützen es. Sie sind sozusagen „Entwicklungsbegleiterinnen".

Um das Erleben und Verhalten des Kindes, um seine Situation verstehen zu können, ist eine Situationsanalyse not-wendig. Die Situationsanalyse wird mit dem Kind und mit anderen Personen, die mit dem Kind und dem oder den Ereignissen in Verbindung stehen, durchgeführt. Dadurch wird das Bedingungsgefüge, das zu der Situation des Kindes und seinem daraus resultierenden Erleben und Verhalten führte, hinterfragt und „beleuchtet", um das Erleben und Verhalten des Kindes zu verstehen.

Nicht jede Situation, in der sich die einzelnen Kinder möglicherweise befinden, mündet in ein Projekt. Um das Projektthema zu definieren und um ein pädagogisches Projekt nach dem Situationsansatz zu realisieren, ist eine bestimmte Vorgehensweise notwendig.
Ein entsprechendes Planungsmodell hat Armin Krenz entwickelt.

Krenz schlägt eine sieben Punkte umfassende Planung vor, die er als „Schrittfolge des situationsorientierten Arbeitens" (KRENZ, 1992, S. 85) bezeichnet.
Zu beachten ist, daß das Modell keine Vorgabe für eine statische Planungsabfolge ist. So ist es nicht gedacht und so soll und darf es nicht verstanden werden! Die Ermittlung einer Situation ist vielmehr ein dynamischer Prozeß. Differenzierte praktische und theoretische Kenntnisse sind dafür nötig.

Erzieherinnen, die sich auf eine pädagogische Arbeit nach dem Situationsansatz einlassen möchten, sollten deshalb prüfen, ob sie die Begleitung von kompetenten Referentinnen und Referenten in Anspruch nehmen möchten. Dadurch können sie ihre bereits vorhandenen Kompetenzen weiterentwickeln. Dies gilt insbesondere für das hypothetische Beschreiben der Situation, des Projektthemas und für die Durchführung des Projektes. In diesem Rahmen wäre es dann auch möglich, sich die Möglichkeiten und Grenzen einer pädagogischen Arbeit nach dem Situationsansatz durch das eigene Erleben, durch das eigene Suchen und Finden, durch das eigene Denken und Fühlen zu vergegenwärtigen.
Die Referentinnen und Referenten des jeweiligen Verbandes, der Institution bzw. der Organisation, zu der der Kindergarten gehört, sind mit Sicherheit bei der Suche nach einer solchen Referentin bzw. nach einem solchen Referenten behilflich. Zu empfehlen ist auch ein Besuch in einem Kindergarten, der nach dem Situationsansatz arbeitet. Sinnvoll ist ein mehrtägiger Aufenthalt, denn innerhalb eines Tages dürfte es kaum möglich sein, eine pädagogische Arbeit nach dem Situationsansatz nachhaltig zu erspüren und zu erfassen.
Zweifelsohne ist jedes pädagogische Projekt nach dem Situationsansatz ein Abenteuer, eine Herausforderung für alle Beteiligten. Es ist eine Expedition, die viele angenehme und unangenehme Überraschungen beinhalten kann. Alle beteiligten Personen lassen sich auf einen einmaligen Prozeß ein. Kein Projekt, auch wenn es thematische Ähnlichkeiten gibt, gleicht dem anderen. Und daß das Kind bzw. die Kinder stets Ausgangs- und Mittelpunkt des Projektes sind und bleiben, dazu verhilft meines Erachtens die Schrittfolge, die nun dargestellt wird.

Verlauf eines pädagogischen Projektes nach den Prinzipien des Situationsansatzes

Das Schaubild von Armin Krenz verdeutlicht zunächst die Schrittfolge:

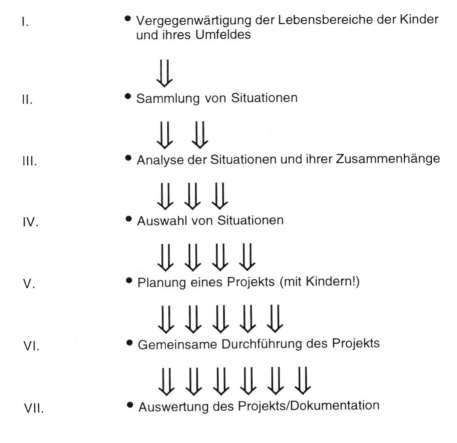

Der Verlauf eines pädagogischen Projektes nach den Prinzipien des Situationsansatz sieht folgendermaßen aus:

Im Rahmen der Vergegenwärtigung der Lebensbereiche der Kinder und ihres Umfeldes (KRENZ, 1992, S. 87) setzt sich die Erzieherin mit dem Umfeld der Kinder auseinander.

Dazu gehört beispielsweise die Familie, die weitere mitmenschliche Umwelt, das gesellschaftliche Umfeld, die Natur, die Technik, Kultur und Handwerk sowie die Religion und weltanschauliche Werte (vgl. ebd., S. 87 f). Der Erkundung der verschiedenen Bereiche liegt die Einsicht zugrunde, daß „bestimmte Lebensbereiche und Themenbereiche miteinander verzahnt sein können" (ebd., S. 88) und sind. Ganzheitliches Lernen, so wie es der Situationsansatz postuliert, „nimmt die Verzahnung der Lebensbereiche auf und tritt damit einer Isolierung einzelner Lebensbereiche entgegen" (ebd., S. 88). Natürlich sind diesen Erkundungen auch Grenzen gesetzt. Trotzdem sollte zuerst gefragt werden: Was ist möglich? Wo haben wir Bündnispartner?

Bei der Sammlung von Situationen (ebd., S. 89) werden die für die Kinder bedeutsamen Ereignisse zusammengetragen. Allerdings ist es nicht gerade einfach, „bedeutsame Situationen von unbedeutsamen Situation zu unterscheiden ... weil für Kinder weitaus mehr Situationen bedeutsam sein können als für Erwachsene" (ebd., S. 89). Andererseits ist nicht immer das für Kinder bedeutsam, was nach der Einschätzung von Erwachsenen für Kinder eigentlich bedeutsam sein müßte (vgl. ebd., S. 89). Deshalb sind „Wahrnehmungsoffenheit und Beobachtungsfähigkeit der ErzieherInnen" (ebd., S. 90) entscheidende Kompetenzen..." (vgl. ebd., S. 90)." Die Sammlung von Situationen bezieht sich auf alle Ereignisse und Geschehnisse ..., die für eine Analyse, Auswahl, Planung und Durchführung eines Projektes geeignet sind" (ebd., S. 90).

Dazu zählen beispielsweise „Äußerungen von Kindern, Erzählungen der Kinder, immer wiederkehrende Spielhandlungen, plötzliche Spielhandlungen, die vorher nicht aufgefallen sind, Berichte von Eltern über besondere Ereignisse innerhalb oder außerhalb der Familie, Verhaltensweisen und erlebte Gefühle von Kindern, Zeichnungen und Bilder, die Anlaß für das Erkennen bzw. Vermuten von besonderen Erlebnissen sein können" (vgl. ebd., S. 90 f). Insbesondere Bilder und Zeichnungen können Auskunft über die Lage des Kindes geben, denn anhand der Zeichnung drückt das Kind „seine spezifische kindliche Weltsicht aus" (WIDLÖCHER, 1993, S. 16)." Der narrative (erzählende, Anm. d. Verf.) Wert der Zeichnung hat, abgesehen von seinen Aktualitätsbezügen, vor allem eine symbolische Bedeutung. Er zeigt uns die Art und Weise, in der das Kind durch die Dinge hindurch die symbolischen Bedeutungen erlebt, die es ihnen verleiht. Seine ganze Vorstellungswelt spiegelt sich in seiner Zeichnung wider" (ebd., S. 117). Außerdem drückt das Kind in der Zeichnung „nicht nur bestimmte Gedanken und Gefühle aus, sondern es projiziert ein Gesamtbild von sich selbst auf die Zeichnung" (ebd., S. 124). Bei einer Interpretation ist es sehr wichtig, das Kind zu bitten, sein Bild zu beschreiben, und seine Erklärungen dazu genau anzuhören. Zum anderen dürfen nicht die Bezüge zu seinem sozialen Umfeld und dem Tun des Kindes übersehen werden. Ansonsten besteht die Gefahr, das Bild nicht angemessen bzw. völlig falsch zu deuten.

Danach wird eine Analyse der Situationen und ihrer Zusammenhänge (KRENZ, 1991, S. 91) vorgenommen. Im Verlauf der Situationsanalyse (s. auch oben) wird der Frage nachgegangen, „welche direkten Einflüsse" (ebd., S. 91) das Verhalten des Kindes bzw. der Kinder beeinflußt haben oder beeinflussen, „daß sich das Kind/die Kinder so verhält/so verhalten" (ebd., S. 91). Der Inhalt einer Situationsanalyse wurde bereits erörtert.

Nun findet eine Auswahl von Situationen (ebd., S. 92) statt. Dabei werden diejenigen Situationen ausgewählt, „die für eine Planung des Projektes in Frage kommen" (ebd., S. 92). Gefragt wird dabei unter anderem, „welche Situationen für die Kinder zur Zeit besonders aktuell oder von besonderem Interesse" (ebd., S. 93) sind, welche Situationen einen „wirklichen, lebensbezogenen Zusammenhang für die Kinder haben" (vgl. ebd., S. 93), welche Situationen besonders geeignet sind, „daß Kinder durch ein Aufgreifen Selbständigkeit, Selbstbewußtsein und Kompetenzen weiter aufbauen und entwickeln können" (ebd., S. 93), welche Situationen dazu beitragen können, „daß Kinder unverarbeitete oder belastende Erlebnisse mit der Zeit aufarbeiten können" (ebd., S. 93), und welche Situationen „dazu beitragen, daß Kinder erleben, daß sie in gemeinsamem Handeln mit anderen Kindern (und Erwachsenen) Situationen verändern können" (ebd., S. 93).

Anschließend beginnen die Projektplanungen (ebd., S. 94).

Gemeinsam mit den Kindern wird nach einem Thema gesucht, „das für die nächste Zeit zum Projekt erhoben wird" (ebd., S. 94). Das Thema muß nicht besonders eng eingegrenzt sein, sondern „es kann sich auch ergeben, daß ‚grundsätzliche Themen in ihrer ganzen Vielfalt' formuliert werden, die noch recht unspezifisch gehalten sind" (ebd., S. 94).

So kann das Thema „Angst" verschiedene Unterthemen haben: „Dunkelheit, Sturm, Gewitter, Alleinesein, Einbrecher, schlechte Träume, Verlaufen in der Stadt, Krieg, Versagen, Ohnmacht, vor Gefahren weglaufen usw." (KRENZ , 1992, S. 94). Das Projektthema ergibt sich sozusagen aus dem „*kleinsten gemeinsamen Nenner* eines Themas" (KRENZ, 1995, S. 22). Themen könnten auch sein: „‚Angst und Sorge', ‚Ohnmacht', ‚Neugierde und Interesse', ‚Unsicherheiten', ‚Ruhelosigkeit', ‚Suche' etc." (KRENZ, 1995, S. 22). In diesem Rahmen liegt die Entscheidung bei dem Kind, inwieweit es sich bei dem Projekt einbringt und was es für sich dabei „herausholen" möchte. Dies entspricht der Einsicht, daß Kinder ihre Bedürfnisse selber regulieren können.

Die Erzieherinnen und die Kinder beteiligen sich bei der Sammlung von Situationen, Geschehnissen und Ereignissen zum Projektthema (vgl. ebd., S. 94). Sie lassen „ihren Gedankenassoziationen freien Lauf

..., um in freien Gedankenäußerungen alles zu nennen, was ihnen dabei einfällt" (ebd., S. 94). „Bei diesem ‚Brain-storming' gilt immer die Regel: Alles ist richtig, bleibt zunächst unbewertet und wird aufgeschrieben, um es nicht zu vergessen, ohne Rücksicht darauf, ob es paßt, richtig ist, in seiner Umsetzbarkeit möglich oder denkbar ist" (ebd., S 95). Eine gute Möglichkeit dafür bietet das gemeinsame Gespräch in der Kinderkonferenz. Was eine Kinderkonferenz ist, wird im Praxisteil erläutert und beschrieben.

Im Verlauf der Gespräche äußert sich das Interesse der Kinder; „an ihrer Interessenlosigkeit oder Furcht wird besonders deutlich, wie attraktiv oder wenig attraktiv das Projektthema letztendlich ist und wie sehr sich die Kinder davon angesprochen fühlen oder eben nicht" (ebd., S. 95). Den Kindern wird bei diesem Ablauf signalisiert, daß ihre Aussagen und damit sie ernstgenommen werden, daß sie mitbestimmen und daß sie entscheidenden Einfluß auf das haben, was im Kindergarten geschieht.

Die Erzieherin muß jedoch sehr selbstkritisch vorgehen und darauf achten, daß sie nicht den Kindern ihre eigenen Ideen in den Mund legt. Daher sollte sie beispielsweise „offene Fragen" stellen, um den Kindern die Möglichkeit zu geben, ihre eigene Meinung einzubringen. Es ist aber legitim und zudem Aufgabe der Erzieherin, den Prozeß der Themenfindung anzuregen, zu begleiten und zu bündeln. Sie hat also mehr eine moderierende und unterstützende Funktion, wobei natürlich auch die Erzieherin berechtigt ist, eigene Vorstellungen und Anregungen einzubringen, denn sie ist ja auch eine beteiligte Person mit Wünschen und Bedürfnissen. Zu beachten ist, daß Planung nicht nur zu Beginn des Projektes sondern während des gesamten Projektes stattfindet. Insofern haben die hier genannten Punkte auch keinen statischen sondern einen dynamischen Charakter.

Darüber hinaus entwickelt bei einer solchen Planung die Erzieherin nicht irgendwelche genau aufgeschlüsselten Lernziele für die Kinder im konkreten Sinne wie: „Heute soll das Kind X. lernen, welche Farben es gibt" und im unkonkreten Sinne: „Das Kind Y. soll in seinem sozialen Verhalten gefördert werden." Dabei würde das individuelle Erleben und Lernen der Kinder und außer acht gelassen werden. Die Erzieherin würde dann für das Kind Denken und Handeln und nicht mit ihm. Damit würde wiederum das selbstbestimmte sinnverbindende Leben und Lernen – das selbstbestimmte Fühlen, Denken und Handeln – des Kindes und der Kinder übersehen.

Da an dieser Stelle der Unterschied zu einer Pädagogik besonders deutlich wird, bei der das Kind fremdbestimmt wird, ist eine nähere

Erläuterung und ein Hinweis auf die Ausbildung von Erzieherinnen notwendig:

Nach wie vor lernen angehende Erzieherinnen in den Ausbildungsstätten, daß genau vorbereitete „Lernzielkataloge" vor Beginn einer „Beschäftigung" anzufertigen sind. Lernzielkataloge, wo Lern-Ziele aufgeschlüsselt sind, was Kinder im Rahmen einer (oft im schulischen Muster stattfindenden) Aktivität zu lernen haben. Zumindestens bezieht sich dies oft noch auf die schulisch verordneten und diktierten Aktivitäten zur „Notenfindung." Dagegen sperrt sich jedoch grundsätzlich eine pädagogische Arbeit nach dem Situationsansatz, weil bei einer solchen Vorgehensweise die Selbstbestimmung des Kindes, sein aktives Handeln, sein Fühlen und Denken übersehen wird.

Natürlich finden Projekte und Aktivitäten nach dem Situationsansatz nicht ziellos und willkürlich statt. So orientiert sich die Zielfindung zu den einzelnen Projekten an dem grundsätzlichen Anliegen des Situationsansatzes, „Kindern – in enger Zusammenarbeit mit Eltern – die Möglichkeit (zu) geben,
* Lebensereignisse und erlebte Situationen, die die Kinder beschäftigen,
- nachzuerleben (auf der emotionalen Ebene),
- diese zu verstehen (auf der kognitiven Ebene) und
- aufzuarbeiten bzw. zu verändern (Handlungsebene),
* damit sie die Erfahrung machen,
- gegenwärtiges Leben zu verstehen und praktische Situationen bewältigen zu können.
* Dabei werden die
- individuellen Erfahrungen und Erlebnisse eines jeden Kindes – soweit wie möglich – berücksichtigt mit dem Ziel,
- eigene lebenspraktische Fähigkeiten (Kompetenzen) aufzubauen und zu erweitern,
- Erfahrungshorizonte zu vergrößern,
- Selbständigkeit weiterzuentwickeln und
- sich selbst als ein Teil von anderen Menschen zu begreifen, als ein Teil der Ökologie zu verstehen und damit selbstbewußt, kompetent und solidarisch zu denken und zu handeln.
* Dabei wird das Schwergewicht der Arbeit
- auf der Vernetzung von Situationen im Kindergarten und außerhalb des Kindergartens liegen, um künstlich hergestellte, idealtypische Situationen möglichst zu vermeiden" (KRENZ, 1992, S. 84).

Damit beziehen sich die Absichten und Ziele eines Projektes, die u.a. auch eine gefühlsmäßige Zustimmung aller Beteiligten beinhalten (ebd.,

S. 85), immer auch auf die oben formulierten Grundsatzziele. Die Entscheidungen über Ziele „sind Zwischenstadien und Ergebnisse von Verständigungsprozessen unter Situationsbeteiligten, die einander ungeachtet ihres Alters, ihrer Profession und weltanschaulichen Bindung respektieren" (COLBERG-SCHRADER, 1991b, S. 58). Es geht also „um Entscheidungen in ganz bestimmten Situationen unter ganz besonderen Menschen" (ebd., S. 58). Dies entspricht dem diskursiven demokratischen Anspruch des Situationsansatzes (vgl. ebd., S. 58).

Nach diesem Exkurs wird nun die weitere Vorgehensweise dieser „Schrittfolge" (KRENZ, 1992, S. 85) dargestellt.

Nach den gemeinsamen Planungen wird das Projekt gemeinsam durchgeführt. „Dabei werden alle Projektteile mit den Kindern möglichst so offen und flexibel gehalten, daß zumindestens im Bereich des Kindergartens die Kinder ihre Schwerpunkte selber wählen dürfen" (ebd., S. 99). Kein Kind wird gezwungen, an einer Aktivität teilzunehmen. Durch die offene Planung steht es jedem Kind frei, sich jeweils dort einzubringen, wo es selber möchte.

Wie lange ein Projekt durchgeführt wird, hängt ganz alleine von den Kinder ab. Sie teilen verbal und/oder nonverbal mit, was jetzt „dran" ist.

Am Ende eines Projektes steht die Auswertung (ebd., S. 101). Sie ist „ein fester Bestandteil des Gesamtprojektes selber" (ebd., S. 101). Die Kinder und die Erzieherin sowie möglicherweise andere an dem Projekt beteiligte Personen reflektieren dabei die Erlebnisse, Eindrücke und ihre Gefühle.

Ergänzend ist in diesem Zusammenhang die Dokumentation des pädagogischen Projektes zu nennen. So kann die Auswertung anhand von Videoaufzeichnungen, Fotos, Dias, Tonbandaufzeichnungen, Bilder und Zeichnungen der Kinder, Zeitungsartikel etc. stattfinden. Dies sind Hilfsmittel, die einen Rückblick auf Ereignisse ermöglichen. Alle Beteiligten werden dadurch an die erlebten Ereignisse erinnert. Dies ist effektiver als abstrakte und für die Kinder wenig hilfreiche Fragen wie: „Was hat euch gut und was hat euch nicht so gut gefallen?" Es geht nicht darum, daß diese Dokumente einen semiprofessionellen Charakter haben. Sie werden mit (nicht für sie) und von den Kindern erstellt und mit ihnen (nicht für sie) ausgewertet. Nicht das Endprodukt sondern der Weg, der Prozeß ist das Ziel!

Anhand dieser Medien reflektieren die an einem Projekt Beteiligten den Spaß, den eine bestimmte Aktivität (beispielsweise eine Exkursion) gemacht hat, aber auch den Ärger, die Wut, den Zorn, den Streit, der möglicherweise entstanden war. Dabei wird das ganze Projekt noch einmal lebendig, und es wird ein Nachbesinnen, ein Verabschieden vom Projekt und ein Perspektivenwandel (vgl. ebd., S. 102) möglich.

Beendet werden kann ein Projekt mit einem „gemeinsamen Projektabschlußfest" (ebd., S. 103), einem Elternabend, wo „noch einmal der gedrehte Video-Film angeschaut und besprochen werden" (ebd., S. 103) kann, mit einer Fotoausstellung und einem dabei stattfindenden kalten Büfett, das mit den Kindern zusammengestellt wurde, einem nochmaligen Besuch und einer Feier mit den alten Menschen im Altenheim, das die Kinder im Verlauf des Projektes besuchten etc.

Bei einer Vorgehensweise nach dieser Schrittfolge wird es möglich, daß die Situation des Kindes und der Kinder Ausgangs- und Mittelpunkt ist und bleibt. Es findet dann eine pädagogische Arbeit statt, bei der den Themen, bei der der Situation der Kinder nachgegangen wird.

Einen anschaulichen Einblick in eine Arbeit nach dem Situationsansatz und damit in die Planung, Durchführung und Reflexion von Projekten ermöglicht auch folgende Publikation: Mühlum, Sieglinde; Christine Lipp-Peetz (Hg.): Situationsansatz konkret. Am Beispiel des evangelischen Kindergartens in Lorsch, TPS extra, Nr. 18. Erhältlich ist die Broschüre beim Luther-Verlag, Postfach 140380, 33623 Bielefeld. Sieglinde Mühlum ist Erzieherin und leitet den evangelischen Kindergarten Lorsch. Sie hat auch bei der Erstellung des Kapitels „Felderkundungen: Der Situationsansatz in der Praxis" in diesem Buch mitgearbeitet. Die sehr zu empfehlende Broschüre verfaßte Sieglinde Mühlum gemeinsam mit der Dipl. Pädagogin Christine Lipp-Peetz. Es kann zudem eine Dia-Schau bundesweit ausgeliehen werden. Sie gibt einen Einblick in das pädagogische Projekt „Ich finde mich in meiner Gruppe nicht mehr zurecht", das im Kindergarten Lorsch durchgeführt wurde. Die Dia-Schau kann beim Landesfilmdienst Hessen, Kennedyallee 105a, 60596 Frankfurt am Main angefordert werden.

Nachdem die Grundbegriffe und die Grundlagen einer pädagogischen Arbeit dargestellt und diskutiert wurden, wird nun der Gegenstand und die Struktur des Situationsansatz beschrieben.

Gegenstand und Struktur des Situationsansatzes

Die ethischen und pragmatischen Grundlagen der pädagogischen Arbeit nach dem Situationsansatz

Eine pädagogische Arbeit nach dem Situationsansatz basiert auf bestimmten ethischen und pragmatischen Grundlagen. Nachfolgend wird das Menschenbild des Situationsansatzes vorgestellt. Gleichzeitig werden die daraus folgenden Konsequenzen für die Praxis aufgezeigt.

Das Menschenbild des Situationsansatzes

Eine pädagogische Arbeit nach dem Situationsansatz kann nur auf dem Hintergrund eines bestimmten Menschenbildes und der daraus resultierenden grundsätzlichen *Haltung* der Erzieherin gegenüber sich selber und dem Kind realisiert werden.

Erzieherinnen, die sich nicht dieses Menschenbild bewußt machen, die sich über die daraus resultierenden Konsequenzen keine Gedanken machen, die sich nicht die Konsequenzen vergegenwärtigen und darüber hinaus von anderen ethischen Grundsätzen ausgehen, werden kaum in der Lage sein, nach dem Situationsansatz zu arbeiten und ihn zu verwirklichen.

Dem Situationsansatz widersprechende Grundsätze sind zum Beispiel:

* Der Mensch ist grundsätzlich schlecht.

* Ein Kind ist ein defizitäres Individuum.

* Das Kind hat nicht die Fähigkeit und den Wunsch, seine Bedürfnisse selber zu regulieren.

* Oberstes Ziel von Erziehung ist Gehorsam, Sauberkeit und Ordnung.

Auf das Menschenbild des Situationsansatzes weist Jürgen Zimmer hin. Er war Leiter der Arbeitsgruppe Vorschulerziehung des Deutschen Jugendinstitutes (DJI) in München. Die Arbeitsgruppe entwickelte in Zusammenarbeit mit Eltern, Kindern, Erzieherinnen und anderen Personen das Curriculum „Soziales Lernen", das auf den Merkmalen des

Situationsansatzes basiert. Jürgen Zimmer ist jetzt Hochschullehrer an der Freien Universität in Berlin für Erziehungswissenschaft.

Er beschreibt das Menschenbild des Situationsansatzes folgendermaßen: „Das Menschenbild korrespondiert eher mit Grundpositionen der neuen sozialen Bewegung. Der Mensch ist auf Selbstbestimmung hin entworfen. Er widerstrebt seiner Verwertung durch das unternehmerische Kalkül. Er will zu sich selbst finden. Er widersetzt sich der weltweiten kulturellen Überformung durch die Bewußtseinsindustrien. Er will das Nahe kritisch und gemeinsam zurückerobern. Die Solidarität in der eigenen Welt beginnt bei den türkischen Kindern vor unserer Haustür" (ZIMMER, 1985, S. 245).

Der Mensch ist danach also bestrebt, sich von Unterdrückung zu befreien. Unterdrückung beginnt meines Erachtens dort, wo eine ganzheitliche personale Entwicklung und Entfaltung des Individuums nicht möglich ist und nicht zugelassen wird. Somit ist der Mensch ein von sich aus aktiv handelndes Individuum, das sich um Veränderung seiner Lage, seines Zustandes, seiner Situation bemüht und gegen jene Strukturen rebelliert, die das humanum, seine Einzigartigkeit und damit eine ganzheitliche Entwicklung seiner personalen Identität einschränken oder unmöglich machen. Das Individuum ist, und dies ist außerdem Zimmers Ausführungen zu entnehmen, ein soziales Wesen, das sich mit anderen solidarisiert und Sozialität benötigt, um sich entwickeln und entfalten zu können.

Diese Schlußfolgerungen lassen sich in einem Menschenbild wiederfinden, das von Georg Feuser beschrieben wird. Feuser ist Hochschullehrer für Behindertenpädagogik an der Universität Bremen. Jürgen Zimmer bestätigte mir, daß das Menschenbild des Situationsansatzes in den dargestellten Punkten von Feuser zusammengefaßt werden kann.

Feuser stellt fest:
1. In allen seinen Lebensäußerungen ist der Mensch nur als Ganzheit zu begreifen. Das bedeutet: „Biologische, organische und psychische Funktionen sind nicht voneinander trennbar oder voneinander unabhängig existierende ‚Schichten' eines Seins" (FEUSER, 1986, S. 127).
2. „Der Mensch ist grundsätzlich Individuum und als solches aktiv handelndes Subjekt" (ebd., S. 127).
3. „Der Mensch ist grundsätzlich ein soziales Wesen, das auf Sozialität angewiesen ist (vgl. ebd., S. 127).

Die pädagogische Arbeit nach dem Situationsansatz basiert also auf einem bestimmten Menschenbild, das die Grundlage für eine bestimmte Haltung gegenüber Menschen bildet – einer Haltung gegenüber sich selber und gegenüber anderen Individuen. Die Haltung (als Ergebnis eines Bewußtseinsprozesses) ist gleichsam der Schlüssel zu einer pädagogischen Arbeit nach dem Situationsansatz.

Das bedeutet konkret:

Erzieherinnen, die sich selber als Ganzheit verstehen, erleben und begreifen, erleben auch das Kind, die Eltern und die Kolleginnen als ganzheitliche Individuen.

Erzieherinnen, die ihre eigenen Gefühle ernst nehmen, mit Ernst annehmen, respektieren, können auch die Gefühle der Kinder ernstnehmen, mit Ernst annehmen, respektieren. Diese Gefühle sind beispielsweise „Liebe, Sympathie, Bindungsgefühl, Mitgefühl, Stolz, Selbstwertgefühl, Hoffnung, Sehnen, Überraschung, Schreck, Ekel, Abscheu, Verachtung, Ärger, Wut, Zorn, Angst, Furcht, Haß, Eifersucht, Neid, Lustgefühl, Genußerleben, Freude, Zufriedenheit, Erleichterung, Entspanntheit, Glück, Niedergeschlagenheit, Mißmut, Trauer, Kummer, Wehmut, Scham, Schuldgefühl, Langeweile, Müdigkeit, Leere, Anspannung, Nervosität, Unruhe, Streß, Einsamkeitsgefühl" (ULICH, 1992, S. 138).

Erzieherinnen, die sich auf ihre eigenen Gefühle einlassen, die ein Bewußtsein dafür entwickeln, die ein Wissen über ihre Gefühle verfügen, die Wissen über sich selber verfügen, entwickeln ihr Selbstbewußtsein weiter. Sie untersuchen und wissen, welche Fähigkeiten und welche Schwächen sie haben. Sie entwickeln ein positives Selbstbild. Sie trauen sich, „Sich-zu-Sein"; sie vertrauen sich selber, sie entwickeln Selbstvertrauen.

Sie lassen sich mit Sicherheit, mit ihrer Sicherheit, eben mit Selbstsicherheit gemeinsam mit den Kindern auf Lebenssituationen und die darin enthaltenen emotionalen Erlebnisse ein. Sie ermöglichen damit den Kindern und sich selber, ihre Selbstsicherheit und Selbstvertrauen weiterzuentwickeln.

Erzieherinnen, die ihre eigenen Gefühle nicht ernst nehmen und verdrängen, werden sich kaum auf die Gefühle und Erlebnisse der Kinder einlassen können, denn dabei müßten sie ja das, was sie selber nicht ernst nehmen (können?), ernst nehmen – eben mit Ernst annehmen.

Erzieherinnen, die sich gegen jene Erwartungen von Eltern, Träger, Kindern, Wissenschaftlerinnen und Wissenschaftlern und anderen Personen (vielleicht auch gegen eigene) wehren, wo sie sich schlicht überfordert fühlen, und ihr damit verbundenes Unwohlsein offen formulieren, entwickeln auch ein Gespür für Erwartungen gegenüber Kindern, die jene überfordern. Solche Erzieherinnen machen dann als „Anwältinnen" von Kindern darauf aufmerksam. Erzieherinnen, die für ihr seelisches und körperliches Wohlbefinden sorgen, können auch sensibel für das Wohlbefinden der Kinder sein. Und: Solche Erzieherinnen können auch eigene Ansprüche ausdrücken und einfordern. Sie können sich klar abgrenzen gegenüber Anforderungen, die sie nicht als Herausforderung deuten und bewerten, sondern als schädigende Belastungen.

An dieser Stelle wird besonders deutlich, wie unmittelbar sich die Persönlichkeit der Erzieherin auf die pädagogische Arbeit auswirkt. Aus diesem Grund ist es für Erzieherinnen, die nach dem Situationsansatz arbeiten, unerläßlich, sich selber zu erfahren, sich auf Selbsterfahrung einzulassen. So gibt es nicht *die* Erzieherin, deren Entwicklung abgeschlossen ist. Es handelt sich vielmehr um einen lebenslangen Lernprozeß, denn Leben beinhaltet schlicht Entwicklung.

Erzieherinnen, die sich selber als ein Individuum verstehen, das einzigartig ist, verstehen auch das Kind als einzigartige individuelle Persönlichkeit. Sie zwingen ihm nicht Schablonen zum Malen auf und greifen nicht mit dem Hinweis ein, es sei falsch, den Himmel grün zu malen. Sie verstehen und schätzen vielmehr ein solches Bild als ein Produkt, als Aus-druck des individuellen kindlichen Erlebens.

Erzieherinnen, die sich selber aktiv und gestaltend in das Leben, in ihre soziale Umwelt einbringen, ermutigen das Kind ebenfalls, Initiativen zu ergreifen. Sie bauen mit den Kindern Beziehungen zu anderen Menschen auf und lassen erst gar nicht eine Separierung des Kindergartens zu. Sie erleben die Eltern und andere Personen, die Öffentlichkeit nicht als bedrohliche Größe, sondern öffnen den Kindergarten und lassen Leben hinein.

Solche Erzieherinnen machen auf Strukturen aufmerksam, die sich auf ihre pädagogische Arbeit und letztendlich auf die Entwicklung der Kinder ungünstig auswirken. Sie wenden sich – als „Anwältinnen" der Kinder – selbstbewußt und mit Nachdruck an den Kirchenvorstand, an die Gemeinde- oder Stadtverwaltung, um bessere Bedingungen einzufordern. Jene Menschen, die durch die Öffnung des Kindergartens Kontakte zu der Einrichtung unterhalten, werden sich mit Sicherheit mit den Erzieherinnen und Kindern solidarisieren und den Forderungen Nachdruck verleihen.

Solche Erzieherinnen entwickeln ein Bewußtsein für die Notwendigkeit, daß Kinder breiten Raum zum Handeln und Tun benötigen. Sie ermöglichen Kindern tätiges Lernen: Solche Erzieherinnen machen sich bewußt, daß Kinder drei Grundbedürfnisse haben, die Armin Krenz (er wird später noch vorgestellt) im Rahmen eines Referates bei einer Fachtagung des Verbandes Katholischer Tageseinrichtungen für Kinder (KTK)-Bundesverband e.V. am 29.11.1994 in Augsburg so auf den Punkt brachte: „Kinder brauchen erstens eine gefühlsmäßige Sicherheit. Zweitens brauchen sie Räume, um Erfahrungen machen zu können und um ihre Handlungskompetenzen zu entwickeln. Räume, in denen sie erfahren: ‚Es ist gut, daß es mich gibt.' Drittens: Sie brauchen Räume, die sie handelnd erobern können, und wo sie neugierig sein dürfen. Dies ist begründet in der entwicklungspsychologischen Tatsache, daß Kinder Handeln, dabei Fühlen und Denken, und dadurch zum Nach-denken kommen."

Solche Erzieherinnen überlegen mit den Kindern, wie im Kindergartenalltag Räume und Strukturen geschaffen werden können, die eine Entfaltung und Entwicklung dieser Bedürfnisse und Kenntnisse beinhalten. Damit ermöglichen sie den Kindern, ihre individuelle Persönlichkeit zu ent-wickeln, denn:

Erst durch eine adäquate Individualentwicklung ist es dem Kind möglich, sich mit anderen Menschen zu arrangieren, mit ihnen zusammen-zu-Sein – sich „sozial" zu verhalten.

Ein Kind, das glücklich ist, das so sein darf, wie es ist, lebt auch glückliche Beziehungen mit anderen Menschen und nimmt sie so an, wie sie sind.

Durch das Spiel mit anderen Kindern, durch Neugier, durch das Erkunden, entwickelt sich das einzelne Kind gemeinsam mit den anderen Kindern im (sozialen) Miteinander.

Erzieherinnen, die sich die Bedeutung des Miteinanders bewußt gemacht haben, die also wissen, welche Chancen sich dabei zur menschlichen Entwicklung bieten, werden sich dafür engagieren, daß Kinder vielfältige Kontaktmöglichkeiten haben und Beziehungen aufbauen können.

Solche Erzieherinnen laden die Senioren in den Kindergarten ein oder besuchen sie mit den Kindern – und das nicht nur in der Adventszeit oder zu Ostern.

Sie erläutern die Lebenssituation von ausländischen Mitbürgern nicht ausschließlich anhand von Bilderbüchern, sondern besuchen ein ausländisches Kindergartenkind zu Hause.

Solche Erzieherinnen führen keine separaten (und dadurch separierenden) Aktivitäten durch mit dem Ziel, das Kind solle dabei „soziales Verhalten" lernen. Weil sie wissen, daß der Alltag *das* Lernfeld zur Entwicklung des Individuums darstellt, führen sie mit den Kindern keine isolierten Aktivitäten durch.

Solche Erzieherinnen lernen mit den Kindern im Leben und nicht in separaten und damit separierenden Räumen. So gibt es in einigen Kindergärten noch sogenannte „Intensivräume", in die sich Erzieherinnen z.B. zu Bastelaktivitäten mit einigen Kindern zurückziehen, um dort „intensiv" zu arbeiten. Dies ist bei einer Arbeit, bei der das Kind ernstgenommen wird, nicht denkbar, denn: Kinder leben und lernen jederzeit intensiv. Sie tun es also bereits. Zu einem intensiven Leben und Lernen brauchen Kinder keine Anleitung durch Erwachsene. Im Gegenteil: Wir Erwachsene können von den Kindern lernen, wie Leben intensiv gelebt werden kann! Leben in seiner unendlichen Vielfalt und in seinen unendlichen Bezügen wird im richtigen Leben mit all den darin enthaltenen Vernetzungen erlebt und gelebt und nicht in Abstellkammern.

Erzieherinnen, die nach dem Situationsansatz arbeiten, verstehen das Zusammenleben an sich als Weg und Ziel menschlicher Entwicklung. Und dies auf dem Hintergrund des Bewußtseins, das dargestellt wurde.

Der Situationsansatz beinhaltet aufgrund seiner humanen Sichtweise auch politische Anteile. Er zielt ab auf eine Veränderung von Strukturen, die menschliches Zusammensein ungünstig beeinflussen und blockieren. Er zielt ab auf die Ermöglichung einer Entfaltung der Persönlichkeit, auf Demokratie, auf Mitbestimmung, auf solidarisches Handeln, auf Bewußtmachung und beinhaltet damit auch die „Pflicht zur Beunruhigung"; auf die Pflicht, bei den politisch Verantwortlichen für Unruhe zu sorgen, wenn entwicklungsfeindliche Bedingungen vorhanden sind bzw. sich durch deren (Fehl-)Entscheidungen abzeichnen. So geht es konkret darum, sich für kindgerechte Strukturen zu engagieren. Es geht darum, „Kinderbelange wieder zurück in die Öffentlichkeit der Gesellschaft zu bringen, und an die gemeinsame Verantwortung für die nachwachsende Generation zu appellieren" (COLBERG-SCHRADER, 1991b, S. 55).

Eine Ausrichtung auf eine Veränderung von entwicklungsfeindlichen Bedingungen beinhaltet die Pädagogik der Befreiung von Paulo Freire. Im Verlauf der Entwicklungsarbeiten für das Curriculum „Soziales Lernen" wurde die Arbeitsgruppe Vorschulerziehung des DJI auf Freire aufmerksam und entdeckte deutliche Parallelen zwischen den Forderungen des Situationsansatzes und den Axiomen von Paulo Freire, die aufgegriffen wurden. Jürgen Zimmer berichtet in dem Interview, das ich mit ihm führte, darüber. Es ist ab Seite 154ff dokumentiert.

Die Pädagogik der Befreiung entstand in den siebziger Jahren und ist eine Kapitalismuskritik. Sie entsprach dem Stand der politischen Diskussion Ende der sechziger und Anfang der siebziger Jahre – zu einer Zeit also, in der der Situationsansatz entwickelt wurde.

Eine solche Einbettung mag zunächst überraschend sein. Bei der Betrachtung, wie Paulo Freire „Lernen" versteht, dürfte aber deutlich werden, welche Parallelen zwischen dem Situationsansatz und der Pädagogik der Befreiung nach Paulo Freire bestehen. Dazu folgender Exkurs.

Die Pädagogik der Befreiung nach Paulo Freire

Auf dem Buchrücken der deutschen Ausgabe seiner Publikation „Pädagogik der Unterdrückten. Bildung als Praxis der Freiheit" (FREIRE, 1973) wird Freire folgendermaßen vorgestellt:
„Paulo Freire gilt nicht zu Unrecht als bedeutendster Volkspädagoge der Gegenwart. Seine großangelegten Alphabetisierungskampagnen in den Slums und trostlosen Landarbeitersiedlungen Brasiliens haben die Machthaber aufgeschreckt, das Militärregime zögerte nicht, Freire zu verhaften und auszuweisen. Aber Freires pädagogische Praxis und sein Erziehungsprinzip der ‚Bewußtmachung' richten sich nicht nur gegen Armut und Ausbeutung. ... Seine Erziehung zur Selbstbefreiung will aus dem Lernen an und in der Lebenssituation des einzelnen die Einheit von Denken und Handeln entwickeln. ... Lehren ist dann Problematisieren, nicht Programmieren mit fremdem Wissen und Beschreiben fremder Wirklichkeit, Lernen ist dann Erkenntnisvorgang und Veränderung des Lebens" (FREIRE, 1973).

Paulo Freire war zunächst Professor an der Universität in Recife (Brasilien), und dann Leiter der Abteilung für Alphabetisierung im Erziehungsministerium von Brasilien (vgl. LUTHERISCHE MONATSHEFTE, 1970, S. 578). Er wurde nach dem Umsturz 1964 verhaftet und ausgewiesen. Heute ist er als Hochschullehrer für Geschichte und Philosophie in Brasilien tätig.

In den sechziger Jahren arbeitete Freire an der Alphabetisierung der brasilianischen Bevölkerung mit. 50 % der Bevölkerung waren zu diesem Zeitpunkt Analphabeten (vgl. WILDT, 1977, S. 9), die zumeist in Slums lebten und leben.

Freire hatte die Erkenntnis, daß Armut und Unterdrückung nicht etwa Folge des Analphabetentums, der Dummheit, Faulheit etc. sind, sondern Folge des politischen Analphabetentums – also das Resultat einer falschen Wahrnehmung der Realität, des Verständnisses der Realität als unveränderbare Größe. Elend wurde als Schicksal verstanden, eingebettet in Mythen, die wiederum der Erhaltung dieses Zustandes und somit der Erhaltung der gegenwärtigen Ordnung dienen (vgl. ebd., S. 9 f). Mythen sind Erzählungen, Sagen (vgl. LINGEN, 1977, S. 30).

Solche Mythen sind z.B.:
* daß die unterdrückerische Ordnung eine freie Gesellschaft sei,
* daß alle Menschen die Freiheit haben, zu arbeiten, wo sie wollen,
* daß diese Ordnung die Menschenrechte respektiert und deshalb der Achtung wert ist,
* des allgemeinen Rechts auf Erziehung,

* daß die herrschenden Eliten „in Erkenntnis ihrer Pflichten" die Entwicklung des Volkes fördern, so daß das Volk in einer Geste der Dankbarkeit die Worte der Eliten annehmen und sich zu ihnen bekehren sollte,
* daß Aufstand eine Sünde wider Gott ist,
* vom Privateigentum als Grundlage persönlicher menschlicher Entwicklung (solange die Unterdrücker die einzig wahren menschlichen Wesen sind),
* daß jeder Fleißige selbst ein Unternehmer werden kann,
* vom Fleiß der Unterdrücker und der Faulheit und Unehrlichkeit der Unterdrückten und schließlich
* der Mythos der natürlichen Unterlegenheit der Letzteren und der Überlegenheit der Ersteren (vgl. ARBEITSGRUPPE PAULO FREIRE, 1973, S. 22).

Aus diesem Grund zielte Freires Pädagogik darauf ab, ein Bewußtsein – Freire verwendet den Begriff „consientização" (FREIRE, 1973, S. 14) – der Menschen für ihre Realität und die Bedingungen zu schaffen, um so den Willen bei den Menschen selber entstehen zu lassen, ihre Situation zu verändern, und in diesem Zusammenhang Lernen nicht als Selbstzweck zu begreifen, sondern als Chance, die eigenen Lebenssituation zu verändern um negative Rahmenbedingungen zu verbessern und um sich so zu emanzipieren. Damit weist Freire auf die Selbstorganisation des Individuums hin. Freire beschreibt dies so: „Ich kann nicht für andere, auch nicht ohne andere denken, noch können andere für mich denken" (ebd., S. 90).

Lernen ist also nicht das Sammeln von fremdem Wissen, „sondern die Wahrnehmung der eigenen Lebenssituation als Problem und die Lösung dieses Problems in Reflexion und Aktion" (FREIRE, 1973, S. 14), Lernen also als „Aufwerfen von Fragen" (ebd., S. 14), Lernen als Problemformulierung (vgl. ebd., S. 64).

Die Lebenssituation des Schülers wird im Dialog erörtert, um sie bewußt zu machen und nach Lösungen zu suchen. „Im Wort begegnen wir zwei Dimensionen: der ‚Reflexion' und der ‚Aktion'" (ebd., S. 71). Freire spricht in diesem Zusammenhang von dem dialogischen Prinzip.

„Dialog ist die Begegnung zwischen Menschen" (ebd., S. 72) . Entwicklung und Problembewältigung findet also in dem Dialog, in der Interaktion von Menschen statt.

Freire weist darauf hin, daß Erziehung niemals neutral sein kann. „Entweder ist sie ein Instrument zur Befreiung des Menschen, oder sie ist ein Instrument seiner Domestizierung, seiner Abrichtung für die Unterdrückung" (ebd., S. 13). Dies setzt nach Freire eine Haltung der

Erzieherinnen bzw. der Lehrer/innen voraus: Freire spricht von der „Parteinahme des Erziehers" (ebd., S. 13), eine Parteinahme entweder „für die Herren oder die Sklaven" (ebd., S. 13).

Eine Erziehung zur „Domestizierung" entspricht dem ‚`Bankiers-Konzept`'" (ebd., S. 57). Danach ist der „Lehrer ... der `Anleger`'" (ebd., S. 57), der den Schüler als „`Container`'" (ebd., S. 57) begreift, der mit dem Wissen als „`Anlage-Objekt`'" (ebd., S. 57) „`gefüllt`'" (ebd., S. 57) wird. Freire spricht zudem von einer „`depositären Erziehung`'" (ebd., S. 13), die er mit einem Fütterungsvorgang vergleicht: „In Lehrer und Schüler begegnen sich Wissen und Unwissen, Haben und Nichthaben, Fülle und Leere, Macht und Ohnmacht. Und nun wird der Zögling gefüttert, aufgefüllt mit den Wörtern, Vorstellungen, Urteilen und Vorurteilen des Erziehers" (ebd., S. 13).

Eine solche Fütterung kann in der pädagogischen Praxis beobachtet werden.

Wochen- und sogar Monatspläne, die in manchen Kindergartenfluren an einer Pinnwand hängen, sind gespickt mit Bastelaktivitäten, Liedern und Geschichten. Sie sind meines Erachtens Dokumente eines „Fütterungsbewußtseins". Die Folge eines solchen Fütterungsbewußtseins ist offensichtlich die Haltung, Kinder seien defizitär und müssen mit dem Wissen der Erwachsenen gefüttert werden. Erst dann könnten sie sich entwickeln. Eine ständige Fütterung kann auch mit einer Pflanze auf dem Feld verglichen werden, die ständig gedüngt und gegossen wird... Es stellt sich die Frage, ob bei einer so ausgerichteten Arbeit die tatsächliche Situation der Kinder erfaßt wird, und ob bei solchen Plänen und Programmen die Kinder noch Frei-Raum und Räume zu selbstbestimmten Tun haben.

Räume, in denen sie ihre Ein-drücke, ihre Bedürfnisse, ihre Nöte ausdrücken können. Räume, in denen sie ihre Betroffenheiten, ihre Genüsse, ihre Freude, ihre Lust, ihre Probleme einbringen können – „ich kuschel gerne mit meiner Freundin. Es macht Spaß, sie zu streicheln und gestreichelt zu werden", „ich habe Angst vor dem Alleine-Sein", „ich fühle mich ohn-mächtig, ich fühle mich ohne Macht", „ich fühle mich geborgen", „ich mag meinen Körper", „ich fühle mich abgelehnt", „ich fühle mich müde", „ich möchte gerne toasten", „ich möchte gerne nur mit meinen beiden Freunden spielen", „ich freue mich darüber, daß die Erzieherin mir zuhört", „ich möchte nicht immer Anordnungen von der Erzieherin hören", „ich möchte jetzt Vater, Mutter, Kind spielen", „ich liebe Geheimnisse", „ich möchte gerne mit Materialien vom Schrott experimentieren", „ich möchte gerne ein Schiff aus Holz werken", „ich möchte aus Matratzen eine Räuberhöhle bauen", „ich möchte einen Blumengarten haben", „ich bin traurig, weil ich in die Hose gemacht habe und weil die Kinder darüber lachen", „ich liebe es, mich zu verkleiden", „ich male mich gerne an", „ich fühle mich wohl, wenn mich Kinder massieren", „ich ärgere mich über meine Mutter, weil sie mir immer so teure Kleider anzieht. Ich muß dann immer aufpassen, daß ich nichts schmutzig mache", „ich trauere um meinen toten Wellensittich", „ich bin darüber traurig, daß mein Lieblingsbaum gefällt wurde", „ich hatte großen Spaß, als mein Opa mit mir im Wald spazieren ging", „ich fühlte mich ganz stark, als ich mit meinem Bruder eine Schneeballschlacht veranstaltet habe", „ich habe Angst, wenn sich meine Eltern streiten", „ich habe Angst um meine Mutti, weil sie sehr verletzt ist und im Krankenhaus liegt", „ich beobachte gerne die Fische in unserem Teich, den ich mit meinen Eltern gebaut habe", „ich spiele gerne mit Erde und Wasser", ich freue mich darüber, wenn wir mit unserer Erzieherin in den Wald gehen. Ich rieche so gern den Duft des Laubes und des gesägten Holzes", „ich genieße es, wenn ich auf der Wiese liege, und die Wolken beobachte", „ich springe gerne in Pfützen" etc.

Kinder tragen eine Fülle von Erlebnisinhalten mit sich herum. Sie brauchen deshalb Räume, in denen sie ihre Ideen und jene Erlebnisinhalte, die sie sprichwörtlich bewegen – die sie in emotionale und physische Bewegung bringen – ausdrücken können. Aus-drücken, um aus dem Druck zu kommen. Sie brauchen deshalb Menschen, die ihre Ideen, ihr „Bewegt-Sein", ihr So-Sein als gleichwertig verstehen und wertschätzen – ohne „wenn und aber".

Erzieherinnen, die nach dem Situationsansatz arbeiten, stopfen das Kind nicht voll mit Beschäftigungen, sondern eröffnen mit ihm Räume, um seine Betroffenheiten auszudrücken, um sich von Be-lastungen zu er-leichtern und zu befreien. Sie erobern mit ihm Räume, wo es seinen „seelischen Rucksack" mit all seinen Belastungen, mit seiner Trauer, mit seiner Wut, mit seiner Angst entleeren kann. Dies setzt ein Bewußtsein der Erzieherin dafür voraus, das wiederum eine Auseinandersetzung mit der Lebenssituation des Kindes bzw. der Kinder bedingt.

Erzieherinnen, die die Lebenssituation des Kindes in den Mittelpunkt ihrer Arbeit stellen, die in Kinderkonferenzen mit Kindern sprechen, die versuchen, die unausgesprochenen Mitteilungen der Kinder zu er-spüren, die mit Kindern spürend auf Spurensuche gehen, die die Ängste der Kinder ernstnehmen, die mit Kindern planen und organisieren, die Kinder wertschätzen, die sagen, was sie fühlen und denken, die Erlebnisse problematisieren, die gemeinsam mit den Kindern den Dialog auch mit der Öffentlichkeit suchen, praktizieren eine befreiende Erziehung.

Diese Erzieherinnen weisen auf Mythen hin, die Kinder in ihrer Entwicklung einengen. Solche Mythen sind beispielsweise:

* Kinder haben noch keine Probleme.
* Kinder haben keine Rechte.
* Schläge schaden nicht.
* Dummheit ist vererbt.
* Kinder müssen lernen, sich unterzuordnen.
* Kinder wissen nicht, was sie brauchen, um sich wohlzufühlen.
* Kinder müssen vor der Einschulung Zahlen und Buchstaben lernen und kennen.
* Kinder müssen im Kindergarten lernen, ruhig auf einem Stuhl zu sitzen und konzentriert zu arbeiten.
* Kinder haben noch keine Sexualität.
* Der liebe Gott straft böse Kinder.
* Wer sein Kind liebt, der züchtigt es.
* Trotzige Kinder sind böse Kinder.
* Der Teller muß immer leer gegessen werden.
* Liebe Kinder machen sich nicht schmutzig.
* Arbeitsblätter machen Kinder intelligent und fit für die Schule.
* Indianer kennen keinen Schmerz.
* In einem guten Kindergarten wird viel gebastelt.

Erzieherinnen, die diese Mythen als solche entlarvt haben, entwickeln ein Bewußtsein für die tatsächlichen Gründe, warum sich Kinder nicht entwickeln können; sie problematisieren in kindgerechter Weise deren Situation und entwickeln mit den Kindern Lösungsstrategien.

Dabei können Kinder ihre Kompetenzen, Kenntnisse und Fertigkeiten weiterentwickeln und werden dadurch weniger abhängig von anderen Menschen. Sie entwickeln sich zu freien autonomen handlungskompetenten Individuen.

Erzieherinnen, die den Kindern im Kindergarten Arbeitsblätter zur Bearbeitung vorlegen, die die gesamte Gruppe zum Basteln auffordern, die Kinder nach eigenem Ermessen zum gemeinsamen Frühstück zitieren, handeln offensichtlich antidialogisch. Es findet kein Dialog über die tatsächlichen Bedürfnisse statt, denn wenn er stattfinden würde, und die Kinder ihre Themen, ihre Bedürfnisse und Wünschen einbringen könnten, gäbe es keine Bastelaktionen unter Beteiligung der gesamten Gruppe, sondern Aktivitäten im sozialen und lebensgeschichtlichen Bezug der Kinder. Dann gäbe es nicht die Anweisung, zu einem bestimmten Zeitpunkt das Spielen zu beenden und das Frühstück einzunehmen. Dann würden Kinder nicht gezwungen werden, zu einem bestimmten Zeitpunkt zu schlafen: „In vielen Ganztagseinrichtungen muß sich jedes Kind zum Mittagsschlaf, zur Mittagsruhe hinlegen. ... Wieso bestimmen Erwachsene über ein Grundbedürfnis von Kindern, indem sie das eine oder das andere vorschreiben?" (PREISSING, 1987, S. 85).

Erzieherinnen, die mit Kindern schwerpunktmäßig funktionale Tätigkeiten und instrumentelle Übungen durchführen, die keinen Bezug zu dem Leben der Kinder haben, betreiben meines Erachtens eine domestizierende Erziehung. Sie selber sind „Investorinnen", die das Wissen über Bastelvorgänge in die Kinder als „Container" wirft. Sie ermöglichen den Kindern nicht oder kaum, durch sinnverbindende Aktivitäten Sinnzusammenhänge in ihrem sozialen Umfeld, die mit ihrem Erleben und Verhalten korrespondieren, zu erspüren, zu erfahren und sich dabei zu ent-wickeln, sich von Verwicklungen zu befreien.

Ausgehend von dem oben beschriebenen Menschenbild und der befreienden Pädagogik nach Paulo Freire, werden nun die Merkmale und Prinzipien des Situationsansatzes als Voraussetzung seiner Verwirklichung vorgestellt.

Der Situationsansatz – seine Merkmale und Prinzipien als Voraussetzung seiner Verwirklichung

In dem achten Jugendbericht der Bundesregierung wird der Situationsansatz als eine „vom Fächerkanon unabhängige Lernform" (DER BUNDESMINISTER FÜR JUGEND, FAMILIE, FRAUEN UND GESUNDHEIT, 1990, S. 97) bezeichnet, „die den Interessen und Lernmöglichkeiten der Kinder entgegenkommt" (ebd., S. 97).

Der Situationsansatz ist also kein schulischer Lehrplan mit detailliert aufgeschlüsselten Grob- und Feinzielen zur Vermittlung schulischer Inhalte.

Dies beinhaltet die Chance, nicht an einem „von oben verordneten Lehrplan" zu kleben, sondern das Thema, die Themen der Kinder, bzw. ihre Situation, ihre Lage, ihren Zustand als Ausgangs- und Mittelpunkt der pädagogischen Arbeit zu verstehen.

Erzieherinnen sind somit zu keiner Zeit genötigt, bestimmte Inhalte zu einer bestimmten Zeit den Kindern zu vermitteln, denn:

Der Kindergarten ist eine eigenständige (elementarpädagogische) Einrichtung mit einem eigenständigen Erziehungs- und Bildungsauftrag. Ich benutze bewußt den Terminus „elementarpädagogisch" und nicht den Begriff „vorschulisch", um den Kindergarten deutlich als eine eigenständige sozialpädagogische Institution hervorzuheben. Der Kindergarten ist *keine* Schule vor der Schule, wo schulisch auf schulisches Lernen vorbereitet wird und werden soll!!!

So ist z.B. im Hessischen Kindergartengesetz vom 14. Dezember 1989, zuletzt geändert durch Gesetz vom 1. September 1992, in § 2 Abs. 1 zu lesen: „Der Kindergarten hat einen eigenständigen Erziehungs- und Bildungsauftrag." In § 2 Abs. 2 steht weiter: „Für die Erziehungs- und Bildungsarbeit in den Kindergärten sind die Träger unter Mitwirkung der Eltern verantwortlich" – also nicht das Kultusministerium, nicht das Schulamt, nicht der Grundschullehrer und nicht die Schulrektorin.

Daß der Kindergarten einen *eigenen* Erziehungs- und Bildungsauftrag hat, ist möglicherweise nicht allen Erzieherinnen bekannt, zumindestens aber nicht ausdrücklich bewußt. Dies ist vielleicht ein Grund dafür, daß es noch immer Erzieherinnen gibt, die einer „Förderung für die Schule" einen besonderen Stellenwert einräumen. Begründet wird eine derart ausgerichtete Arbeit mit der (oft diffus) formulierten Erwartung der Eltern, daß die Kinder „auf die Schule vorbereitet werden sollen." In diesem Zusammenhang dürfte auch der Einsatz von Arbeitsblättern aus Vorschulmappen zu erklären sein, wobei bei einer solchen Arbeit das Recht des Kindes auf seinen heutigen Tag übersehen wird.

Leider gibt es auch Wissenschaftler, die Konzepte propagieren, bei denen das Recht des Kindes auf den heutigen Tag „neutralisiert" wird: Norbert Huppertz, Hochschullehrer an der Pädagogischen Hochschule Freiburg, fordert zwar, daß dem Kind das Recht auf seinen heutigen Tag zugestanden wird (vgl. HUPPERTZ, 1992, S. 117). Im Verlauf seiner Ausführungen, bei denen er den von ihm entwickelten „lebensbezogenen Ansatz" vorstellt, legt er aber ein großes Gewicht auf eine kognitive Förderung und traditionelle Erziehung. Dadurch werden die Konsequenzen dieser Forderung wieder außer Kraft gesetzt. Er stellt fest: „Durch das so starke Akzentuieren von Sozialerziehung, wie es der Situationsansatz tut, gehen alle Impulse für eine kompensatorische Förderung der kognitiven Dimension verloren, wenn sie überhaupt noch aufkommen können" (ebd., S. 115 f).

Darüber hinaus verweist Huppertz darauf, sein Ansatz sei „schulfreundlich" (ebd., S. 48). Bei einem Ansatz, der als „schulfreundlich" bezeichnet wird, muß gleichzeitig gefragt werden: Wie steht es mit der Kinderfreundlichkeit? Hier muß auf die nach wie vor noch zu beobachtenden lern- und entwicklungsfeindlichen Strukturen des schulischen Systems, des „Geschwüres Schule" hingewiesen werden. Es soll natürlich nicht übersehen werden, daß es viele Lehrer/innen gibt, die trotz dieser Bedingungen einen dialogischen Unterricht praktizieren, bei dem das Kind ernstgenommen wird. Die Strukturen, in denen dieses Leben und Lernen stattfindet, haben sich jedoch nachweislich kaum geändert. Noch immer findet Unterricht zumeist in Zeitblöcken statt, in die die

Kinder hineingezwungen werden. Zeitblöcke, die das handelnde Erleben im Leben „vor Ort" blockieren.

Jürgen Zimmer formuliert seine Kritik an der Schule folgendermaßen: „Wie wird da geschoben, weitergereicht, sortiert, unterteilt, aufbewahrt, ausgelesen, benotet, gefördert, verwaltet, beschult! Wie wird Kindheit in Kästchen geteilt, von der Wirklichkeit durch didaktische Filter abgeschirmt, welches Weltverständnis wird da in Verwaltungseinheiten von 45 Minuten entwickelt!" (ZIMMER, 1986, S. 22). Zimmer spricht zudem von der „Lächerlichkeit an der didaktischen Situation. Da denkt, schreibt, experimentiert, agitiert sie (die Schule, Anm. d. V.) redlich und fleißig – und sieht nicht, daß ihr Tun unnütz ist, weil es am falschen Ort geschieht. Zugleich aber – und das ist das Verwerfliche – erhält sie das Bestehende, indem sie, selbst abgelenkt und abseitig tätig, aller Aufmerksamkeit vom Feinde ablenkt" (ebd., S,. 22). Auf die Kritik von Huppertz an dem Situationsansatz wird in Kapitel III näher eingegangen.

Ein weiterer Grund, daß Erzieherinnen mit Kindern „schulisch Lernen", indem sie von der Lebenswirklichkeit der Kinder isolierte Aktivitäten mit schulischem (Lehr)-Charakter durchführen, dürfte insbesondere in ihrem schulischen Werdegang zu suchen sein. Von dem ersten Schuljahr an haben sie mit an Sicherheit grenzender Wahrscheinlichkeit selber ein von ihrer eigenen Lebenswirklichkeit isoliertes und verkopftes „Lernen in Zeiteinheiten" erlebt. Darüber hinaus ist Lernen in der Schule immer auch mit abprüfbarer Leistung, mit Leistungsdruck, mit Etikettierung durch Noten und mit Streß verbunden. Das gleiche gilt auch für die Fachschulen, an denen Erzieherinnen ausgebildet werden. Aufgrund der derzeitigen Ausbildungsstrukturen an den Ausbildungsstätten dürfte es den Studierenden und den Dozentinnen und Dozenten nur in eingeschränkter Form möglich sein, gemeinsam und ununterbrochen das eigene Erleben und Verhalten, das eigene Lernen zu reflektieren, und dies als Weg und Ziel pädagogischer Arbeit zu erleben und zu verstehen. Genau das aber ist eine Grundbedingung des Situationsansatzes. Deutlich wird dies anhand der Schilderungen eines Dozenten, der an einer FSP Erzieherinnen ausbildet. Seine Einschätzung in bezug auf den „Störfaktor: schulische Ausbildung" hinsichtlich der Entwicklung einer kindzentrierten Haltung bei Erzieherinnen kann in diesem Buch nachgelesen werden. Sie ist in Teil III dokumentiert. Er kommt u.a. zu dem Schluß, daß es aufgrund der vorhandenen schulischen Lern- und Arbeitsbedingungen kaum möglich ist, den Studierenden in der Ausbildungsstätte eine pädagogische Arbeit nach dem Situationsansatz zu vermitteln. Anzumerken ist, daß diese Einschätzung auf die hohe Bedeutung der außerschulischen Weiterbildung von Erzieherinnen hinweist.

Allerdings ist die Schule nur ein Lebensbereich im sozialen Umfeld der Erzieherinnen, die sich auf deren Erleben und Verhalten auswirkte bzw. auswirkt. Bei der Auseinandersetzung mit der pädagogischen Arbeit von Erzieherinnen muß deshalb immer auch die Lebensgeschichte und das soziale Umfeld der Erzieherin berücksichtigt werden. Bedeutsam wird dabei die Frage: Aufgrund welcher Lebensgeschichte, aufgrund welcher damit verbundenen Gefühle und Gedanken handelt die Erzieherin wie sie handelt, und welche Gefühle hat die Erzieherin bei ihrem Tun? Eine Vergegenwärtigung dieser Inhalte dürfte insbesondere einer (Vor)-Verurteilung von Erzieherinnen, deren pädagogische Arbeit weniger kindzentriert erscheint, einen Riegel vorschieben. Diskussionen, bei denen Menschen be-, ver- und damit abgeurteilt werden, beinhalten persönliche Kränkungen, wobei dadurch wiederum Blockaden entstehen, die eine weitere Zusammenarbeit erschweren bzw. unmöglich machen.

Ein weiterer Grund, daß bei manchen Erzieherinnen Unklarheit und Unwissenheit über den eigenständigen Erziehungs- und Bildungsauftrag des Kindergartens besteht, dürfte in der Tatsache zu suchen sein, daß nirgends „eine genaue Ausführung dieser so äußerst wichtigen Begriffe" (KRENZ, 1992, S. 35) zu finden ist. Eine ausführliche Auseinandersetzung dazu kann in folgender Publikation nachgelesen werden: Preissing, Christa; Prott, Roger: Platz- und Personalbedarf in Kindertageseinrichtungen. Frankfurt/Main, 1988. Sie basiert auf zahlreichen Veröffentlichungen, z.B. der Spitzenverbände, des Deutschen Vereins für öffentliche und private Fürsorge etc.

Armin Krenz hat den Erziehungs- und Bildungsauftrag folgendermaßen definiert:

Der Erziehungsauftrag:
„Der Erziehungsauftrag des Kindergartens besteht darin, Kindern aufgrund ihrer als zerrissen erlebten Welten, eingegrenzten Lebensräume und zerteilten Zeiten vielfältige Möglichkeiten zu bieten, gegenwärtig belastende und unverarbeitete, in der Vergangenheit liegende Erlebnisse und Erfahrungen zu verarbeiten, um gegenwärtiges Leben von sich und der Umwelt gefühlsmäßig zu begreifen und zu verstehen, Identität weiterzuentwickeln bzw. auszubauen, um zukünftige Lebenssituationen kompetent und in Verantwortung vor sich und anderen zu bewältigen" (KRENZ, 1992, S. 35).

Mit anderen Worten: Der Kindergarten sollte Kindern die Möglichkeit bieten, Erlebnisse und Erfahrungen und die damit verbundenen Gefühle aufzuarbeiten, um gegenwärtige und zukünftige Situationen bewältigen zu können. Dadurch entwickeln Kinder eine gefühlsmäßige Stabilität.

„Ohne eine gefühlsmäßige Stabilität ist eine Weiterentwicklung des Kindes nicht möglich" (KRENZ, 1993b, S. 79).

Der Bildungsauftrag:
„Der Bildungsauftrag des Kindergartens besteht in einer ganzheitlichen Unterstützung der Handlungs-, Bildungs-, Leistungs- und Lernfähigkeit von Kindern unter besonderer Berücksichtigung kultureller Werte und religiöser Erfahrungen. Dieser Bildungsauftrag ist nur einzulösen bei bewußter Ablehnung eines schulvorgezogenen Arbeitens und bei oberster Wertschätzung des (eigenständigen und nicht von Erzieherinnen reglementierten, Anm. d. Verf.) Spiels" (KRENZ, 1992, S. 37).

Mit anderen Worten: Ganzheitliche Bildung findet nicht in einem isolierten Lernprozeß statt, sondern im Verlauf eines ganzheitlichen wechselseitigen Lernens, „als ein Erfahrungslernen in realen Sinnzusammenhängen" (ebd., S. 37), das in kulturellen und religiösen Werten und Erfahrungen eingebettet ist.

Den oben dargestellten Forderungen wird eine pädagogische Arbeit nach dem Situationsansatz gerecht. Hier steht das Kind im Mittelpunkt: Bei der pädagogischen Arbeit nach dem Situationsansatz kann jedes Thema aufgegriffen werden, das das Kind und die Kinder betrifft. Dies entspricht dem Grundsatz, daß alle Lernende sind, und Erzieherinnen Kinder nicht als „Container" ihrer Kenntnisse verstehen. Eine so ausgerichtete pädagogische Arbeit basiert auf entsprechenden Prinzipien. Diese Prinzipien werden nun aufgeführt und erörtert.

Prinzipien einer Arbeit nach dem Situationsansatz

Die folgenden Prinzipien sind nicht als isolierte Strategien und Methoden zu verstehen. Sie sind vielmehr logische Konsequenzen des oben beschriebenen Menschenbildes und der daraus resultierenden *Haltung*. Sie wurde bereits dargestellt und erörtert. Sie sind zudem Konsequenzen einer Pädagogik, die die effektive Individualentwicklung, die Emanzipation, die Autonomie, die Entwicklung von solidarischem Verhalten eines Individuums – die Entwicklung einer Ich-, Sozial- und Sachkompetenz – zum Ziel hat. Ein bedeutsames Prinzip ist die Gemeinwesenorientierung.

Gemeinwesenorientierung

Der Kindergarten gehört zu einem Dorf, zu einer Kirchengemeinde, zu einem Verein, einem Verband, einer Kommune, zu einer Stadt. Er ist also keine Einrichtung, die abgeschlossen, die isoliert von der sozialen Umwelt existiert. Er ist Teil einer Infrastruktur, Teil eines Gemeinwesens, Teil einer Gesellschaft.

Besucht wird der Kindergarten von Kindern, die in dem Dorf, in den Ortsteilen der Kommune, in der Stadt, in den Stadtteilen leben. Beeinflußt wird das Erleben und Verhalten der Kinder durch das Wahrnehmen von Ereignissen, die sich in den einzelnen Lebensräumen abspielen.

Das Kind entwickelt sich also nicht in einem „leeren Raum", sondern im Verlauf eines komplexen und äußerst komplizierten Prozesses, der unzählige Einflüsse beinhaltet. Das Kind entwickelt sich somit nicht nur durch sein Erleben und Verhalten im Kindergarten, sondern in seinem gesamten sozialen Umfeld, bei dem der Kindergarten nur einen, aber bedeutsamen Teil seiner Lebenswelt darstellt.

Erzieherinnen, die nach dem Situationsansatz arbeiten, machen sich diese Vernetzung bewußt. Sie prüfen gemeinsam mit den Kindern, welche Möglichkeiten es deshalb zur Zusammenarbeit mit Personen und Institutionen des Gemeinwesens gibt, um sinnverbindendes Lernen zu ermöglichen, weil sie „Kindergartenarbeit als eine Form der Entwicklungsunterstützung in Sinnzusammenhängen ... verstehen" (KRENZ, 1992, S. 24).

„Kindergärten, die mit einer gemeinwesenorientierten Arbeit über die Grenzen der Institution hinausgehen und Erfahrungsmöglichkeiten des Stadtteils, der Gemeinde miteinbeziehen, machen ... deutlich, daß es auch Aufgabe der Institutionen sein kann, Kindern erweiterte Erlebnishorizonte im Umfeld zu erschließen und sich für Orte im Nahbereich einzusetzen, an denen Kinder erwünscht sind und sich außerhalb der Aufsicht und Kontrolle von Erwachsenen gefahrlos aufhalten können" (COLBERG-SCHRADER, 1992, S. 25). Eine Vernetzung der Kindergartenarbeit beinhaltet also auch eine Gemeinwesenorientierung.

Das könnte konkret bedeuten, daß sich z.B. die Erzieherinnen mit den Kindern und den Eltern einer Elterninitiative solidarisieren, die den Bau eines Spielplatzes fordert; daß die Erzieherinnen auf die ungünstigen Besuchszeiten der Kinderstation in dem nahegelegenen Krankenhaus hinweisen, die den Besuch eines dort liegenden kranken Kindergartenkindes unmöglich machen; daß die Erzieherinnen und die Kinder gemeinsam mit dem Krankenhauspersonal überlegen, wie die Räume kindgerechter ausgestattet werden können; daß sich die Erzieherinnen und die Kinder mit den Nachbarn der Institution treffen und gemeinsam ein Fest feiern etc.

Diese gemeinwesenorientierte Sichtweise basiert auf der Einsicht, daß das Gemeinwesen, systemisch betrachtet ein Ganzes ist, das sich aus Subsystemen zusammensetzt (vgl. SCHEFFEN, 1992, S. 42). Ein solches Subsystem ist z.B. der Kindergarten, die Post, der Supermarkt, die Kirche etc. Das Gemeinwesen selbst kann, wie auch seine Subsysteme, als Netzwerk bezeichnet werden. Bei einer Arbeit nach dem Situationsansatz wird diese Verknüpfung wahrgenommen und zum Leben und Lernen genutzt.

Um bei dem Beispiel „Krankenhaus" zu bleiben: Zu dem Gemeinwesen gehört in diesem Fall das nahegelegene Subsystem Krankenhaus und das Subsystem Kindergarten. Durch das Kind, das im Krankenhaus versorgt wird, und das die Erzieherinnen und die anderen Kinder besuchen wollen, sind die Kinder und alle anderen Beteiligten des Vorhabens mit einer Institution des Gemeinwesens – hier des Krankenhauses – und mit deren Regelungen konfrontiert. Aufgrund der ungünstigen Besuchszeiten ist es nicht möglich, daß die Kinder sinnverbindend Erleben und Lernen. Sie wissen: Unsere Freundin liegt im Krankenhaus und sie freut sich über unsere Päckchen, die wir ihr schicken. Wir können sie aber nicht im unmittelbaren Kontakt erleben. Genau das wäre aber bei einem Besuch der Fall. Hier wäre es nun notwendig, daß die Erzieherinnen und Kinder das zuständige Personal im Krankenhaus kontaktieren, die Reglementierung problematisieren und freundlich bitten, einen solchen Besuch zuzulassen. Die Erzieherin weist in diesem Rahmen zudem auf die Bedeutung eines solchen Besuches für das kranke Kind, für die anderen Kinder und für sich hin.

Gemeinwesenorientiert arbeiten bedeutet aber nicht, daß Erzieherinnen nun neben ihrer Tätigkeit im Kindergarten auch noch Sozialarbeit in sozialen Brennpunkten praktizieren sollen. Das ist nicht ihre Aufgabe. Es geht vielmehr um eine bewußtseinsbildende konkrete Zusammenarbeit mit jenen Personen und Institutionen, die in irgendeiner Weise auch mit dem Kind zu tun haben. Dabei können sich für alle beteiligten Personen weitere Lebens- und Erfahrungsräume eröffnen. Daraus ergibt sich gleichzeitig, daß nicht jede beliebige Institution in Frage kommt. Grundlage einer solchen Zusammenarbeit ist stets, wie bereits dargestellt, das Erleben und Verhalten des Kindes – eben die Situation des und der Kinder, mit denen die Erzieherin „hier und jetzt" zusammenarbeitet und -lebt. Grundsätzlich ist festzustellen, daß es nicht ausreicht, Kinder gut unterzubringen, sie „wegzuorganisieren", sondern daß sie auch in das öffentliche Leben einbezogen werden (vgl. COLBERG-SCHRADER, 1992, S. 25). „Da Kinder nicht nur gute Institutionen, sondern auch Räume, die nicht Erziehungsräume sind, brauchen, soll die Zugänglichkeit und Erlebnisqualität des nachbarschaftlichen Nahbereichs rund um den Kindergarten verbessert werden. Es geht konkret um vielfältige Spiel- und Begegnungsräume für Kinder außerhalb des ‚Betreuungsblicks' der Institutionen" (ebd., S. 26).

Der Situationsansatz ist also ein Konzept, „das den Kindergarten als Ort ganzheitlichen Lernens begreift und die Öffnung der Institution zu Familie und Wohnumfeld anstrebt" (ebd., S. 22). Dadurch ergeben sich unzählige Möglichkeiten zum Aufbau sozialer Beziehungen, bei denen sich die Kinder und alle anderen Beteiligten im Rahmen der Interaktion, des Spiels, des Dialoges entwickeln können.

Unter Berücksichtigung von der Pädagogik der Befreiung nach Paolo Freire wurde die Bedeutung des Dialogs und der Interaktion als Ausgangspunkt menschlicher Entwicklung dargestellt. Die Bedeutung des Dialoges zur menschlichen Entwicklung faßt Martin Buber in einem Satz zusammen: „Der Mensch wird am Du zum Ich" (BUBER, 1962, S. 32). Menschliche Identitätsentwicklung passiert also durch den Dialog mit anderen Menschen, durch die Begegnung, durch Sprechen, durch Spielen, durch gemeinsame Handlung. Sie passiert durch die gegenseitige Wertschätzung im Sinne von: „Ich bin o.k. – Du bist o.k." (HARRIS, 1991, S. 60). Konkret bedeutet das für den Kindergarten, daß er die Türen weit öffnet. Und dies nicht nur in ritueller Weise bei einem „Tag der offenen Türe", bei Festen und Feiern. Nein! Jeder Tag sollte ein „Tag der offenen Tür" sein!

So könnte es zum Alltag eines Kindergartens gehören, daß sich dort Eltern treffen, die sich in einer von ihnen gemütlich und einladend eingerichteten Sitzecke austauschen.

Es könnte zum Alltag gehören, daß sich dort ältere Menschen regelmäßig aufhalten – nicht organisiert im Rahmen eines Besuches, der höchstens einmal im Jahr stattfindet – sondern um mit den Kindern zu spielen, zu reden oder um sich mit handwerklichen und hauswirtschaftlichen Kenntnissen einzubringen. Um den Kindern die Funktion eines Spinnrades zu erläutern und zu spinnen, um mit den Kindern Spielzeug zu reparieren, um mit den Kindern regionale kulinarische Köstlichkeiten zu kochen, um den Kindern Geschichten zu erzählen. Die Senioren haben mit Sicherheit selber eine Fülle an Ideen, was sie mit den Kindern machen könnten. Auch sie haben viele Kompetenzen. Und: Auch sie sind Lernende.

Es könnte zum Alltag gehören, daß sich hier Schulkinder aufhalten, die mit den Kindergartenkindern Aktivitäten durchführen. Jedes Kind hat ganz verschiedene Kompetenzen und so kann ein Kind von dem anderen Kind lernen.

Es könnte zum Alltag gehören, daß Räume von verschiedenen Gruppen des Gemeinwesens genutzt werden können. Durch solche Räume wie z.B. eine Turnhalle, die dem Kindergarten angegliedert ist, könnte wiederum Leben in den Kindergarten kommen. Sportvereine, Tanzgruppen, behinderte Menschen, die dort mit dem Rollstuhl Handball spielen, würden mit der Institution in Berührung kommen. Integration also gegenüber einer Segregation – Zusammenschluß und Einbeziehung gegenüber einer räumlichen Absonderung einer Gruppe.

Das bedeutet auch, behinderte Kinder nicht in separaten und damit separierenden Einrichtungen unterzubringen, sondern in Regelkindergärten. Von 1984 bis 1988 führte das Sozialpädagogische Institut für Kleinkind- und außerschulische Erziehung des Landes Nordrhein-Westfalen (SPI) den Modellversuch „Gemeinsame Erziehung von behinderten Kindern und nichtbehinderten Kindern im Kindergarten" durch. Die gemeinsame Erziehung wurde/wird praktiziert auf der Grundlage des Situationsansatzes. Die Wissenschaftler/innen und Erzieherinnen resümieren: „Das beschriebene Konzept der situationsbezogenen Arbeit kann ... als geeignet für gemeinsame Erziehung angesehen werden" (DICHANS, 1990, S. 349). Sie stellen darüber hinaus fest: „Integrationsfähigkeit ist die Eigenschaft einer Einrichtung und nicht die Eigenschaft eines Kindes" (ebd., S. 222).

Denkbar sind auch Unterstützungsdienste (wie z.B. Babysitterdienste, Hausaufgabenhilfe, Spielkreise u.a.m.) die im Kindergarten untergebracht sind. Sie könnten dort Raum, Erfahrungsaustausch und fachliche Unterstützung erhalten (vgl. COLBERG-SCHRADER, 1992, S. 26).

Eine Vielzahl von (sozialen) Begegnungen werden dadurch möglich, die nun nicht mehr künstlich im Rahmen von Exkursionen herbeigeführt werden. Durch dieses Zusammensein entstehen Beziehungen, entwickelt sich ein Miteinander, das alle Inhalte und Facetten menschlichen Lebens beinhaltet – also Freude, Konflikte, Ärger etc. Es entstehen auch Konflikte, die gelöst werden müssen, wobei die dabei Beteiligten ihre Kompetenzen entwickeln können. „Eine Erweiterung der Funktion von Kindergärten hin zu Begenungsorten für Eltern wird in Zukunft noch mehr als bisher gefragt sein, zumal die bisher teilweise noch verfügbaren sozialen Netze zur gegenseitigen Hilfe bei der Kinderbetreuung (Großmütter, Verwandte) durch die Differenzierung von Lebensverhältnissen und Lebensverläufen eher dünner werden und Eltern sich über Kindergartenkontakte neue Netze aufbauen müssen" (ebd., S. 25).

Es findet dann keine „Inselpädagogik" (vgl. KRENZ, 1992, S. 78) mehr statt, sondern ein „Handeln in Ernstsituationen" (PREISSING, 1987, S. 87) und damit eine pädagogische Arbeit, die dem Kind (und allen anderen Beteiligten) Erfahrungs- und Lernmöglichkeiten auf einer breiten Basis ermöglicht. Es findet dann eine Arbeit statt, bei der die Lebenssituation der Kinder, ihre Biographie und damit die Kinder selber ernstgenommen werden. Es findet dann eine Arbeit statt, die einen Bezug zu der Lebenssituation der Kinder hat. Dies ist gleichzeitig ein weiteres Prinzip.

Der Bezug zu Lebenssituationen von Kindern

Ziel des Situationsansatzes ist es, Kinder „verschiedener sozialer Herkunft und mit unterschiedlicher Lerngeschichte zu befähigen, in Situationen ihres gegenwärtigen und zukünftigen Lebens möglichst autonom und kompetent denken und handeln zu können" (ARBEITS-GRUPPE VORSCHULERZIEHUNG, 1979, S. 15). Dies ist jedoch nur möglich, wenn in der pädagogischen Arbeit ein Bezug zu dem Alltag der Kinder hergestellt wird. Der Kindergarten ist ein wichtiger Ort für das Kind, seine Erlebnisse, seine Erfahrungen und die in Verbindung damit stehenden Gefühle aufzuarbeiten. Darauf wurde bereits ausdrücklich hingewiesen.

Durch die Aufarbeitung seiner Erlebnisse, Erfahrungen und Gefühle erhält das Kind die Möglichkeit, seine Kompetenzen weiter zu entwickeln und zu erweitern. Ent-wicklung also verstanden als „sich-von-etwas-entwickeln", sich von Verwicklungen befreien, sich lösen von Ängsten, sich lösen von Zwängen, sich lösen von Unsicherheiten, sich lösen von Abhängigkeiten aufgrund von nicht vorhandenen Kompetenzen.

Kinder bringen vielfältige Ängste und Befürchtungen mit in den Kindergarten. Der Begriff Angst hat seinen Ursprung in dem lateinischen Begriff „angustia" – also Enge (vgl. ZLOTOWICZ, 1983, S. 16). Ängste haben ihren Ursprung in (Er)- Lebenssituationen der Kinder.

Kinder haben insbesondere Angst vor Gespenster, Halbwesen, Monster, Räuber, Mörder, Einbrecher, Tieren, Allein- und Verlassensein, Dunkelheit, Katastrophen, Feuer, Wasser, Krieg, Gewitter, Blitzen, Schmerzen, Verletzungen, lauten und plötzlichen Geräuschen, Alp- und Angstträumen, Ineinander von Phantasie und Realität, Leistungsdruck, Überforderung, Angst vor Vater und Mutter oder Autoritätspersonen, Realerfahrungen aus der Familie, Inkonsequenz in der Erziehung, häufige Sanktionen, Einschüchterung, Streßfaktoren in der Familie, emotional ‚leeres' Milieu, Tod, offenen oder geschlossenen Räumen, unbekannten Situationen und fremden Menschen (vgl. ROGGE, 1992, S. 88).

Durch diese Ängste werden sie eingeengt in ihrem Erleben und Verhalten. Erzieherinnen, die nach dem Situationsansatz arbeiten, spüren diese Ängste auf und gestalten ihre Arbeit so, daß Kinder Möglichkeiten haben, damit umzugehen, sich von der Angst, sich von der Enge zu befreien. So fand im Kindergarten Lorsch das Projekt „Manchmal hab ich Angst" statt. Der Kindergarten wird in Teil II vorgestellt. Die Erzieherinnen arbeiten dort nach dem Situationsansatz. In der Projektbroschüre zu dem Projekt notierten die Erzieherinnen in „Blitzlichtern" ihre Beobachtungen: Kinder erzählen von Einschlafschwierigkeiten; sie wollen immer wieder das gleiche Märchen hören; sie reagieren mit Unruhe und Erschrecken auf Gewitter; sie erzählen von Nachrichten aus der Tagesschau; sie fragen nach dem Krieg; sie beschäftigen sich mit dem Tod; sie wollen nicht in eine andere Gruppe; sie meiden bestimmte Spiele, Orte, Aktivitäten (vgl. KINDERGARTEN LORSCH, o.J., S.1). Darüber hinaus sind darin in einer lesefreundlichen Weise theoretische Erläuterungen, Konsequenzen für die pädagogische Arbeit, Aktivitäten mit den Kindern und Hinweise hinsichtlich der Zusammenarbeit mit den Eltern notiert.

Das Resultat einer solchen pädagogischen Arbeit ist, daß das Kind emotional stabiler wird, denn: „Ohne eine gefühlsmäßige Stabilität ist eine Weiterentwicklung des Kindes nicht möglich" (KRENZ, 1993b, S. 79). Mit anderen Worten: Ohne eine Aufarbeitung der emotionalen Blockaden, die sich im Verhalten des Kindes „hier und jetzt" offenbaren, ist die Entwicklung von Kompetenzen, die das Kind zur Bewältigung seiner Situation in der Gegenwart und in der Zukunft benötigt, nicht möglich.

Dies setzt jedoch eine pädagogische Arbeit voraus, bei der der Alltag der Kinder, die Situationen der Kinder als Ausgangs- und Mittelpunkt der pädagogischen Arbeit verstanden und bei der insbesondere die Eltern einbezogen werden. Das wurde bereits angedeutet. Die Zusammenarbeit mit den Eltern ist ebenfalls ein Prinzip.

Einbezug der Eltern in die pädagogische Arbeit

Erzieherinnen, die nach dem Situationsansatz arbeiten, verstehen die Eltern nicht als lästige „Zaungäste" (vgl. ARBEITSGRUPPE VORSCHULERZIEHUNG, 1976, S. 47), sondern als Personen, die in die pädagogische Arbeit integriert werden, denn Eltern und Familie sind Teil der Lebenswirklichkeit des Kindes.

Familiäre Gegebenheiten und Erlebnisse bringen die Kinder mit in den Kindergarten – etwa die Eifersuchtgefühle auf die kleine Schwester oder den kleinen Bruder, den Verlust einer geliebten Person, das Gefühl, von den Eltern nicht geliebt zu werden oder die freudigen Erfahrungen und Erlebnisse des letzten Urlaubs und des vergangenen Wochenendes. Eine angemessene Aufarbeitung dieser Erfahrungen, Erlebnisse und der damit korrespondierenden Gefühle kann eigentlich nur unter der Mitwirkung der Eltern stattfinden. An dieser Stelle sei nochmals auf das Projekt „Manchmal hab ich Angst" verwiesen.

Die Erzieherinnen stellen in der Projektbroschüre, die an alle Eltern verteilt wurde, fest: „Ohne Eltern ist dieses Projekt überhaupt nicht durchführbar! Wir brauchen gegenseitige Informationen und Auskünfte, um vorhandenen oder entstehenden Problemen angebracht entgegnen zu können. Um zwei Dinge bitten wir sie besonders: Machen Sie sich die Mühe, und überdenken Sie diese Problematik im Hinblick auf Ihr Kind. Haben Sie keine Scheu davor, Ihrem Kind gegenüber zuzugeben, daß es auch für Sie Situationen gab oder gibt, die Ihnen Angst machen und wie Sie damit umgehen. Sie werden dadurch nicht Ansehen und Autorität verlieren, im Gegenteil. Ihr Kind wird sich von Ihnen ernstgenommen und anerkannt fühlen und mit Vertrauen danken" (KINDERGARTEN LORSCH, o.J., S. 6).

Die Erzieherinnen signalisieren damit den Eltern: Eine Zusammenarbeit mit euch ist ausdrücklich erwünscht. Die Bedeutung einer solchen Kooperation wird zudem schlüssig begründet.

Bei der pädagogischen Arbeit nach dem Situationsansatz werden die Eltern somit als erfahrungsvermittelnde Sachverständige und als Mitwirkende einbezogen (vgl. ARBEITSGRUPPE VORSCHULERZIEHUNG, 1976, S. 47). Dabei werden die Kompetenzen der Eltern genutzt, und durch das gemeinsame Tun entsteht ein „breites Forum der Entwicklungsförderung aller Beteiligten" (KRENZ, 1992, S. 143). Mit den Eltern wird also nicht nur im Rahmen klassischer Aktivitäten (Fest, Ausflug, Elternabend etc.) zusammengearbeitet, sondern in besonderer Weise bei der Frage, „was ist die Situation des Kindes und der Kinder."

Die Kooperation mit den Eltern kann in vielfältiger Weise stattfinden. Neben der aktiven Teilnahme bei pädagogischen Projekten können sich Eltern und Erzieherinnen bei Elternabenden, Familien-Vor- oder – Nachmittagen, Feiern, Ausflügen, Hausbesuchen, Tür- und Angelgesprächen, Elternsprechtagen oder Hospitationen austauschen und arrangieren (vgl. HESSISCHES SOZIALMINISTERIUM, 1981, S. 34 f). Denkbar ist auch ein Elternstammtisch oder eine Wochenendfreizeit. Die Eltern werden ebenfalls als Lernende verstanden, die sich im Dialog mit anderen Personen weiter entwickeln können.

Ein weiteres Prinzip ist das Leben und Lernen in altersgemischten Gruppen.

Leben und Lernen in altersgemischten Gruppen

In Kindergärten, die nach dem Situationsansatz arbeiten, gibt es keine altersgleichen Gruppen. Die Gruppen sind altersgemischt. Dies entspricht dem Prinzip, daß alle voneinander lernen können – so zum Beispiel der Dreijährige von der Sechsjährigen und die Fünfjährige von dem Vierjährigen sowie die Vierzigjährige von dem Sechsjährigen und die Dreijährige von der Dreißigjährigen. Eben: Alle Menschen, egal wie alt sie auch sind, sind Lernende.

Durch die altersgemischten Gruppen entstehen vielfältige Möglichkeiten und Herausforderungen, die unendlich viele Erlebnis- und Lernmöglichkeiten beinhalten. So können die älteren Kinder aufgrund ihres Erfahrungsvorsprunges die Funktion einer „Lernlokomotive" (vgl. ARBEITSGRUPPE VORSCHULERZIEHUNG, 1979, S. 22) übernehmen, während sie wiederum lernen, „die Mitwirkungswünsche, die besonderen Bedürfnisse und Fähigkeiten jüngerer Kinder zu berücksichtigen" (ebd., S. 22).

Dieses Lernen, das sich ganzheitlich vollzieht, findet selbstbestimmt statt. Es ist kein Lernen, das von Erwachsenen in einer isolierten und arrangierten Lebenswelt vorgegeben und gegebenenfalls sanktioniert wurde, sondern es entsteht aus der Situation der Kinder. Beispiel:

Ein Kind, das erst seit wenigen Tagen den Kindergarten besucht, kennt noch nicht den Ablauf des gleitenden Frühstücks und verfügt noch nicht über die notwendigen Qualifikationen. Erzieherinnen, die nach dem Situationsansatz arbeiten, prüfen mit den Kindern, wie Räume für ein solches Lernen geschaffen und ausgebaut werden können. Unter der Mithilfe der anderen Kinder wird es bald die Kompetenz haben, sein Frühstück selber zu richten. Und alle Beteiligten lernen voneinander:

Das neue Kind erlebt u.a., daß es sich Hilfe holen kann und daß es freundlich von den anderen Kindern informiert und unterstützt wird. Dadurch entwickelt es seine Sozialkompetenz; es kann unbekümmert auf andere Menschen zugehen, Kontakte knüpfen, neue Freundschaften aufbauen und Mut gewinnen, sich auf andere Menschen einzulassen. Zudem wird seine Handlungskompetenz erweitert. Es lernt u.a., die benötigten Utensilien richtig zu handhaben, und die Lebensmittel für seinen Gebrauch anzurichten. Die Kinder, die das neue Kind unterstützten, haben ebenfalls aktiv an dem Aufbau einer zwischenmenschlichen Beziehung mitgewirkt, eine neuen Freundin beziehungsweise einen neuen Freund gefunden und haben ein Erfolgserlebnis (das ihre Selbstsicherheit und ihr Selbstvertrauen verstärkt), weil das neue Kind nun in der Lage ist, etwas zu tun, was es vorher nicht konnte. Gleichzeitig haben sie gelernt, sich einfühlsam auf einen Menschen, seine Situation und seine Qualifikationen einzulassen.

Das gleiche Zusammenwirken findet auch bei Aktivitäten im Verlauf eines pädagogischen Projektes statt. Leben und Lernen vollzieht sich somit nicht in vom Alltag isolierten Aktivitäten, sondern in den Herausforderungen des Alltags. Es handelt sich um ein Lernen, bei dem eine

Verbindung zwischen der Entfaltung sozialer und instrumenteller Kompetenzen besteht. Dies ist ebenfalls ein Prinzip.

Die Verbindung von sozialem und instrumentellem Lernen

Die Verbindung von sozialem und instrumentellen Lernen basiert auf der Einsicht, daß eine Trennung nicht dem ganzheitlichen Verständnis eines Menschen bzw. des Kindes im Kindergartenalter entspricht. Wie die Verbindung in der Praxis aussehen kann, ist an dem Beispiel oben angedeutet:

Ein Kind hat sich im Miteinander durch sein Tun, durch eigenständiges Tun, instrumentelle Fertigkeiten angeeignet, die relevant sind zur Bewältigung einer Lebenssituation, und die es selbständiger werden lassen. Aber auch pädagogische Projekte bei einer Arbeit nach dem Situationsansatz sind keine isolierten Beschäftigungsmaßnahmen, sondern Aktivitäten, die sich aus einem sozialen Kontext ergeben. Unter Projekten versteht die Arbeitsgruppe Vorschulerziehung „geplante Abfolgen von Schritten, die dem unmittelbaren und sinnlichen Erfahrungserwerb gelten und in denen versucht wird, wichtige Teile der Situation aufzuklären und mittelbar oder unmittelbar zu beeinflussen" (ARBEITSGRUPPE VORSCHULERZIEHUNG, 1979, S. 76 f). Sie werden gemeinsam mit den Kindern z.B. im Verlauf einer Kinderkonferenz erörtert und geplant, und gemeinsam durchgeführt. Bei der gemeinsamen Durchführung sind ebenso wie bei der Planung Sozialkompetenzen notwendig. Eine Verbindung von sozialem und instrumentellem Lernen findet nicht bei vom Alltag isolierten Beschäftigungen statt oder bei Aktivitäten, die nicht in Verbindung stehen mit dem Erleben und Verhalten des Kindes „hier und jetzt".

Isoliertes und deshalb wenig effektives Lernen wäre es z.B., wenn ein Polizist mit einem Modell in den Kindergarten kommt, und den Kindern anhand einer mit einer Straße bemalten und mit mehreren Figuren bestückten Holzplatte versucht, zu vermitteln, wie man eine Straße richtig überquert.

Bei solchen funktionalen Aktivitäten wird das Kind von dem Erwachsenen genötigt, seine Ganzheit, sein Bedürfnis nach unmittelbarem Erleben abzulegen. Gleichzeitig lernt das Kind, seine Bedürfnisse den Bedürfnissen der Erwachsenen unterzuordnen; es muß sich, es muß seine Bedürfnisse verleugnen. Zudem werden von dem Kind in diesem Beispiel Abstraktionsleistungen gefordert, gedankliche Verbindungen, die es kaum leisten kann. Seine Gefühle werden dabei kaum berücksichtigt und das, was es tatsächlich bewegt, was es vielleicht sogar symbolisch mittels Sprache, Rollenspiel, Tanz oder bei dem Malen eines Bildes mitteilt, findet keine Beachtung, und kann demzufolge auch nicht aufgearbeitet werden. Es wird sich möglicherweise verweigern, etwa durch Rückzug (zumindestens innerlich) oder durch Unmutsäußerungen mitteilen, daß es kein Interesse daran hat.

Bei funktionalen Beschäftigungsmaßnahmen wird es in eine Form gedrückt. Dies ist z.B. auch dann der Fall, wenn Erzieherinnen Kinder zum Malen auffordern, ihnen dazu Schablonen geben und die Kinder zum Basteln mit bereits vorgefertigten Vorlagen animieren. Kinder werden dabei Produzenten von Produkten, die mehr oder weniger ohne eigene kreative Anteile entstanden sind.

Tatsächlich wird dabei die Ganzheit des Kindes übersehen, und somit seine persönliche Identität. Das Kind wird sprichwörtlich in eine Schablone gedrückt, seine Einzigartigkeit wird offensichtlich ebenso wenig wahrgenommen wie die Einzigartigkeit seiner Bilder, seines Rollenspieles („Spiel doch mal leiser, spiel mal gute Fee") und seiner Werkarbeiten („Bei dem Holzhaus fehlt ja der Kamin!"), die Aus-druck seines Erlebens sind.

Das nächste Prinzip ist generationsübergreifendes Lernen.

Generationsübergreifendes Lernen

Lernen ist nach dem Verständnis des Situationsansatzes kein „Ein-Weg-Prozeß", der auf einer „Ein-Weg-Kommunikation" basiert. Das Kind wird nicht als das zu belehrende Individuum und die Erzieherin nicht als das lehrende Individuum verstanden. Vielmehr bringen sich alle Beteiligten als Mensch, als Individuum ein und damit die eigene individuelle Persönlichkeit, die Kompetenzen, Gefühle, Meinungen, Fragen, Antworten, Vorurteile, Erlebnisse, Erfahrungen, Unsicherheiten etc. Somit sind nicht nur gemeinsam geplante pädagogische Projekte ein Lernfeld für die Entwicklung einer sozialen und instrumentellen Kompetenz, sondern der Alltag an sich.

Es ist daher nicht nachvollziehbar, warum in Kindergärten separate Beschäftigungen stattfinden, bei denen Kinder z.B. „soziales Verhalten" lernen sollen. Daraus läßt sich folgern, daß die Erzieherin die Bedeutung des Alltags und der in diesem Zusammenhang die vorhandenen Erfahrungs- und Erlebnismöglichkeiten für das Verhalten des Kindes als eine weniger relevante Variable einordnet. Dies aber ist geradezu fatal, weil dadurch wesentliche Einflüsse im Umfeld nicht ernstgenommen werden, die sich auf das Erleben und Verhalten des Kindes auswirken (können). Im Alltag, in alltäglichen Ereignissen, im alltäglichen Zusammen-Sein besteht die Möglichkeit der Entwicklung sozialer und instrumenteller Kompetenzen. Dies betrifft nicht nur die Kinder sondern auch die Erzieherinnen sowie alle anderen Beteiligten.

So ist zum Beispiel eine türkische Mutter Verkäuferin. Die Erzieherin kauft mit einigen Kindern in dem Supermarkt, in dem die Mutter arbeitet, für das Frühstück im Kindergarten ein. Die Mutter begrüßt die Gruppe freundlich und trägt engagiert mit den Kindern die benötigten Lebensmittel im Laden zusammen. Es entwickelt sich ein Gespräch über das Einkaufen der Kindergartenkinder und über die Menüs, die im Kindergarten zubereitet werden sollen. Sie gibt dazu einige Tips. Daraufhin fragt die Erzieherin, ob sie einmal ihre Kenntnisse im Kindergarten demonstrieren kann. Die Mutter willigt ein, im Rahmen eines Festes zu kochen. So lernen die Kinder, die Erzieherinnen und alle anderen Besucher eine türkische Mahlzeit kennen. Gleichzeitig bereiten einige Kinder einen leckeren Nachtisch zu. Darüber hinaus besteht die Möglichkeit, sich in Gesprächen während der Vorbereitung und Einnahme des Essen und im Anschluß bei lustigen Spielen, die von den Erzieherinnen und einigen Eltern vorbereitet wurden, näher kennenzulernen.

Alle Beteiligten bringen also ihre Kompetenzen ein – Kinder ebenso wie Erzieherinnen, Eltern und andere beteiligte Personen. Alle Beteiligten machen ihre eigenen Erfahrungen, und können durch die Begegnung, beim Zusammen-Sein in vielfältiger Weise lernen und sich dadurch entwickeln. Diese Kooperation setzt eine aktive Beziehungsarbeit voraus.

Ein weiteres Prinzip ist die Wandlung des Verhältnisses zwischen Lehrenden und Lernenden.

Wandlung des Verhältnisses zwischen Lehrenden und Lernenden

Lernen äußert sich beim Situationsansatz nicht als ein Prozeß mit hierarchischen Strukturen – die „wissende" Erzieherin lehrt das „unwissende" Kind, die „wissende" Mutter lehrt die „unwissende" Erzieherin – sondern als ein für alle Beteiligten bedeutsamer Prozeß, bei dem jede und jeder „hier und jetzt" seine Kompetenzen einbringen und weiter entwickeln kann – auch die Eltern und andere beteiligte Personen.

Allerdings soll hier nicht der Wissensvorsprung des Erwachsenen bzw. der Erzieherin geleugnet werden. Wissen wird aber nicht mehr zu einem Machtinstrument, wird nicht mehr zu einem Mittel von Überlegenheit gegenüber dem Kind oder einem anderen Menschen, sondern als Chance verstanden, daß man gemeinsam und jedes Individuum für sich „einen Schritt weiterkommt" (vgl. ebd., S. 32), denn: Der Weg ist das Ziel.

In diesem Zusammenhang soll wiederum auf Paulo Freire verwiesen werden. Lernen nach dem Situationsansatz ist genau das Gegenteil vom Lernen nach dem „Bankierskonzept".

In überarbeiteter Form übertrage ich die von Freire aufgezeigten Einstellungen und Praktiken des „Bankierskonzepts" in die Kindergartenpädagogik. Ich benutze für Freires Terminus „Lehrer" das Wort „Erzieherinnen" und entsprechend statt „Schüler" den Terminus „Kind". Eine „domestizierende" Erziehung im Kindergarten kann demnach in folgenden Einstellungen und Praktiken gefunden werden:

* Erzieherinnen lehren, und die Kinder werden belehrt.
* Erzieherinnen wissen alles, und die Kinder wissen nichts.
* Erzieherinnen denken, und über die Kinder wird gedacht.
* Erzieherinnen reden, und die Kinder hören brav zu.
* Erzieherinnen züchtigen (allgemeiner: sanktionieren, bewerten, beurteilen, Anm. d. Verf.), und die Kinder werden gezüchtigt (sanktioniert, bewertet, beurteilt, Anm. d. Verf.).
* Erzieherinnen wählen aus und setzen ihre Wahl durch, und die Kinder stimmen zu.
* Erzieherinnen handeln, und die Kinder haben die Illusion zu handeln durch das Handeln der Erzieherinnen.
* Erzieherinnen wählen den Lehrplan aus, und die Kinder (die nicht gefragt werden, Anm. v. Paulo Freire) passen sich ihm an.
* Erzieherinnen vermischen die Autorität des Wissens mit ihrer eigenen professionellen Autorität, die sie in Widerspruch setzt zur Freiheit des Kindes.
* Erzieherinnen sind das Subjekt des Lernprozesses, während die Kinder bloße Objekte sind (vgl. FREIRE, 1973, S. 58).

Demgegenüber wird bei einer pädagogischen Arbeit nach dem Situationsansatz das Kind nicht als „Erziehungsobjekt" verstanden, sondern als ein handelndes Subjekt. Dies wurde bereits bei der Erörterung des Menschenbildes diskutiert.

Die Konsequenz davon ist, daß den Kindern Räume zum Spüren, Fühlen, Denken und Handeln zugestanden werden, und der Tagesablauf so gestaltet ist, daß das Kind nicht fremdbestimmt wird. Dies setzt eine offene Planung voraus. Dies ist auch ein Prinzip des Situationsansatzes.

Offene Planung

Offene Planung beim Situationsansatz „erfolgt im Wechselspiel mit Situationsanalysen, pädagogischer Aktion und Reflexion des Geschehens in der Gruppe. Abweichungen von einmal gefaßten Vorhaben, die sich aus aktuellen Ereignissen oder Anregungen von Kindern und anderen Beteiligten ergeben, sind willkommen" (COLBERG-SCHRADER, 1991b, S. 112). Das bedeutet, daß sich die pädagogische Arbeit an dem Kind, an den Ereignissen und den Bedürfnissen der Kinder „hier und jetzt" orientiert. Erzieherinnen, die ihre Arbeit nach einem Jahres-, Monats- oder Wochenplan gestalten, orientieren sich offensichtlich an äußeren Faktoren, aber nicht an den Inhalten, die die Kinder unmittelbar bewegen und in den Kindergarten mitbringen. Demgegenüber werden bei einer Arbeit nach dem Situationsansatz nur solche Themen bedeutsam, die die Kinder unmittelbar betreffen, und die für sie eine Bedeutung haben. Bei der Auseinandersetzung mit Themen aus dem sozialen Umfeld entstehen neue Ideen, Aktionen, die wiederum neue Situationen bedeuten können. An dieser Stelle soll wieder an dem Beispiel mit der türkischen Mutter angeknüpft werden:

Möglicherweise spricht sie eine Einladung aus, und die Gruppe beschließt gemeinsam, das türkische Kind zu Hause zu besuchen. Dort werden die Besucher/innen sehr freundlich empfangen, und es gibt leckeres Gebäck und Tee. Bei einem weiteren Besuch sind die Kinder dann Gäste auf einem Bauernhof, in einer Bäckerei oder im Pfarrhaus.

Es ergeben sich also vielfältige Ereignisse, die wiederum neue Impulse beinhalten. Eine solche pädagogische Arbeit kann nicht nach einem Wochen-, Monats- oder Jahresplan organisiert werden. Dies bedeutet jedoch nicht, daß bei einer pädagogischen Arbeit nach dem Situationsansatz nicht geplant wird. Es wird geplant und muß geplant werden – und zwar mit den Kindern. Der Ablauf einer solchen Planung wurde bereits dargestellt. „Offene Planung wird nicht von der Erzieherin alleine *für* die Kinder gemacht, sondern geschieht in einem gemeinsam getragenen Wechselspiel von Reflexion, Aktion, Ausprobieren, Sich-Verständigen, Erforschen unter allen Beteiligten in einer Gruppe" (ebd., S. 112). Erzieherinnen und Kinder sprechen also gemeinsam über die Vorhaben und machen sich Gedanken über den möglichen Ablauf. Zusammenfassend kann gesagt werden:

* „Offene Planung bezieht sich auf die Erfahrungsbereiche der Kinder" (COLBERG-SCHRADER, 1991a, S. 36).
* Bei einer offenen Planung darf soziales Handeln und instrumentelles Lernen zum Erwerb von Sachkompetenz nicht getrennt werden.
* Bei einer offenen Planung werden die Kinder, soweit wie möglich, an Planungsschritten beteiligt.
* Bei einer offenen Planung dürfen Kinder von gezielten pädagogischen Aktivitäten abspringen, oder andere dazukommen, die sich dafür interessieren.

* Bei einer offenen Planung informiert sich die Erzieherin ständig über Ereignisse in ihrer näheren und weiteren Umwelt.
* Bei einer offenen Planung werden Lernorte und Bezugspersonen außerhalb des Kindergartens einbezogen.
* Bei einer offenen Planung wird mit den Kollegen und den Eltern zusammengearbeitet.
* Bei einer offenen Planung verändert sich die Rolle der Erzieherin (vgl. ebd. S. 37 ff).
* Bei einer offenen Planung werden entsprechende räumliche Bedingungen geschaffen.

Offene Planung ist die logische Konsequenz der Absicht des Situationsansatzes, Selbstbestimmung und Mitbestimmung so früh wie möglich zu lernen und entsprechendes Verhalten zu entwickeln.

Bei einer Arbeit nach dem Situationsansatz spielt auch die Raumausstattung eine wichtige Rolle. Sie entspricht den Bedürfnissen der Kinder. Dies ist ebenfalls ein Prinzip.

(Handlungs)-Räume für Kinder

Die Verwirklichung des Situationsansatzes hat konkrete Auswirkungen auf die Raumgestaltung. „Das bedeutet, den Kindergarten für Kinder und Erzieherinnen gleichermaßen wohnlich zu machen, obwohl sie dort nicht wirklich ‚wohnen' und jeden Abend nach Hause gehen" (HÜRTGEN-BUSCH, 1993a, S. 25). Mit anderen Worten: Die Räumlichkeiten sollen so ausgestattet sein, daß sich die Kinder und die Erzieherinnen dort wohlfühlen, daß sie dort Spuren hinterlassen, die von einer in diesen Räumen anzutreffenden gelebten Lebendigkeit und Toleranz vor der Individualität jeder einzelnen Persönlichkeiten berichten. Demzufolge hängen an den Wänden keine ausschließlich von den Erzieherinnen angefertigten Kunstwerke, keine Schablonenbilder, keine Apothekenposter, keine sauber aufgereihten DIN A 4-Bilder, auf denen jeweils ein grüner Frosch klebt, wobei sich das Bild nur von den von den Erzieherinnen in der Ecke notierten Kindernamen unterscheiden, keine von der Praktikantin für die Kinder gemalten Fensterbilder, sondern individuelle Kunstwerke der Kinder. Darüber hinaus werden alle jene Elemente eingebracht, die auch in einem Wohnhaus für Behaglichkeit und Vertrautheit sorgen: Pflanzen, Raumteiler, Vitrinen, Podeste, Naturmaterialien etc.

Zudem bieten die Räume Rückzugsmöglichkeiten, Nischen und Ekken, in denen sich die Kinder unbeobachtet aufhalten und selbstbestimmt spielen können, ohne daß sie beobachtet werden. Möglich wird dies durch Holzkonstruktionen, die eigentlich in jedem Gruppenraum errichtet werden können.

Es sind auch vielfältige Materialien zur Raumaufteilung vorhanden: „Decken, Kartons, Stoff, Seile, Wolle, Bierdeckel, Bettücher, Bausteine (Hohlblock, Ziegel, Yton), Eierkisten, Bierkästen, Gardinen, Schaumstoff, Stellwände, Korken, Äste, Wäscheklammern und Wäscheleinen, Schaumgummiblöcke, Bauholz, Tapeten, Styropor, Pinnwände, Obststeigen, Stämme, Weichfaserplatten, Wellpappe" (HESSISCHES SOZIALMINISTERIUM, 1981, S. 26). Gleichzeitig stehen den Kindern Materialien zur Gestaltung von Raumteilen zur Verfügung: Spiegel in verschiedenen Größen, Bettücher, Matratzen, Sessel, Sofas, Hängematten, Punktstrahler als Deckenbeleuchtung, Kissen, Pflanzen, Kinderbett, Autoreifen, Etagenbett, Wolle, Wellpappe, Waschmitteltonnen, Schaukelstuhl etc. (vgl. ebd., S. 27). Vorhanden sind auch Materialien zur Nutzung in Raumteilen:

Farben, Draht, Fernseher, Radio, Telefon, Schreibmaschine, Taschen und Koffer, Kleider, Theaterschminke, Leitern, Bügeleisen, Kissen, Eierkästen, Fotoapparat, Werkbank, Handwerkzeug, Holz, Seile, Wannen, Töpfe, Wecker, Flaschen etc. (vgl. ebd., S. 27).

Grundsatz: Es gibt nichts, was nicht gebraucht werden kann. Und: Die Räume werden mit den Kindern nach deren Bedürfnissen gestaltet – sie werden den Kindern „angepaßt" (mit deren Mithilfe), nicht umgekehrt. So erklärte Marianne Krug (sie wird später vorgestellt) bei einer Tagung des Verbandes Katholischer Tageseinrichtungen für Kinder (KTK)-Bundesverband e.V. am 29.11.1994 in Augsburg: „Eine Arbeit nach dem Situationsansatz beinhaltet die Sichtweise, daß Institutionen der Kinder als veränderbar begriffen werden." Es geht also darum, im wahrsten Sinne des Wortes Räume zu erobern und zu verändern. Es geht darum, die Räume als Spiegelbild der Entwicklung jener zu verstehen, die sich darin aufhalten. Somit dokumentieren die Räume auch die Entwicklung jener Menschen, die diese Räume gestalten. Es geht darum, (mit) Kindern kindgerechte Räume einzuräumen – mit deren Beteiligung, mit deren Mithilfe. Räume, in denen die Kinder Handelnde sind und sein können. Dann sind die Kinder Akteure ihrer eigenen Entwicklung, wie es einer pädagogischen Arbeit nach dem Situationsansatz entspricht.

Auch das Außengelände bietet entsprechende Möglichkeiten:

Feuer- und Wasserstelle, Büsche, Bäume, Kästen, Holz, Werkzeug, große Kartons, Schubkarren, Gemüsebeet, Teich, Kaninchenstall, Erdloch zum Matschen, Wiese, Plane und Stämme. Und: Die Kinder dürfen alle Fundsachen mit in den Kindergarten bringen – es gibt keinen „Schrott", der dort nicht hingehört: Ob alte Schuhe, Bügeleisen, tote

Vögel, Cassettenrecorder, Computer, Rasierapparat, Steine, eben: Alles, was Kinder fasziniert, ist willkommen. Alle diese Utensilien sind ein Teil der Lebenswirklichkeit des Kindes. Sie regen das Kind an, sie machen es neugierig und Neugier ist ein Sprungbrett menschlicher Entwicklung. Zudem können die Kinder ihre Spielsachen mitbringen, und zwar immer dann, wenn sie wollen. Einen „Spielzeugtag", bei dem nur einmal im Jahr die Puppe, der Teddy oder andere von dem Kind geliebte Spielzeuge mitgebracht werden dürfen, gibt es nicht. Es finden keine Zensuren statt, welche Spielzeuge erlaubt sind und welche nicht. Somit werden keine Regeln aufgestellt wie: „Barbie, He-man, Monster und Pistolen sind im Kindergarten verboten." Diese Gegenstände haben für das Kind eine wichtige Bedeutung, denn sonst würde es nicht damit spielen. So symbolisieren diese Spielzeuge für die Kinder möglicherweise Macht und Stärke. Und gerade dies wird den Kindern oft genug von den Erwachsenen in Abrede gestellt. Insofern wären auch diese Spielzeuge „Ausdrucksmittel" einer spezifischen Situation des Kindes.

Erzieherinnen, die gemeinsam mit dem Kind und den Eltern die Gruppenräume gestalten möchten, sei folgendes Buch empfohlen: Mahlke, Wolfgang; Schwarte, Norbert: Raum für Kinder. Ein Arbeitsbuch zur Raumgestaltung in Kindergärten. Weinheim, 1989. Wolfgang Mahlke ist Hochschullehrer im Bereich Kunst- und Sonderpädagogik an der Universität Würzburg. Nobert Schwarte arbeitet als Hochschullehrer für Sozialpädagogik an der Universität-Gesamthochschule Siegen. Die Autoren stellen anschaulich praktische Beispiele zur Raumgestaltung von Innen- und Außenräumen vor, die sie gemeinsam mit Kindern, Eltern, Erzieherinnen und Planern entwickelt und erprobt haben.

Ein weiteres Prinzip ist die lebendige Teamarbeit.

Lebendige Teamarbeit

Erzieherinnen, die nach dem Situationsansatz arbeiten, verstehen die Teamarbeit ebenfalls als Lernfeld. Sie praktizieren eine lebendige, kooperative Teamarbeit. Gespräche werden deshalb miteinander und nicht übereinandergeführt (vgl. KRENZ, 1992, S. 125), „Konflikte nicht verdrängt, sondern angesprochen, Gefühle wie Neid oder Mißgunst konstruktiv in Kooperation und Offenheit umgearbeitet, Lösungen für anstehende Probleme und Aufgaben nicht abgedrängt und weitergeschoben, sondern aufgegriffen und bewußt angenommen, Verantwortung nicht verdeckt delegiert, sondern für alle nachvollziehbar gemeinsam verteilt" (ebd., S. 125). Jede Mitarbeiterin hat die Möglichkeit, ihre Gefühle zu benennen; ihre Freude, ihre Unsicherheit, ihre Ängste, ihre

Frustration. Durch das Benennen von Schwierigkeiten in der Arbeit ist es möglich, mit den Kolleginnen eine Klärung herbeizuführen. Im übrigen könnte dies auch der Anlaß für die Kolleginnen sein, ihre Probleme auszudrücken. So kann gemeinsam eine Krise bewältigt werden.

Es finden kontinuierliche Teamsitzungen statt, bei denen die pädagogische Arbeit mit all ihren Facetten thematisiert wird und bei denen das Erleben und Verhalten der Erzieherinnen und der anderen Mitarbeiterinnen reflektiert und besprochen wird. Es werden Gefühle und Gedanken verbalisiert, die mit Erlebnissen z.B. in der Zusammenarbeit mit Eltern, Träger, sowie anderen Personen und Institutionen korrespondieren.

Es werden auch im Team die kurz und prägnant formulierten Beobachtungsprotokolle erörtert, die von den Erzieherinnen sowie von den Praktikantinnen angefertigt wurden. Sollte an dieser Stelle auf die angeblich mangelnde Zeit verwiesen werden, so muß gesagt werden, daß es schlicht eine Frage der Prioritätensetzung ist. Wird eine Teamarbeit mit solchen Merkmalen für notwendig erkannt, so wird es auch möglich sein, Zeit dafür zu finden – vorausgesetzt, es wird nach Zeit-Räumen gesucht und in diesem Rahmen überprüft, welche Tätigkeiten demgegenüber weniger wichtig sind, delegiert werden können oder schlicht überflüssig sind. Weniger kann mehr sein.

Das Prinzip des Situationsansatzes, daß jedes Individuum Kompetenzen hat und Möglichkeiten benötigt, um sie weiter zu entwickeln, ist auch für die Teamsitzung relevant. In diesem Rahmen erhält jede Mitarbeiterin die Chance, die Teamsitzung zu moderieren. Praktikantinnen werden dabei ebenfalls beteiligt: Sie bereiten z.B. gemeinsam mit einer Erzieherin die nächste Teamsitzung vor und probieren sich in der Rolle als Co-Moderatorin aus.

Eine pädagogische Arbeit nach dem Situationsansatz hat auch Auswirkungen auf die Leitung eines Kindergartens. So werden bereits „unterschiedliche Formen der Arbeitsteilung erprobt und durchgeführt. Beispielsweise werden Formen von Teamarbeit praktiziert, bei der die Leitungsfunktionen auf alle Teammitglieder verteilt sind und die Verantwortung für die Durchführung dann beim einzelnen liegt. Ein anderes Beispiel: die Leitungsfunktionen werden auf begrenzte Dauer auf eine Person übertragen, danach findet ein turnusgemäßer Wechsel statt" (PREISSING, 1993, S. 108).

Eine lebendige Teamarbeit wirkt sich immer auch positiv auf den Umgang mit den Kindern aus: „Kinder werden ruhiger, reagieren ausgeglichener, zeigen mehr Ausdauer bei Belastungen und fühlen sich wohler. Die Teamarbeit der MitarbeiterInnen wirkt wie ein Modell auf

Kinder und Eltern, das nicht zuletzt auch die eigene Arbeitszufriedenheit stärkt" (KRENZ, 1992, S. 125).

Das nächste Prinzip lautet: Begleitung und Beratung der Praktikantinnen.

Begleitung und Beratung der Praktikantinnen und Praktikanten

Ebenso wie die Erzieherinnen und die Kinder sind die Praktikantinnen Lernende. Dabei haben die Vor-, Schul- und Berufspraktikantinnen eine besondere Position. Sinn und Zweck ihres Praktikums ist es, sich selber, u.a. auf dem Hintergrund der jeweiligen schulischen Ausbildung in der Kindergartenarbeit zu erleben und sich dabei in ihrem So-Sein zu entdecken und kennenzulernen. „Für alle Praktikantinnen gilt, daß sie keine für den Betrieb notwendige Arbeitskraft ersetzen dürfen. Der Ausbildungszweck soll im Vordergrund der Arbeit stehen, sie dürfen keine Überstunden machen" (PREISSING, 1993, S. 155).

Erzieherinnen, die nach dem Situationsansatz arbeiten, werden Praktikantinnen breiten Raum geben, um sich auszuprobieren und um sich dabei zu erfahren. Sie werden mit den Praktikantinnen prüfen, wo sie ihre Kompetenzen und Fertigkeiten einbringen können. Zu Beginn des Praktikums werden sie deshalb mit der Praktikantin gemeinsam einen Ausbildungsplan erstellen, und den Entstehungsprozeß eines solchen Planes wiederum als Lernprozeß verstehen. Durch das gemeinsame Agieren, durch die Aktion, durch das Gespräch findet wiederum eine Reflexion statt (vgl. FREIRE, 1973, S. 71). In diesem Rahmen überlegen die Praktikantinnen, welche Erwartungen sie an das Praktikum haben, welche Fragen sie haben, welche Unsicherheiten und welche Kenntnisse. Die Erzieherinnen sprechen mit den Praktikantinnen darüber und überprüfen mit den Praktikantinnen, welche Bedingungen geschaffen werden können, um ein effektives Praktikum zu ermöglichen. Kindergärten, die nach dem Situationsansatz arbeiten, werden Praktikantinnen nicht lediglich als billige Reinigungskräfte einsetzen, denn:

Es steht „nicht das Anordnen und Ausführen im Vordergrund, sondern das Erproben, um ein eigenes Gefühl für Richtigkeit entwickeln zu können..." (KRENZ, 1992, S. 129). Grundsätzlich ist festzustellen: „Praktikantinnen haben einen Rechtsanspruch auf eine Ausbildung, die sich auf dem Stand der pädagogischen Diskussion und der Möglichkeiten der Praxis befindet" (PREISSING, 1993, S. 156).

Eine effektive Zusammenarbeit mit den Praktikantinnen erfordert auch eine Kooperation mit der jeweiligen Ausbildungsstätte. Dies ist ebenfalls ein Prinzip.

Kooperation mit den Ausbildungsstätten

Aufgrund des „vernetzenden" Charakters des Situationsansatzes wird auch eine Zusammenarbeit mit den Ausbildungsstätten gesucht. Für die Praktikantinnen wird dadurch der Einstieg in die Praxis erleichtert. Durch das Miteinander-Lernen, sofern sich Ausbildungsstätte und Kindergarten gleichermaßen darauf einlassen, ergeben sich für Erzieherinnen und Praktikantinnen sowie für Lehrer/innen weitere Lernfelder und damit weitere Lernmöglichkeiten. Das bedeutet konkret, daß z.B. Unterricht „vor Ort" im Kindergarten und außerhalb der Schule stattfindet, daß Erzieherinnen als Expertinnen zu einem bestimmten Thema eingeladen werden, daß Schülerinnen und Studierende an einem pädagogischen Projekt im Kindergarten teilnehmen, daß Spielaktionen durchgeführt werden, daß Lehrer/innen der Fachschule zu einem Elternabend eingeladen werden. Im Rahmen der Kooperation erörtern Erzieherinnen gemeinsam mit den Praktikantinnen und den Lehrer/innen der Fachschule bzw. der Berufsschule, wie sich Praktikantinnen in die pädagogische Arbeit einbringen können, denn: Schulisch geforderte (funktionale) Beschäftigungsmaßnahmen, bei denen isolierte Aktivitäten an den Kindern ausprobiert werden, um dann der Praktikantin anschließend eine Note zu verpassen, finden in einem Kindergarten, der nach dem Situationsansatz arbeitet, nicht statt. Bei solchen Beschäftigungen findet kein sinnverbindendes Lernen statt und das Kind wird zu einem Objekt degradiert, mit dem etwas getan wird, und das etwas auszuführen hat.

Folgende Beispiele für Alternativen, bei denen die Praktikantin eine kindzentrierte Haltung entwickeln kann, und die Auskunft über ihre Haltung und ihr fachliches Wissen geben, sollen zur Diskussion gestellt werden:
* Die Praktikantin führt eine Beobachtung durch.
* Sie führt eine Situationsanalyse bei einem Kind durch.
* Sie moderiert eine Kinderkonferenz, an der die Praxisanleiterin und die Lehrerin bzw. der Lehrer teilnimmt – sofern tatsächlich ein Thema ansteht!
* Sie nimmt an einem z.Zt. stattfindenden Projekt teil, und reflektiert einen bestimmten Abschnitt im Verlauf des Projektes. Dabei beschreibt die Praktikantin ihre Gefühle und erläutert ihre Gedanken – ebenso wie die Lehrerin und die Praxisanleiterin, die sich auch bei dem Projekt aktiv ebenso wie die Lehrerin/der Lehrer im Verlauf eines Praxisbesuches einbringen.
* Sie dokumentiert mit den Kindern gemeinsam ein pädagogisches Projekt.
* Sie verfaßt einen Zeitungsartikel über ein pädagogisches Projekt.

Die Liste läßt sich beliebig verlängern. Die Praktikantinnen sollten grundsätzlich über eigene Ideen befragt werden. Mit Sicherheit haben sie eine Fülle an Anregungen und können so Einfluß auf ihre Ausbildung nehmen. Dadurch lernen sie selbstbestimmt. Auf diese Weise entwickeln sie ihre Fähigkeiten weiter, um eine pädagogische Arbeit zu praktizieren, bei der den Kindern selbstbestimmtes Lernen und Handeln ermöglicht wird. Sie entwickeln die Fähigkeit, selbstbestimmt und selbsttätig zu lernen – oder noch grundsätzlicher: Sie lernen zu lernen! Damit entwickeln sie Kompetenzen, eine Pädagogik der Befreiung zu realisieren, weil eine solche Pädagogik dem Individuum Raum zu selbstbestimmtem Handeln und Lernen ermöglicht.

Ein weiteres Prinzip ist die Kooperation mit dem Träger.

Kooperation mit dem Träger

Erzieherinnen, die nach dem Situationsansatz arbeiten, beziehen den Träger aktiv in ihre pädagogische Arbeit ein. Sie suchen den regelmäßigen Kontakt, halten ihn aufrecht und berichten über ihre pädagogische Arbeit, über Vorhaben und Projekte (vgl. KRENZ, 1992, S. 133) und verdeutlichen dem Träger damit, „wie die Arbeit im Kindergarten gestaltet ist. Gegenseitige Informationen fördern die Einsicht in Zusammenhänge, bedingen mehr Verständnis füreinander und erlauben es beiden Seiten, Entscheidungsprozesse neu zu durchdenken und mögliche Entscheidungen mitzutragen bzw. ihnen qualifiziert rechtzeitig entgegenzutreten" (ebd., S. 134). Durch eine kooperative Zusammenarbeit, die eine gegenseitige Wertschätzung beinhaltet, wird es möglich, Einfluß auf die Rahmenbedingungen der eigenen Arbeit zu nehmen.

Beispiel: Kommunalpolitiker klagen über die Kosten, die der Kindergarten verursacht. Aufgrund der derzeitigen Rezession ist dies keine Seltenheit. Sie fordern eine Erhöhung der Gruppenstärke und gleichzeitig einen Stellenabbau. Eine Forderung, bei der die Kinder und die Erzieherinnen die Verlierer sind. Anzumerken ist, daß oftmals ohnehin zuwenig Mitarbeiterinnen für zuviele Kinder in einer Gruppe zuständig sind. Und dies zu einem Gehalt, das der Länge der Ausbildung, der beruflichen und fachlichen Qualifikation der Erzieherinnen und der Bedeutung dieser Arbeit überhaupt nicht entspricht!!

Durch eine kooperative Zusammenarbeit mit dem Träger bzw. mit jenen Personen, die den Träger repräsentieren, durch eine kontinuierliche Öffentlichkeitsarbeit, die die Bedeutung der Kindergartenarbeit unterstreicht, durch eine kooperative Zusammenarbeit mit den Eltern und mit den Vertreterinnen und Vertretern des Elternbeirates brauchen Erzieherinnen ihre pädagogische Arbeit nicht alleine vertreten und verteidigen. Sie werden dadurch Mitstreiter/innen haben, die sich mit Nachdruck gegen solche kinder- sowie erzieherinnenfeindlichen Überlegungen aussprechen.

Das nächste Prinzip lautet: Übergreifende Zusammenarbeit mit anderen Kindergärten.

Übergreifende Zusammenarbeit mit anderen Kindergärten

Die Kooperation und der Dialog, den eine pädagogische Arbeit nach dem Situationsansatz beinhaltet, macht nicht Halt vor der Türe anderer Kindergärten. Gerade das kritische Hinterfragen jener Erzieherinnen, die diesem Konzept skeptisch gegenüberstehen, kann durchaus anregend sein. Dadurch besteht die Notwendigkeit, zu argumentieren. Dies regt zu weiterem Nachdenken an. Zudem aktualisieren sich dadurch Unkenntnisse oder noch nicht gut durchdachte Denk- und Handlungsweisen.

Deshalb sollten sich die Erzieherinnen verschiedener Kindergärten gegenseitig besuchen, miteinander reden, sich zuhören und sich mit der pädagogischen Arbeit der jeweils anderen Kolleginnen und Kollegen befassen. Denn: Jede Mitarbeiterin hat Kompetenzen.

So könnten Erzieherinnen im Verlauf einer oder mehrere Tagungen, bei der sich die einzelnen Kindergärten mit ihrer pädagogischen Arbeit vorstellen, über ihre Probleme und etwaige Lösungsmöglichkeiten sprechen und dabei wiederum durch die Aktion ihr Handeln reflektieren. Möglicherweise entwickeln dann Erzieherinnen Interesse an einer pädagogischen Arbeit nach dem Situationsansatz und lassen sich auf das Konzept ein. Nur durch die eigene Überzeugung ist es möglich, daß Erzieherinnen nach dem Situationsansatz arbeiten. Eine Arbeit nach dem Situationsansatz kann deshalb nicht erzwungen, nicht einfach von dem Träger angeordnet werden. Eine von Verwicklungen befreiende Pädagogik, eine Pädagogik der Freiheit kann nicht durch Zwang, nicht durch Manipulation, nicht durch Anordnung, nicht durch Fremdbestimmung entwickelt werden. Dieser Zwang würde dann eine Verwicklung darstellen und damit eine Entmündigung der Erzieherinnen. Möglich ist nur ein Problematisieren, ein problemformulierender Dialog, bei dem die Würde aller Beteiligter nicht übergangen wird.

Eine pädagogische Arbeit nach dem Situationsansatz basiert auf der Einsicht, daß Kinder Rechte haben.

Kinder haben Rechte!

Erzieherinnen, die nach dem Situationsansatz arbeiten, verstehen die Kinder als gleichberechtigte Individuen. Sie machen sich die Rechte des Kindes bewußt und vergegenwärtigen sich die daraus resultierenden Konsequenzen. Darüber hinaus weisen sie auf Verstöße gegen die Rechte der Kinder hin und vergegenwärtigen sich die Möglichkeiten und Grenzen, durch eigenes Tun die Lage des Kindes und der Kinder zu verbessern.

An dieser Stelle soll auf die „drei Grundrechte" der Kinder (KORCZAK, 1983, S. 40) verwiesen werden, die Janusz Korczak formulierte:
„1. Das Recht des Kindes auf seinen Tod,
2. Das Recht des Kindes auf den heutigen Tag,
3. Das Recht des Kindes, so zu sein, wie es ist" (ebd., S. 40).

Janusz Korczak, geboren 1878, war Kinderarzt und leitete das Warschauer Waisenhaus für jüdische Kinder. 1939 wird er mit ihnen in das Warschauer Getto gebracht und 1942 im Konzentrationslager Treblinka ermordet. Die Möglichkeit, sich von seinen Kindern zu trennen, und somit der Ermordung zu entgehen, lehnte er ab. Korczak forderte (und lebte) unermüdlich die Gleichberechtigung und das Ernstnehmen des Kindes. Er entwickelte gemeinsam mit den Kindern pragmatische Strukturen einer demokratischen Gemeinschaft, z.B. das „Kameradschaftsgericht" (vgl. ebd., S. 304 ff). Bezogen auf das Recht des Kindes auf den heutigen Tag, stellt er fest: „Ich bin verantwortlich für den heutigen Tag meines Zöglings, es ist mir kein Recht gegeben, sein zukünftiges Schicksal zu beeinflussen und mich da einzumischen. Aber dieser heutige Tag soll heiter sein, voll froher Anstrengungen, kindlich, sorglos, ohne Verpflichtungen, die über das Alter und die Kräfte hinausgeht" (KORCZAK, 1978, S. 60).

Eine Aufschlüsselung der drei Grundrechte nahm Armin Krenz vor.

Ohne den Anspruch auf Vollständigkeit zu erheben (vgl. KRENZ, 1993b, S. 119), listet er folgende Rechte auf:

1. „Jedes Kind hat ein Recht auf seine individuelle Entwicklung" (ebd., S. 119).

Jedem Kind muß eine individuelle ganzheitliche Ent-wicklung möglich sein! „Ein Kind, das ein Recht auf seine Individualität erfährt, entwickelt ein starkes Selbstwertgefühl, das manchen Erwachsenen erschrecken kann. Es gibt Belege aus persönlichkeitspsychologischen Untersuchungen für folgende These: Erwachsene, die eher wenig Selbstwertgefühl besitzen, sehen Kinder mit einem hohen Selbstwertgefühl nicht selten (unbewußt) als eine Bedrohung für sich an. Und da Erwachsene es immer schon schwerer aushalten konnten, wenn Kinder ‚weiter' sind als sie selber, entwickeln sie Mechanismen und Strategien, auch Kinder (unbewußt) in ihrem Selbstwertgefühl nicht mehr wachsen zu lassen, als sie es selber leben. Ein selbstbewußtes Kind, das mit seinen Handlungen demonstriert, was es alles kann, zeigt uns Erwachsenen, daß es uns damit sagen will: ‚Hier bin ich, und das, was ich tue, kann ich gut! Darauf bin ich stolz!'" (ebd., S. 124)

2. „Jedes Kind hat ein Recht auf humane, nicht auf perfekte Eltern" (ebd., S. 124). Ergänzend kann gesagt werden: Jedes Kind hat ein Recht auf humane, nicht auf perfekte Erzieherinnen.

Perfekte Eltern, perfekte Erzieherinnen gibt es nicht. Eltern und Erzieherinnen sind Menschen und haben demzufolge Schwächen und unendlich viele Fähigkeiten. Eltern und Erzieherinnen, die ein Bewußtsein für ihre eigenen Kompetenzen und Unsicherheiten ent-wickeln, werden sich auch vergegenwärtigen (können), daß Kinder nicht nur Unsicherheiten und Unkenntnisse haben, sondern auch viele Fähigkeiten. Sie werden mit dem Kind (Handlungs-)Räume erobern, um mit dem Kind dessen Kompetenzen und Fertigkeiten sowie die eigenen Fähigkeiten weiter zu entwickeln. Darüber hinaus werden sie sich bei dem Kind entschuldigen, wenn sie Fehler gemacht haben: Nobody is perfect... Janusz Korczak sagt: „Erzieher ist nicht, wer sich empört, wer schmollt, wer einem Kind grollt, weil es das ist, was es ist, wie es geboren ist oder wie die Erfahrung es erzogen hat" (KORCZAK, 1978, S. 15 f). Zu der Vergegenwärtigung der Rechte der Kinder gehört auch, daß sich die Erzieherin mit der Frage auseinandersetzt: Welche Rechte habe ich? Welche Rechte möchte ich in Anspruch nehmen, um glücklich leben und arbeiten zu können? Eine Anregung: Um sich darüber Klarheit zu verschaffen, könnte beispielsweise im Team eine Liste erstellt werden, wo alle Mitarbeiterinnen ihre Rechte notieren.

3. „Jedes Kind hat ein Recht auf Freude, Glücklichsein und Spaß" (KRENZ, 1993b, S. 125).

„Kinder freuen sich über ihre Sammlungen, Geheimnisse, Ersteigerungen oder Tauschgeschäfte; sie sind glücklich, wenn sie etwas erreicht haben, was sie sich schon so lange vorgenommen hatten, und sie strahlen vor Glück, wenn sie einer Tätigkeit nachgehen können, die ihnen schon so lange am Herzen lag. Kinder haben Spaß daran, Erwachsene zu ärgern, ihnen Streiche zu spielen und sie negativ zu überraschen. ...

Kinder wollen uns mit ihrer Fröhlichkeit immer wieder sagen: ‚Schau her, mir geht es gut, und darüber freue ich mich von Herzen'" (ebd., S. 126).

4. „Jedes Kind hat ein Recht darauf, seine Gegenwart zu genießen" (ebd., S. 126).

In besonderer Weise muß das Recht des Kindes auf den heutigen Tag betont werden. „Ein Kind, das ganz gedankenversunken seine Puppenmutterrolle spielt und dabei alles um sich herum vergißt, lernt mehr als in einem Vorschulförderprogramm, wo es etwa Drei- und Vierecke unterscheiden muß. Dadurch, daß Kinder ihren heutigen Tag nutzen, sich von Sorgen und Nöten, Ängsten und Befürchtungen freizuspielen, entspannen sie sich innerlich. Und dann wird es ihnen möglich, sich ... auf die Zukunft einzulassen" (ebd., S. 127).

5. „Jedes Kind hat ein Recht auf seinen eigenen Zeitrhythmus" (ebd. S. 127).

Jeder Mensch lebt seinen eigenen Zeitrhythmus, wodurch die Zeitrhythmen völlig unterschiedlich sind (vgl. ebd., S. 128).

„Ein Kind, das sich Zeit läßt, demonstriert damit deutlich, daß es seine Zeit braucht. ... Langsamkeit ist oft nichts anderes als der Appell: ‚Laß(t) mir doch bitte Zeit!' Kann es sein, daß Erwachsene den Begriff ‚Langsamkeit' deswegen so abwerten, weil sie sich selber immer weniger Zeit zum Genießen zugestehen?" (ebd., S. 128)

6. „Jedes Kind hat ein Recht auf Geheimnisse" (ebd., S. 129).

„Eltern glauben häufig, daß Kinder ihnen alles sagen sollten, was sie belastet. Doch auch Kinder haben ein Recht, Geheimnisse zu haben, die nur sie selber oder vielleicht noch ihre Freundinnen/Freunde kennen. ... Geheimnisse vermitteln nicht zuletzt ein Gefühl der Macht. ...

Kinder sagen uns mit ihren Geheimnissen nichts anderes als das: ‚Laß mich bitte auch hier ganz in Ruhe. Da gibt es etwas, das ich ganz und gar für mich behalten möchte. Viel zuviel wissen alle Menschen schon von mir, und da ich auch etwas zu meinem ganz persönlichen Schutz brauche, gibt es das Geheimnis und das gehört mir allein." (ebd., S. 129).

7. „Jedes Kind hat ein Recht auf körperliche Unversehrtheit und ein gewaltfreies Leben" (ebd., S. 130).

Astrid Lindgren, die weltbekannte Kinderbuchautorin und „Mutter" von Michel aus Lönneberga und Pippi Langstrumpf geißelte schonungslos in ihrer vielbeachteten Rede anläßlich der Verleihung des Friedenspreises des Deutschen Buchhandels in Frankfurt am Main im Jahr 1978 Gewalt gegen Kinder. Im Verlauf ihres Vortrages entlarvte sie psychische Gewalt (z.B. Demütigen, Kränken, Bloßstellen, Angstmachen) und physische Gewalt gegen Kinder als eine zutiefst schädigende und durch nichts zu rechtfertigende Aggression. In diesem Zusammenhang wies sie darauf hin, daß Gewalt wiederum Gewalt erzeugt und daß diese stets unheilbringende Spirale nur dann aufgelöst werden kann, wenn keine Gewalt mehr ausgeübt wird.

Der Kabarettist Franz Hohler stellte dazu lapidar fest: „Gewalt an einem Menschen hat die Halbwertzeit eines Menschenlebens."

Wie Kinder Gewalt erleben, verdeutlicht die schwedische Autorin anhand einer Geschichte:
Astrid Lindgren: „Jenen aber, die jetzt so vernehmlich nach härterer Zucht und strafferen Zügeln rufen, möchte ich das erzählen, was mir einmal eine alte Dame berichtet hat. Sie war eine junge Mutter zu der Zeit, als man noch an diesen Bibelspruch glaubte, dieses ‚Wer die Rute schont, verdirbt den Knaben'. Im Grunde ihres Herzens glaubte sie wohl gar nicht daran, aber eines Tages hatte ihr kleiner Sohn etwas getan, wofür er ihrer Meinung nach eine Tracht Prügel verdient hatte, die erste in seinem Leben. Sie trug ihm auf, in den Garten zu gehen und selber nach einem Stock zu suchen, den er ihr bringen sollte. Der kleine Junge ging und blieb lange fort. Schließlich kam er weinend zurück und sagte: ‚Ich habe keinen Stock finden können, aber hier hast du einen Stein, den kannst du nach mir werfen.' Da aber fing auch die Mutter an zu weinen, denn plötzlich sah sie alles mit den Augen des Kindes. Das Kind muß gedacht haben, ‚meine Mutter will mir wirklich weh tun, und das kann sie ja auch mit einem Stein'. Sie nahm ihren kleinen Sohn in die Arme, und beide weinten eine Weile gemeinsam. Dann legte sie den Stein auf ein Bord in der Küche, und dort blieb er liegen als ständige Mahnung an das Versprechen, das sie sich in dieser Stunde selber gegeben hatte: NIEMALS GEWALT!" (LINDGREN, 1978).

8. „Jedes Kind hat ein Recht darauf, seine Krankheiten auszukurieren" (ebd., S. 131).
„Krankheiten sagen den Erwachsenen unter Umständen ... folgendes: ‚Ich, die Seele, fühle mich grundsätzlich unverstanden. Daher bleibt mir nur der eine Weg übrig, auf meine Störungen aufmerksam zu machen, indem ich mit meiner Krankheit mein seelisches Ungleichgewicht offensichtlich nach außen trage.' Kinder brauchen in vielen Fällen nicht so sehr irgendwelche Medikamente, sondern die Möglichkeit, wie Erwachsene ‚krank zu feiern'" (ebd., S. 131). Kinder haben demzufolge das

Recht, bei Erkrankung zu Hause bleiben zu dürfen und nicht in den Kindergarten gehen zu müssen. Erzieherinnen sind zu keiner Zeit gezwungen, kranke Kinder im Kindergarten zu beaufsichtigen: „Kranke Kinder haben keinen Betreuungsanspruch in Einrichtungen der Jugendhilfe." (PREISSING, 1993, S. 150) Zudem sind Erzieherinnen „nicht verpflichtet, Kindern Medikamente zu geben" (ebd., S. 151).

9. „Jedes Kind hat ein Recht auf Neugierde und Risikobereitschaft" (KRENZ, 1993b, S. 132).

„Viele Eltern trauen ihren Kindern eher wenig zu und sind dann in heller Aufregung, was alles hätte passieren können, wenn es nicht zufällig so ausgegangen wäre, wie es nun einmal ausgegangen ist. ... Viele Erwachsene lassen Kinder gar nicht richtig leben, weil sie ihnen Risiken nicht zugestehen. Sollte dies ein Spiegelbild für eigene Risikoangst sein?" (ebd., S. 132).

10. „Jedes Kind hat ein Recht darauf, Fehler zu machen" (ebd., S. 133).

„Kinder handeln häufig, ohne erst in großen Gedankengängen ein „Für und Wider" abzuwägen. ... Hier kommt eine entwicklungsphysiologische Tatsache zum Tragen, daß nämlich das Verhalten der Kinder in ihrem Tun begründet ist und nicht aus ihrem Denken. Ein Kind, das experimentiert und dabei etwas macht, was Erwachsenen nicht gefällt, demonstriert damit: Seht doch, daß ich ausprobieren kann!" (ebd., S. 133).

11. „Jedes Kind hat ein Recht auf einen großzügigen Bewegungsraum" (ebd., S. 134).

„Ein innerlich bewegtes Kind sucht einen Gefühlsausdruck durch seine Bewegungen – es ist aktiv, lebendig, unruhig und voller Neugierde. ‚Seht doch, wieviel Spannungen ich in mir trage', will ein Kind mit seinem Bewegungsdrang demonstrieren. Uns Erwachsenen will es damit sagen, daß es Platz und Raum braucht, um wieder ins Gleichgewicht der Gefühle finden zu können" (ebd., S. 135 f).

12. „Jedes Kind hat ein Recht darauf, seine eigene Meinung deutlich zu vertreten" (ebd., S. 136).

Kinder sind mündige Individuen! Seit Beginn ihres Lebens teilen sie sich non-verbal und verbal mit. Sie haben einen Körper, sie haben einen Mund, mit dem sie sich mitteilen. Seit Beginn ihres Lebens äußern sie sich – am Anfang durch Schreien, durch Glucksen und später durch Mitteilungen wie „Ich will keinen Spinat", „Ich will jetzt mit der Ida und mit dem Michel spielen" oder „Laßt mich in Ruhe". Nur sind es dann ggf. die

Erwachsenen, die ihnen den „Mund verbieten". Die Meinung eines Kindes ist genauso berechtigt, genauso wertvoll wie die Meinung eines Erwachsenen – ohne „wenn und aber"!

13. „Jedes Kind hat ein Recht darauf, in seinen Bezugspersonen Bündnispartner für seinen Entwicklungsweg zu finden" (ebd., S. 137).
„Kinder brauchen in ihren Bezugspersonen, den Eltern und Verwandten, Lehrerinnen und Erzieherinnen, Bündnispartner/innen ihrer Entwicklung, und dazu ist es notwendig, laut und aktiv zu handeln" (ebd., S. 138).

Resümierend ist festzustellen: Jedes Kind hat das Recht, alle seine Gefühle zu haben, zu spüren und aus-zu-drücken!
Es steht keinem Mensch zu, einem Kind seine Gefühle abzusprechen, die Gefühle und Gefühlsäußerungen lächerlich zu machen und dem Kind zu verbieten, seine Freude, seine Trauer, seine Wut, seine Angst etc. aus-zu-drücken. Deshalb gibt es keine Berechtigung für Aussagen, mit denen Gefühlsäußerungen von Kindern diskreditiert und diskriminiert werden. Dazu gehören z.B. dumme Sprüche wie „ein Junge weint nicht", „wenn du noch weiter weinst, dann gibt es eine Tracht Prügel", „du Heulsuse", „nur kleine Babys schreien", „mit deiner Heulerei spielst du mir ja nur 'was vor", „das tut doch gar nicht weh", „sei nicht albern" etc.

Noch eine Anregung:
Um die Haltung gegenüber dem Kind zu dokumentieren, könnten Erzieherinnen, die nach dem Situationsansatz arbeiten wollen bzw. arbeiten, einen Eid formulieren. Sie könnten ihn im Personalraum, am Elternbrett oder an der Toilettentüre aufhängen. Vielleicht entwickeln sie auch eine Form, um den Kindern den Inhalt zu veröffentlichen. Sollte dies der Fall sein, so würde ich mich über eine Rückmeldung freuen. Eine Orientierung bei der Entwicklung eines solchen Eides kann folgende Formulierung von Armin Krenz sein:
„Eid der Erzieher(innen) und anderen Mitarbeiter(innen) in Kindergärten. Ich schwöre – in Verantwortung vor Kindern und ihren Eltern, (nach Wunsch auch vor Gott, Anm. d. Verf.) in Verantwortung vor mir und der Öffentlichkeit, daß ich auf der Grundlage meines Wissens um entwicklungspsychologische Gesetzmäßigkeiten, in Kenntnis heutiger Kindheitsdaten und in Berücksichtigung der schwersten Arbeit von Kindern, ihrem individuellen Wachsen, jeden Tag
* die Wertschätzung und Achtung vor Kindern leben möchte,
* den Kindern mit Verständnis und Respekt begegnen werde,

* ihr individuelles Wachstum im Sinne ihrer Individualentwicklung unterstütze
* jedwede Form körperlicher, seelischer oder geistiger Mißhandlung ablehne
* Machtausnutzung oder Machtmißbrauch in meinem Erwachsensein vermeide
* Kinder in ihrer besonderen Einmaligkeit schätzen werde und
* Kinder in ihrer Würde weder direkt noch indirekt verletze.

Dort, wo ich ein Unrecht – innerhalb oder außerhalb des Kindergartens – an Kindern beobachte, werde ich mutig, direkt und offen dafür eintreten, daß Unrecht an Kindern sich zum Recht verwandelt. Ich werde Tag für Tag versuchen, Kindern ein ‚Recht auf diesen Tag' zu gewährleisten, mit ihnen – statt gegen sie – zu fühlen und zu spüren. Ich werde den ‚eigenen Entwicklungszeitraum Kindheit' jedem Kind zugestehen und mich mit Erwachsenenratschlägen, moralisierenden Äußerungen oder Lenkungen zurückhalten, um meine eigenen Vorstellungen nicht zu denen der Kinder zu machen. Ich verpflichte mich daher, kontinuierliche Selbsterfahrung und Supervision der Arbeit wahrzunehmen und mich als eine ständig lernende Person zu begreifen, in der Starrheit zum Fremdwort wird und statt dessen Offenheit, Sensibilität und persönliche, pädagogische und politische Wachheit zum wesentlichen Merkmal meiner Persönlichkeit wird" (KRENZ, 1993a, S. 9).

Zusammenfassung dieses Kapitels:
* Bei einer pädagogischen Arbeit nach dem Situationsansatz sind die Kinder gleichberechtigt.

* Bei einer pädagogischen Arbeit nach dem Situationsansatz wird davon ausgegangen, daß jedes Kind seine jeweils eigene Deutung seiner Lebenswirklichkeit vornimmt und daraus sein Erleben und Verhalten resultiert. Mit anderen Worten: Erzieherinnen, die nach diesem Konzept arbeiten, machen sich bewußt, daß jedes Kind auf der Grundlage jener (Be)-Deutungen handelt, die die „Inhalte" seiner Umwelt (Menschen, Tiere, Gegenstände, Träume etc.) für es besitzen bzw. haben.

* Eine pädagogische Arbeit nach dem Situationsansatz ist kompetenzorientiert:
Das Kind wird (ebenso wie alle anderen Menschen) als ein Individuum verstanden, das über viele emotionale, intellektuelle, geistige und

manuelle Fähigkeiten verfügt. Mit dem Kind und mit den Kindern werden Handlungs-Räume erobert, um diese Fähigkeiten im Rahmen aller erdenklichen und möglichen Herausforderungen hand-elnd weiter zu entwickeln.

* Eine pädagogische Arbeit nach dem Situationsansatzes ist gegenüber einer funktionalen Arbeit, bei der die Beschäftigung des Kindes, aber nicht das Erleben und Verhalten des Kindes und der Kinder im Mittelpunkt steht, abzugrenzen. Bei einer Arbeit nach dem Situationsansatz wird das Kind nicht als Erziehungsobjekt verstanden, sondern als einzigartiges, ganzheitliches, aktiv handelndes und auf Sozialität angewiesenes Individuum bzw. Subjekt.

* Ein pädagogisches Projekt nach dem Situationsansatz thematisiert die Situation der Kinder, mit denen die Erzieherin „hier und jetzt" zusammenarbeitet und -lebt.

* Eine pädagogische Arbeit nach dem Situationsansatz basiert nicht auf einem schulisch vermitteltem Methoden- und Bastelwissen der Erzieherin, sondern auf einer grundsätzlichen *Haltung* gegenüber sich selber und dem Kind. Es ist ein Konzept, das die Rechte des Kindes zutiefst achtet und bei dessen Realisierung die Kinder (und alle anderen Menschen) als Würdeträger verstanden werden.
Erzieherinnen, die nach diesem Konzept arbeiten, können auch als Entwicklungsbegleiterinnen verstanden werden. Sie begleiten und unterstützen das Kind bei seiner Entwicklung.

* Erzieherinnen, die nach dem Situationsansatz arbeiten wollen, sollten für sich und gemeinsam mit dem Team prüfen, ob sie fachliche Begleitung von kompetenten Referentinnen und Referenten in Anspruch nehmen möchten. Zu empfehlen ist ein mehrtägiger Aufenthalt in einem Kindergarten, der nach dem Situationsansatz arbeitet.

* Durch eine differenzierte Auseinandersetzung mit sich selber und mit der eigenen pädagogischen Arbeit wird es auf dem Hintergrund bereits vorhandener Kompetenzen möglich, weitere Fähigkeiten und Kenntnisse zu entwickeln. Dazu gehört die Fähigkeit, herauszufinden „Was ist jetzt dran?"

Also:
- Was ist das Thema, die Situation des einzelnen Kindes?
- Was ist das Thema, die Situation der Gruppe?

- Was ist mein Thema, meine Situation?
- Was ist das Thema, die Situation, der Kolleginnen, der Kollegen?
- Welche äußeren Faktoren haben Einfluß auf die pädagogische Arbeit?

* Erzieherinnen, die mit Eltern zusammenarbeiten, die in die Öffentlichkeit gehen, die mit dem Träger zusammenarbeiten, die eine Kuschelecke einrichten etc., arbeiten nicht dadurch automatisch nach dem Situationsansatz. Dies setzt eine bestimmte Haltung und eine darauf basierende entsprechende systematische und in diesem Buch dargestellte Vorgehensweise voraus. In diesem Rahmen entwickelt sich eine pädagogische Arbeit, die spezifische Prinzipien beinhaltet. Allerdings dokumentieren o.g. Erzieherinnen, daß sie vielfältige Fähigkeiten haben, daß sie die Lebenssituation der Kinder als Ausgangs- und Mittelpunkt ihrer Arbeit verstehen. Im Verlauf von Weiterbildungsveranstaltungen können sie ihre Kompetenzen weiter-ent-wickeln, um dann tatsächlich nach dem Situationsansatz zu arbeiten.

* Bei der Entwicklung einer pädagogischen Arbeit nach dem Situationsansatz handelt es sich um einen Prozeß, auf den sich alle Beteiligten freiwillig und aus einem spezifischen Problembewußtsein einlassen. Dieser Prozeß (er dauert ein Leben lang...) beinhaltet vielfältige Erlebnisse und alle damit für das Individuum verbundenen angenehmen und unangenehmen Gefühle. Alle bei diesem Prozeß beteiligten Personen haben die Möglichkeit, sich dabei zu entwickeln.

Nun wurden der Gegenstand, die Struktur und die Prinzipien des Situationsansatzes vorgestellt, praktische Bezüge hergestellt und bereits Möglichkeiten seiner Verwirklichung diskutiert. In einem Exkurs soll nun in Form von grundsätzlichen Überlegungen der Thematik „Situationsansatz und Religion" nachgegangen werden.

Situationsansatz und Religion – Gedankensplitter

Die Überschrift dieses Exkurses lautet nicht „Situationsansatz und religiöse Erziehung", sondern „Situationsansatz und Religion". Damit soll darauf aufmerksam gemacht werden, daß sich eine Entwicklungsbegleitung nach dem Situationsansatz nicht fein säuberlich in „Erziehungsdisziplinen" aufteilen läßt. „Entwicklung kann nicht durch (womöglich noch von Experten) vorbestimmte Inhalte, künstlich getrennte Förderbereiche oder‚Fächer' erfolgen; sie wird sich statt dessen in den Erfahrungen, Erlebnissen und Herausforderungen abspielen, die sich den Mädchen und Jungen stellen – in und außerhalb der Einrichtung. Lernen in Lebenssituationen ist ganzheitlich und läßt verschiedene Betrachtungsweisen und Erlebnisebenen gleichermaßen zu" (COLBERG-SCHRADER, 1991, S. 76). Eine ganzheitliche Entwicklungsbegleitung im Sinne des Situationsansatzes greift deshalb die Verbindung der Lebensbereiche auf und tritt damit einer Isolierung von einzelnen Lebensbereichen entgegen (vgl. KRENZ, 1991, S. 88). Begründet ist dies in der Einsicht, daß das Lernen von Kindern handlungs- und erfahrungsbezogen stattfindet. Ereignisse in den einzelnen Lebensbereichen werden von dem Kind nicht „nacheinander" (ebd., S. 89) oder „nebeneinander" (ebd., S. 89) wahrgenommen, „sondern als ein *Miteinander*" (ebd., S. 89). Das bedeutet, daß auch religiöse Erfahrungen vernetzt sind mit allen anderen Lebensbereichen und daß dies von den Kindern so erlebt und erspürt wird.

Eine Begleitung, eine Entwicklungsunterstützung nach diesem Konzept wird als eine grundsätzliche Haltung verstanden, die sich in den verschiedenen Lebensbereichen anhand der konkreten *Handlung* offenbart. Dies gilt dann auch für die Begleitung des Kindes in religiösen Fragen. Es ist nicht möglich, an dieser Stelle die Thematik „Situationsansatz und Religion" umfassend zu diskutieren. Dies würde den Rahmen dieser Arbeit sprengen. So sind nur Zuspitzungen möglich.

Grundsätzlich stellt Jürgen Zimmer fest: „Der Situationsansatz sperrt sich nicht gegen religiöse Interpretationen... Grundsituationen wie ‚Tod' ‚Verlaufen' oder ‚Allein zu Hause' werden von vielen Erziehern auch im Rückgriff auf die Religion interpretiert... Im Sinne der christlichen Verkündigung zu leben, heißt ja, eine realutopische Praxis zu entwickeln und den Kindergarten in diese Praxis miteinzubeziehen. Das ist etwas anderes und mehr, als das tägliche religiöse Ritual und die bloße Unterweisung der Kleinen" (ZIMMER, 1985, S. 252).

Mit anderen Worten: Bei einer Arbeit nach dem Situationsansatz haben religiöse Inhalte einen Bezug zu dem Alltag der Kinder und damit zu ihrem Erleben und Verhalten. Noch allgemeiner kann gesagt werden:"Christlicher Glaube und menschliche Situation gehören zusammen" (COMENIUS-INSTITUT, 1980, S. 90). Ansonsten wäre der Glaube kein Glaube, "sondern nur eine Lehre oder eine Vorstellung, ohne lebendigen Bezug zu den Erfahrungen, die wir in unserem Leben machen" (ebd., S. 74). So besuchen beispielsweise ältere Menschen eines örtlichen Altenheims die Kinder im Kindergarten. Sie singen, spielen und werken mit den Kindern und erzählen biblische Geschichten. Die Reihe der Beispiele, wo Menschen verschiedenen Alters mit den Kindern den Glauben im Alltag leben, ließe sich beliebig fortsetzen. Also: "Erwachsene aller Generationen erzählen die biblischen Bilder und Geschichten, reden von ihren Gotteserfahrungen, teilen ihr Leben, beten für Kinder und mit Kindern und bringen ihnen so eine christlich-religiöse Praxis nahe, ohne sie zu belehren oder zu bedrängen" (EVANGELISCHE KIRCHE IN DEUTSCHLAND, 1994, S. 6). Der Glaube wird somit durch das Miteinander-Leben, durch Mitteilung, durch Erzählung mit den Kindern erlebt. "Christlicher Glaube ist auf Mitteilung ... und Erzählung angewiesen, damit er sich nicht zur ‚natürlichen Religion' zurückentwickelt oder in ‚gesellschaftlicher Religion' aufgeht" (COMENIUS-INSTITUT, 1980, S. 100). "Die christliche Grunderfahrung teilt sich aber auch in Lied, Spiel, in Bildern und Symbolen, in Fest und Feier und in Riten und Lebensformen mit. In ihnen können Kinder den Zusammenhang von allgemeiner Grunderfahrung und christlicher Glaubenserfahrung erleben, entdecken, erfragen und gestalten" (ebd., S. 100). Auf diese (handelnde) Weise wird es den Kindern möglich, "sich zu öffnen für die Begegnung mit Menschen, in denen Gott wirkt, das ist christliches Leben" (STRECKER, 1992, S. 30).

Erzieherinnen, die Einfluß auf die religiöse Entwicklung der Kinder nehmen, sollten ihr Tun und ihre Zielsetzung prüfen, denn: Erzieherinnen teilen die Botschaft am deutlichsten durch das mit, was sie sind, wie sie leben (vgl. BETZ, 1973, S. 40). Annahme als ein wichtiges Element religiöser Erziehung wird für die Kinder dann konkret, wenn sie sich angenommen fühlen. Annahme bedeutet auch, mich auf das "So-Sein" der Kinder einzulassen und zu versuchen, es zu verstehen. Und genau das beinhaltet eine Arbeit nach dem Situationsansatz. Es ist nicht Aufgabe der Erzieherin, die Kinder religiös zu bearbeiten, sondern den Schwerpunkt ihrer Wirkung in sich selbst zu suchen, weil nur das von ihr ausgehen wird, was sie in sich selber verwirklichen konnte (vgl. ebd., S 40). Ein wesentlicher Inhalt der christlichen Botschaft ist die Liebe. "Liebe aber läßt sich den Kindern nicht durch Worte mitteilen, sondern sie erfahren sie dadurch, daß jemand sie liebt" (ebd., S. 43). Und dieses Erfahren, dieses Erspüren, dieses Erleben passiert im Alltag, der bei einer Arbeit nach dem Situationsansatz als Lernfeld, als *das* Lernfeld, verstanden wird, und wo Lernen nicht nur auf bestimmte Aktivitäten oder bestimmte (religiöse) Rituale reduziert wird.

In Anlehnung an die Aussage von Jesus, „Wenn ihr nicht umkehrt und werdet wie die Kinder, so werdet ihr nicht ins Himmelreich kommen" (Matthäus 18,3), formulierte die 8. Synode der Evangelischen Kirche in Deutschland (EKD) auf ihrer 5. Tagung in Halle im November 1994 folgende Konsequenz: „Die Kirche braucht Kinder, um von und mit ihnen zu lernen: von ihrem Kindsein als einer unvergleichlichen eigenen Form des Menschseins, von selbständigen Entdeckungen und Frageweisen, in denen ihr Weg zum christlichen Glauben auf dem Spiel steht" (EVANGELISCHE KIRCHE IN DEUTSCHLAND, 1994, S. 5). Und weiter: „Kinder können uns lehren, wie Kinder zu glauben" (ebd., S. 6).

Die EKD stellt damit unmißverständlich fest: Kinder sind nicht Objekte, nicht Container, die mit religiösem Wissen, mit religiösen Ritualen gefüllt werden sollen, sondern Kinder sind Individuen, die ihre Religiosität insbesondere im (freien) Spiel selber entwickeln, selber erfragen, selber erspüren – eben selber leben. Und: Kinder sind Persönlichkeiten, die Erwachsenen ein Vorbild sind, wie sie ihre Religiosität entwickeln und ganzheitlich leben. Deshalb hat Jesus mit seiner Hinwendung zu den Kindern deren Glauben den Erwachsenen zum Vorbild gemacht. Somit kann es nicht darum gehen, Techniken und Methoden zu entwickeln, mit deren Hilfe der Erwachsenenglaube Kindern möglichst effektiv vermittelt wird. Es geht vielmehr darum, den sich entwickelnden und verändernden Glauben der Kinder in seinen Ausprägungen zu achten, wertzuschätzen und als gleichwertig zu verstehen.

Die 8. Synode der EKD macht zudem darauf aufmerksam, die Situation der Kinder im Blickfeld zu haben: „Jede Ebene kirchlichen Wirkens und jede einzelne Kirchengemeinde ist herausgefordert, die Situation von Kindern in allen Lebensbereichen und besonders in der Ortsgemeinde und – wo vorhanden – im örtlichen evangelischen Kindergarten oder Kinderspielkreis wahrzunehmen" (EVANGELISCHE KIRCHE IN DEUTSCHLAND, 1994, S. 7). Das Wahrnehmen der Situation ist der Dreh- und Angelpunkt des Situationsansatzes!

Auch der Verband katholischer Tageseinrichtungen für Kinder (KTK)-Bundesverband e.V. versteht den Situationsansatz als ein Konzept, das Kinder ganzheitlich wahrnimmt, und bei dem Religion ernstgenommen wird. Das zeigt folgendes Zitat in einer Festschrift des Verbandes: „Religiöse Erziehung als Spezifikum katholischer Kindergärten hat in einem Bildungskonzept, das sich ganzheitlich versteht, einen legitimen Platz. Mit dem ‚Sieg' des Situationsansatzes über eine disziplinorientierte

Frühpädagogik war die Möglichkeit gegeben, gegenüber der eigenen Tradition Kontinuität in der Weiterentwicklung zu bewahren" (MANDERSCHEID, 1987, S. 225).

Kinder sind selbständige religiöse Entdecker und eigene kleine Theologen. Sie entwerfen zunächst ihre eigene Religion. Sie verwenden zwar, was sie vom Christentum wahrnehmen – sie begnügen sich aber nicht damit. Sie sind aktive Erkunder, die sich auf die immer wieder neu überraschende Welt einlassen und damit auf die Rätsel, die sich dadurch auftun. Kinder brauchen bei der Suche nach einer eigenständigen religiösen Sinngebung Wegbegleiter, die sie ernstnehmen. Sie brauchen Menschen, die sie spüren lassen: „Du bist so gut wie du bist. Ich mag dich." Sie brauchen Menschen, die sie als Freund begleiten und trösten, und die ihnen die Angst nehmen. Diese Menschen können ihnen eine Hilfe dabei sein, Gott als Freund, als Tröster, als jemand, der ihnen die Angst nimmt, zu deuten (vgl. STRECKER, 1992, S 29 f). Auf diesem Erfahrungs- und Erlebnishintergrund kann sich ein befreiender und mutmachender Glaube entwickeln, der „Mut zum Sein" (ENGELHARDT, 1995, S. 37) gibt; auf diesem Hintergrund kann sich ein Glaube entwickeln, bei dem ich Gott zutraue, „daß er nicht am Ende ist, wo ich selbst mich am Ende fühle" (ebd., 1995, S. 37). Auf dem Buchrücken seines lesenswerten Büchleins mit dem Titel „Vom guten Umgang mit Gott – Angstfreies Leben ist möglich" bringt der Tübinger Hochschullehrer, Theologe und Psychologe Dieter Strecker einen solchen mut- und heilmachenden Glauben so auf den Punkt: „Der Gott, an den ich glaube, ist wie ein guter Vater zu mir, der mich trägt und tröstet, und in meinem Handeln, Denken und Fühlen bejaht" (STRECKER, 1992).

Die Entwicklung eines solchen befreienden Glaubens ist jedoch nur möglich, wenn das Kind Freiheit erlebt; wenn ihm Raum für freies Spiel zur Verfügung steht; wenn ihm ermöglicht wird, sich und damit seine Betroffenheiten einzubringen; wenn sein Erleben und Verhalten ernstgenommen wird; wenn seine Situation ernstgenommen wird – so wie es bei einer Arbeit nach dem Situationsansatz der Fall ist.

Weiterführende Hinweise zu dieser Thematik können folgendem Buch entnommen werden: Comenius-Institut: Situationsansatz und Religionspädagogik. Die Publikation ist Teil einer Reihe von Heften zur Religionspädagogik, die in den siebziger Jahren von dem Comenius-Institut erstellt wurde. Es ist erhältlich bei dem Comenius-Institut, Schreiberstraße 12, 48149 Münster.

Nach der Erörterung der Theorie des Situationsansatzes wird nun pädagogische Arbeit nach dem Situationsansatz erkundet. Am Beispiel von zwei Kindergärten, die nach dem Situationsansatz arbeiten, wird dargestellt, wie pädagogische Arbeit im Kindergarten nach diesem Konzept und demzufolge unter Berücksichtigung der oben genannten Prinzipien aussehen kann.

Felderkundungen

Der Situationsansatz in der Praxis

Felderkundungen:
Der Situationsansatz in der Praxis

Wie eine pädagogische Arbeit nach dem Situationsansatz aussehen kann, soll anhand der evangelischen Kindergärten Lorsch und Winterkasten dokumentiert werden.

Zum Verständnis des Kapitels sind noch einige Hinweise nötig:
Beide Kindergärten besuchte ich im Rahmen meiner Erkundungen zu der Diplomarbeit. Meine Beobachtungen und Gespräche wertete ich aus und dokumentierte sie in meiner wissenschaftlichen Arbeit. Hätte ich aber meine Einschätzungen so stehengelassen, ohne dazu die Meinung der Erzieherinnen einzuholen, so wäre dies ein großer Fehler gewesen. In diesem Falle hätte ich die Erzieherinnen als Objekte, als Container meines Wissens und meiner Meinung degradiert. Ich hätte nicht selber das gelebt, was ich selber fordere: Das Gegenüber, ob das Kind, die Eltern, die Erzieherin, eben alle Menschen als Subjekte, als Handelnde, als Akteure ihrer Entwicklung, als Individuen mit ihrer jeweils eigenen Lebenswirklichkeit und Lebensgeschichte zu sehen – in diesem Fall die Erzieherinnen. Darauf aufmerksam wurde ich durch die Hinweise der Erzieherinnen, die sich kritisch angesichts dieser von mir zunächst praktizierten Vorgehensweise äußerten. Es war eine unangenehme Erkenntnis. Sie beinhaltet aber eine wichtige Rückmeldung für mich. Die Einsicht kann folgendermaßen beschrieben werden:
„Ich möchte mein Gegenüber als Subjekt wahrnehmen (mit allen Konsequenzen), aber ich erlebe, daß es mir nicht immer gelingt."
Der Hinweis auf diesen Umstand ist mir deshalb wichtig, weil ich in meiner Praxis ebenfalls erlebt habe: Selbst der feste Wille, das Kind als Subjekt wahrzunehmen, schützt nicht davor, dies im Alltag auch einmal zu übersehen. Selbst der feste Wille, eine wie hier beschriebene Arbeit zu praktizieren, garantiert nicht, sie auch immer so zu realisieren. Es werden Fehler gemacht. Das ist Leben. Es geht auch weniger darum, keine Fehler zu machen oder machen zu wollen. Entscheidend ist der Umgang mit den Fehlern. Entscheidend ist die Bereitschaft, aus den Fehlern zu lernen. Gefragt ist deshalb ein offener einfühlsamer Austausch mit dem Gegenüber mit der Absicht, dessen Lebenswirklichkeit, dessen Lebensdeutung, dessen Meinung zu erfahren. Gefragt ist deshalb auch die Bereitschaft, sich als Lernender zu verstehen. Ich verstehe mich als Lernender. Insofern war für mich die Zusammenarbeit mit den Kolleginnen sehr angenehm, weil ich Fehler machen durfte, und sie mich verständnisvoll darauf hinwiesen.

Im übrigen behalte ich mir auch vor, hier getroffene Aussagen aufgrund weiterer Erkenntnisse zu relativieren (oder noch mehr zu betonen!). Dies bezieht sich jedoch nicht auf den Anspruch, ausdrücklich eine pädagogische Arbeit zu fordern, bei der das Kind Ausgangs- und Mittelpunkt ist; bei der die Rechte der Kinder ernstgenommen werden und damit das Kind selber; bei der Lernen im Leben, bei der Lernen in Lebenssituationen stattfindet; bei der Lernen und Leben in der Lebenswirklichkeit der Kinder verankert ist; bei der Kinder ernsthaft beteiligt werden; bei der Erzieherinnen Eltern mit deren Meinung und Kompetenzen einbeziehen; bei der Erzieherinnen selber die Möglichkeit haben, sich zu entwickeln.

Auf dem Hintergrund dieser skizzierten Einsichten bat ich die Erzieherinnen, ihre Meinung neben meine Ausführungen zu notieren, die sich auf deren pädagogische Arbeit beziehen. Die Hinweise habe ich dann noch eingefügt. Somit haben wir, also die Erzieherinnen der beiden Kindergärten und ich, gemeinsam im Verlauf eines engagiert geführten Diskurses dieses Kapitel geschrieben bzw. be- und erarbeitet. Es ist sozusagen das Resultat eines lebendigen Dialoges, durch den erst eine Arbeit nach dem Situationsansatz möglich wird. Es ist das Resultat der Einsicht, daß alle Beteiligten Kenntnisse und Fähigkeiten haben, und diese einbringen. Soweit der Hinweis auf die Entstehung und Entwicklung dieses Kapitels.

Jetzt wird die pädagogische Arbeit der Erzieherinnen beider Kindergärten auf diese diskursive Weise vorgestellt und dokumentiert.

Pädagogisches Arbeiten im Kindergarten nach dem Situationsansatz – dargestellt am Beispiel der Kindergärten Lorsch und Winterkasten

Beide Kindergärten befinden sich in Südhessen; der eine in Winterkasten, einem Ort im Odenwald mit etwa 800 Einwohnern, der andere in Lorsch, einer Stadt im Kreis Bergstraße mit rund 11 500 Einwohnern.

Geleitet wird der Kindergarten Lorsch von Sieglinde Mühlum. Sie nahm mit ihren Kolleginnen an dem bundesweiten Erprobungsprogramm im Elementarbereich teil, in dessen Verlauf von 1974 bis 1978 das Curriculum „Soziales Lernen" erprobt wurde. Im Kindergarten Lorsch war später auch Marion Boehm tätig. Sie übernahm dann die Leitung des neu errichteten Kindergartens in Winterkasten.

Bevor die beiden Kindergärten beschrieben werden, dokumentiere ich in „Blitzlichtern" die Eindrücke, Erlebnisse und Gefühle bei meinen ersten Besuchen.

„Willste auch 'en warmes Toastbrot?" – meine ersten Eindrücke und Empfindungen beim Besuch der Kindergärten Winterkasten und Lorsch

Nach meiner morgendlichen Fahrt durch den nebelbehangenen Odenwald treffe ich in Winterkasten ein. Winterkasten, ein kleines Dorf, eingebettet zwischen Hügeln, umringt von saftig-grünen Wiesen und Wäldern. Mir begegnen lediglich ein Traktor und ein paar Autos. Ich sehe eine Frau mit einem Kind. Das Kind trägt ein Täschchen. Kurz vor einer Schreinerei geht sie mit dem Kleinen in einen Seitenweg. Auf dem Straßenschild steht „Röttweg". Ich habe den Kindergarten gefunden. Ich betrete den Kindergarten. Mir kommt eine junge Frau entgegen. Sie hat orangefarbene Haare. Um ihre linke Schulter hat sie ein Tuch gebunden. Auf dem Tuch sitzt ein Nymphensittich.

Belustigt und verwundert zugleich schaue ich die beiden „bunten Vögel" an. Ich finde sie auf Anhieb sympathisch. Ich werde freundlich begrüßt. Ich erfahre, daß sie Marion Boehm heißt und die Leiterin des Kindergartens ist. Sie sagt, ich dürfe mich überall umschauen. Das tue ich.

* Im Windfang hängt ein Plakat mit einem Text von Khalil Gibran. Überschrift: Eure Kinder sind nicht eure Kinder.
* Das Telefon klingelt. Ein Junge geht ins Büro, nimmt den Hörer ab. Er sagt „Hallo". Kurz danach: „Ich hole die Marion Boehm."
* Im Flur sitzen drei Kinder an einem Tisch. Sie frühstücken. Auf dem Tisch liegt eine hübsche Tischdecke. In der Mitte des Tisches steht ein frischer Blumenstrauß. Während sie sich unterhalten, streichen sie auf ihr Brot Butter, dann Marmelade. Jedes Kind hat ein Glasschälchen mit einer Birne oder einem Apfel. Ein anderes Kind setzt sich an den Tisch. Es ißt Müsli. Die Teller sind aus Porzellan. Die Kinder trinken aus Gläsern.
* Ich höre ein glucksendes Lachen. In einem großen Raum spielen mehrere Kinder auf Matratzen. Sie kitzeln sich.
* Ein Junge sitzt an einem Tisch im Flur. Er untersucht Federn. Erstaunt schaue ich näher hin. Auf dem Tisch liegen Muscheln, Tannenzapfen, Gräser, Steine, Baumpilze, Tierpräparate, Moos und eine Lupe. Daneben, in einem Regal, befinden sich Äste sowie ein leeres Vogel- und ein Wespennest.
* An einer Wand hängt Tonpapier. Darauf kleben Fotos. Darüber ist zu lesen: „Kinder sehen ihre Welt. Erste Versuche mit dem Fotoapparat." Verwundert spreche ich einen Jungen darauf an. Er sagt „die Bilder haben wir Kinder gemacht" und zeigt auf die Kamera, die an einem Regal hängt. Sie ist für die Kinder jederzeit erreichbar.

* Ein Mädchen hat eine Säge in der Hand. Sie bearbeitet ein Holzstück. Die Zunge, die ein wenig aus dem Mund lugt, verrät ihre hohe Konzentration. Ein Junge sägt geradewegs in ein Holzstück. Ich setze mich daneben und beobachte ihn interessiert. Er lächelt mich ein wenig verschämt an.
* Auf einem Tisch im Gruppenraum steht ein Gurkenglas. Kaulquappen schwimmen darin. Ein Junge hat sie mitgebracht. Mit seinem Vater hat er einen Teich angelegt. Er zeigt die Kaulquappen den anderen Kindern.
* An einer Gruppenraumtüre hängen Bilder. Kinder sind darauf abgebildet, die nebeneinander liegen. Darüber steht: „Wir planen unsere Übernachtung im Kindergarten." Rachid liegt neben Martin, und Martin neben Kristian B.
* Ich begegne im Flur einer anderen jungen Frau. Sie begrüßt mich ebenfalls sehr freundlich. Sie ist Erzieherin hier im Kindergarten. Es entwickelt sich ein spannendes Gespräch. Sie fühlt sich hier im Kindergarten sehr wohl – im Gegensatz zum Kindergarten, wo sie vorher arbeitete. Dort standen Beschäftigungen, Basteleien im Mittelpunkt, nicht das Kind, erzählt sie. Sie habe sich dort sehr unwohl gefühlt.
* Eine junge Frau sitzt mit mehreren Kinder auf einer Matratze. Sie schauen sich gemeinsam Bilderbücher an. Auffällig ist ihr „Gruftilook": Sie ist bleich geschminkt und von oben bis unten schwarz bekleidet. Die junge Frau ist eine Praktikantin.
* Auf dem Außengelände liegen zahlreiche Bierkästen. Es sind etwa 900, sagt mir die nette Erzieherin. Damit kann man ganz tolle Häuser bauen und Ställe für Pferde, erzählt mir ein Mädchen. Ich spüre die Begeisterung des Kindes.
* An einer Böschung sind Balken im rechten Winkel angebracht. Bodendecker wuchern darüber. Eine Höhle ist entstanden. Ich bin fasziniert und krieche hinein. Ich fühle mich geborgen. Ich erinnere mich an die Holzhüttchen, die ich selber als Kind im Wald gebaut habe.
* Eine Mutter erzählt mir von einem Elternabend. Bei der Versammlung wurde über Kinder und Drogen gesprochen. Das Thema habe sie sehr interessiert, berichtet sie mir.
* Mit den Mitarbeiterinnen sitze ich im Personalraum. Wir unterhalten uns. Ein Kind kommt herein. Es fragt mich freundlich: „Willste auch 'en warmes Toastbrot?" Ich sage „ja", bin aber irritiert. Ich gehe in die Küche. Das Mädchen steht mit einem Jungen am Toaster. Ich frage: „Hast du dir schon mal die Hände verbrannt?" Es sagt: „Nein."

Kameraschwenk. Morgendliche Fahrt zum Kindergarten Lorsch. Die Straße zwischen Heppenheim und Lorsch ist stark befahren. Berufsverkehr. Ich fahre am Ortsbeginn über einen kleinen Hügel. Eine verkehrsberuhigende Maßnahme? Kurz danach ein Schild. Es weist auf Kinder hin, die die Straße überqueren. Gleich darauf finde ich die Biengartenstraße. Ich bin da. Bevor ich links einbiege, muß ich drei, vier Autos passieren lassen. Das Kindergartengebäude und das Außengelände kann ich kaum sehen. Eine hohe Hecke versperrt mir die Sicht. Autos fahren vor. Mütter bringen ihre Kinder in den Kindergarten.

Ich gehe in den Kindergarten. Eine Frau kommt mir entgegen. Sie begrüßt mich sehr freundlich. Es ist Sieglinde Mühlum, die Leiterin des Kindergartens. Sie erkundigt sich nach meiner Anreise. Mir fällt gleich ihre ruhige, sympathische Stimme auf. Sie lächelt. Ebenso freundlich begrüßt sie ein Kind, das gerade in den Kindergarten kommt. Sie reicht ihm die Hand. Es entwickelt sich ein kleiner Dialog zwischen dem Kind und Sieglinde Mühlum. Ich stehe daneben und freue mich darüber, wie Sieglinde Mühlum das Kind empfängt. So wäre ich auch gerne als Kindergartenkind begrüßt worden. Auch hier darf ich mich umschauen.

* Im Flur hängen Bilder von Friedensreich Hundertwasser.
* An einer Säule finde ich ein Schreiben vom Zweiten Deutschen Fernsehen (ZDF). Die Fernsehleute möchten einen Filmbeitrag über Ernährung im Kindergarten produzieren. Die Erzieherinnen informieren die Eltern darüber. An der Wand gegenüber hängen Plakate. Sie informieren über die Arbeit des Kindergartens.
* Ein Kind krabbelt eine Leiter empor. Es verschwindet in einer Nische. Die Höhle befindet sich auf der zweiten Ebene im Gruppenraum.
* Zwei Kinder sitzen im Flur auf einem Sofa. Dazwischen eine Praktikantin. Sie schauen sich ein Bilderbuch an.
* Auf einem Tisch im Flur liegt ein Fotoalbum. Ich betrachte die Fotos und schmunzle. Ich sehe Kinder. Sie stehen in einem Bach. Mit ihren Händen graben sie im seichten Wasser. Sie sind von oben bis unten beschmutzt.
* Vier Mädchen stehen vor zwei Staffeleien. Sie malen gemeinsam ein Bild. Über den Staffeleien hängen Bilder von Friedensreich Hundertwasser.
* Im Flur steht ein Mädchen. Es verteilt Nudeln mit Tomatensauce. Ein anderes Kind steht in der Küche alleine am Herd. Es rührt in einem Topf. Eine Erzieherin kommt dazu. Sie schaut dem Kind zu.
* In Sichthöhe der Kinder steht auf einem Schrank eine umgestülpte Plastikschüssel auf einer Tortenplatte. Darunter ist ein Moospolster hermetisch eingeschlossen. Ich bekomme von Sieglinde Mühlum folgende Information: „Das ist unser kleiner Planet. Das Moos und alles, was sonst noch darin ist, wächst von ganz alleine. Es kann keine neue Luft hinein und auch kein Wasser. Ab und zu kann man sehen,

wie es darin regnet." Es ist ein Versuch, Kindern Kreisläufe in der Natur zu zeigen.
* Ich gehe nach draußen. Kinder hopsen auf alten Autoreifen. Sie erzählen mir: Damit kann man auch Kinder rollen. „Dann muß aber erst ein Kind in ein paar Reifen sein."
* Ein Mädchen weint. Es wendet sich an zwei andere Mädchen. Ein Junge hat Sand in sein Gesicht geworfen, erzählt es. Die beiden reinigen sein Gesicht. Das Mädchen lächelt wieder.
* Im Garten befindet sich ein Teich. Schilf und andere Wasserpflanzen ranken. Steine befinden sich am Rand. Im Teich sind Fische. Etwas unter der Wasseroberfläche sind feinmaschige Baustahlmatten angebracht. Keine Gefahr also für die Kinder.
* Ein Mädchen stellt mehrere Bierkästen übereinander. Es hat eine Leiter daran gelehnt. Es will hochklettern. Die Bierkästen fallen um. Das Mädchen auch. Es schaut mich erschrocken an. Dann baut es wieder weiter.
* Ein Mädchen und ein Junge ziehen einen Handwagen. In dem lustigen Gefährt sitzen mehrere Kinder. Sie lachen.
* Kinder verschwinden in den Büschen. Ich krieche auch durch die Hecken. Die Kinder spielen Rollenspiele. Sie halten inne und schauen mich an. Sicher störe ich sie. Ich gehe wieder.
* Mehrere Jungs bauen etwas. Auf Bierkästen legen sie Bretter. Es soll eine Urwaldbrücke werden. Logisch. Der Garten ist ja auch ein abenteuerlicher Urwald.
* In einer Ecke steht ein Häuschen. Äste und Zweige sind zusammengebunden. Es erinnert mich an eine afrikanische Massaihütte. Bohnen ranken. Es ist ein Bohnenhäuschen.

Mit diesen kurzen Eindrücken wurde ein kleiner Einblick gegeben, wie ich die Atmosphäre in den beiden Kindergärten angetroffen und erlebt habe. Bei beiden Kindergärten habe ich mir gedacht: „Hier wäre ich gerne Kindergartenkind gewesen." Im weiteren Verlauf der Ausführungen werden die Beobachtungen vertieft. Zunächst werden beide Institutionen vorgestellt und beschrieben.

Institutionsbeschreibung

Kindergarten Winterkasten

Träger des Kindergartens Winterkasten ist die Evangelische Kirchengemeinde Winterkasten. Der Kindergarten ist neu erbaut. Er wurde im März

1991 eröffnet und befindet sich am Ortsrand neben Kirche und Pfarramt. In dem Kindergarten arbeiten drei Erzieherinnen als Ganztags- und zwei Kinderpflegerinnen als Teilzeitkräfte (25,5 Stunden). Es gibt zwei altersgemischte Gruppen mit jeweils 25 Kindern. Nachmittags besuchen zehn weitere Kinder den Kindergarten. Während die Kinder aus Winterkasten von ihren Eltern gebracht werden, kommen die Kinder aus den umliegenden Ortschaften mit dem Bus.

Der Kindergarten verfügt über folgende Räumlichkeiten:

Zwei Gruppenräume, einen Personalraum, eine Küche mit Kinderküche, einen Flur, eine Papierkammer, einen Waschraum und eine Toilette für die Erzieherinnen, einen Werkraum, einen Mehrzweckraum (ein großer Raum mit Kletterwand, Bällen, Matratzen und Decken), ein Büro, eine Kammer (dort werden Werkmaterialien gelagert), und einen „Musikflur" (interne Bezeichnung). Der „Musikflur" befindet sich im Windfang. Hier stehen verschiedene Musikinstrumente zur Verfügung.

An den Wänden im Windfang sind Arbeitsergebnisse (sie wurden auf großen Papierbögen notiert) von Elternabenden sowie Informationen über die pädagogische Arbeit angebracht.

Der Flur ist in folgende Bereiche aufgeteilt: Frühstückstisch, Fotoecke, Puzzletisch, Naturkundeecke, Leseecke und Tobeecke. In der Fotoecke sind Fotos ausgestellt, die die Kinder mit einer (kindergarteneigenen) Kamera geknipst haben. Die Kamera ist für jedes Kind nach Absprache mit einer Erzieherin verfügbar. In der Naturkundeecke steht den Kindern ein Mikroskop und eine Lupe zur Verfügung, um die Materialien zu untersuchen.

In den Gruppenräumen befindet sich jeweils eine aus Holz gefertigte zweite Ebene. Diese Ebene ist wiederum in eine Puppenecke, in eine Lese- und Kuschelecke sowie in eine Konferenzecke eingeteilt. Die zweite Ebene hat die Länge des gesamten Gruppenraums. An jeder der beiden Seitenwände befindet sich eine Treppe.

Am Eingang des Kindergartens haben die Kinder und Erzieherinnen ein Gemüsebeet angelegt. Um den Kindergarten herum befinden sich mehrere Bäume, Wiese, Büsche und Hecken. Eine Schaukel, ein Sandkasten, ein Kletterturm, ein Holzpferd mit Kutsche, eine Rutschbahn sind fest montiert. Gemeinsam mit den Kinder errichteten die Erzieherinnen ein „Urwaldhaus". Sie brachten mehrere Balken an einer Böschung an, über die nun Bodendecker wachsen.

Etwa 900 Bierkästen befinden sich auf dem Gelände. Eine nahegelegene Brauerei hatte sie ausrangiert, nachdem die Getränkekästen aufgrund einer EU-Norm ausgetauscht werden mußten. So konnten sie kostenlos organisiert werden. Sie werden von den Kindern zum Rollenspiel genutzt. Darüber hinaus steht auf der Wiese ein kleines Zelt. Es ist aus massiven Ästen und alter Bundeswehrplane errichtet. Vorhanden ist auch eine Feuerstelle und ein Wasserhahn, bei dem die Kinder Wasser holen können. Ein Plastikplanschbecken steht im Sommer ebenfalls zur Verfügung.

Kindergarten Lorsch

Träger des Kindergartens Lorsch ist die Evangelische Kirchengemeinde Lorsch. Er ist mit drei altersgemischten Gruppen ausgestattet. 75 Kinder besuchen den Kindergarten. Fünf Erzieherinnen, eine Berufspraktikantin und eine Vorpraktikantin sind hier tätig.

Im Kindergarten gibt es drei Gruppenräume, einen Mehrzweckraum (mit Kletterwand, verschiedenen Turnmaterialien, Matratzen und Decken), eine Tobeecke (ausgestattet mit Decken und Matratzen), einen Personalraum, Büro, Küche mit Kinderküche, einen Waschraum, eine große Eingangshalle mit verschiedenen Spielangeboten sowie einen Werkraum.

In der Eingangshalle sind auf mehreren großen Plakaten die Prinzipien der pädagogischen Arbeit des Kindergartens dokumentiert. Fotos in einem Album, das im Flur ausliegt, geben einen attraktiven und anschaulichen Überblick über bisher stattgefundene pädagogische Projekte.In jedem Gruppenraum befindet sich eine aus Holz gefertigte zweite Ebene mit verschiedenen Abtrennungen, Ecken und Nischen. Unter der zweiten Ebene befindet sich die Konferenzecke. Sie ist mit gemütlichen Sitzpolstern ausgestattet. In den Gruppenräumen stehen zudem Tische und Stühle sowie Regale und Schränke mit Spiel- und Werkmaterialien. An den Gruppenwänden hängen wie im Flur Gemälde von Paul Klee und Friedensreich Hundertwasser.

Das Außengelände entpuppt sich als ein kleiner Urwald. Große und kleine Bäume sind ebenso vorhanden wie Hecken und Büsche, in denen sich die Kinder verstecken und unbeobachtet spielen können. Insbesondere in den Ecken des Geländes ergibt sich durch die rankenden Pflanzen ein urwüchsiges Ambiente. Darüber hinaus ist eine Wiese und ein Gartenteich vorhanden. Der Teich ist durch ein grobmaschiges Metallgitter, das sich etwa zehn Zentimeter unter der Wasseroberfläche befindet, abgesichert. Neben einer Schaukel, einem beweglichen Holzschiff, einer Rutschbahn, vier Spielhäusern aus Holz und zwei Sandkästen stehen den Kindern unter anderem zahlreiche Bierkästen, Bretter, alte Autoreifen, Schubkarren und ein Leiterwagen zur Verfügung.

Inwieweit die Gestaltung der Räume dem Konzept des Situationsansatzes entspricht, soll nun untersucht werden.

Analyse der Raumgestaltung in den Kindergärten Winterkasten und Lorsch anhand der Kriterien des Situationsansatzes

Die Kriterien der Analyse sind Sicherheit, Selbständigkeit, Wahlfreiheit, Veränderbarkeit und die Erfahrung konkreter Lebenssituationen (vgl. SCHWARTE, 1991, S. 40). Diese Kriterien beruhen auf den bereits dargestellten Postulaten und Axiomen des Situationsansatzes.

Erstes Kriterium: *Sicherheit*
Genau wie in dem übrigen sozialen Umfeld ist das Gefühl der Sicherheit im Kindergarten für die Kinder äußerst wichtig. Erst in einer solchen Atmosphäre können sie sich entfalten. Dazu gehört, sich orientieren zu können. Eine differenzierte Gestaltung des Gruppenraumes und des gesamten Kindergartens ist deshalb notwendig.

Der Flur im Kindergarten Winterkasten ist für die Kinder überschaubar strukturiert. Je nach ihren Bedürfnissen können sie jenen Bereich aussuchen, in dem sie ihren Wünsche und Interessen nachgehen können. Die einzelnen Bereiche sind mit Regalen und kleinen Schränken deutlich abgetrennt, so daß die Kinder, die sich in der Tobeecke austoben, die Kinder in der Bilderbuch- und Puzzleecke nicht stören. Ebenso ist die Naturkundeecke ein klar umrissener Bereich. Um den Tisch herum stehen ein Regal und ein Spiegelschrank.

Am Ende des relativ großen Flures und damit vor dem Eingang der Küche steht der Frühstückstisch. Dadurch ist gewährleistet, daß die Kinder in Ruhe frühstücken können und keinen langen Weg in die Küche haben.

In den betreffenden Ecken sind die Voraussetzungen für die jeweiligen Betätigungen, für die die Ecken vorzugsweise eingerichtet wurden, vorhanden. Dazu Marion Boehm: „Für das Verhalten in den verschiedenen Ecken gelten klare Regeln."

Im Windfang und damit im Eingangsbereich ist der „Musikflur" untergebracht. Es stehen mehrere Musikinstrumente, darunter ein Xylophon und eine elektronische Orgel, zur Verfügung. Diese Einteilung ist meines Erachtens weniger günstig. Durch den Publikumsverkehr dürfte es für die Kinder kaum möglich sein, die dafür notwenige Ruhe und Muße zu entwickeln. Der Raum wirkt eher kühl und bietet keine gemütliche Sitzgelegenheit. Die Leiterin erläutert hierzu, daß diese Lösung einen Kompromiß darstellt – die Kinder sollen ungehindert laut sein können, ohne daß andere sich gestört fühlen. Ein anderer hierfür geeigneter Raum habe sich nicht gefunden. Marion Boehm ergänzt: „Der Publikumsverkehr findet nur zwischen 8 Uhr und 9 Uhr statt. Danach besteht die Möglichkeit, sich ungestört im Musikzimmer aufzuhalten."

Im Kindergarten Lorsch ist der Flur ebenfalls in verschiedene Zonen eingeteilt. Im Flur, beim Eingang zur Küche, befindet sich der Frühstückstisch. Mehrere Regale stellen eine Begrenzung dar, so daß auch hier die Kinder nicht gestört werden. Ein altes Sofa lädt zum Verweilen ein. Darüber hinaus liegt ein großer Teppich im Flur. An der Wand steht ein Schrank, in dem sich Bilderbücher und verschiedene Spielmaterialen befinden.

Ebenso wie in Winterkasten fehlt im Flur eine gemütliche Sitzecke, in der sich Eltern zu einem Plausch zusammensetzen können.

Die Gruppenräume in dem Kindergarten in Winterkasten sind in verschiedene Bereiche eingeteilt. Dazu gehört die Bauecke, der Maltisch, das Kasperltheater und die Verkleidungsecke. Zahlreiche Kleider stehen den Kindern zur Verfügung. Einladend ist die zweite Ebene. Sie ist wiederum eingeteilt in eine Puppen-, in eine Kuschel- und in eine Konferenzecke. Gerade in diese Bereiche ziehen sich die Kinder gerne zurück.

Ähnlich sind die Gruppenräume in Lorsch strukturiert. Auch hier gibt es in jedem Gruppenraum eine zweite Ebene, die in mehrere Ecken und Nischen eingeteilt ist. Einige Höhlen sind so eingebaut, daß sie für Erwachsene kaum oder gar nicht erreichbar und auch nicht einsehbar sind. Die Kinder haben dadurch zahlreiche Möglichkeiten, sich zurückzuziehen und völlig unbeobachtet zu spielen. Die zweite Ebene fügt sich in die relativ kleinen Gruppenräume gut ein. Pflanzen sind angebracht, die an dem Holz entlang ranken. So entsteht im Raum eine gemütliche häusliche Atmosphäre. Insgesamt besteht durch die verwinkelten und verschachtelten Holzbauten eine wohnliche und behagliche Atmosphäre.

Unterhalb der zweiten Ebene befindet sich die Konferenzecke. Sie ist mit Polstern gemütlich ausgestattet. Darüber hinaus ist dort eine Hängematte angebracht, die von den Kindern gerne genutzt wird. Mehrmals war zu beobachten, daß sich die Kinder dort ausruhen, miteinander sprechen, sich streicheln oder Bilderbücher anschauen. Zahlreiche Kleidungsstücke, die unter der zweiten Ebene hängen, stehen den Kindern jederzeit zur Verfügung.

Die Gruppenräume sind mit Regalen abgegrenzt, in denen verschiedene Spiel- und Werkmaterialien lagern.

Winterkasten verfügt über einen eigenen Werkraum. Er ist somit gegenüber den anderen Räumen klar abgegrenzt. In dem Werkraum befinden sich zwei massive Werkbänke, an denen die Kinder werken können. Entsprechendes Material wie Hammer, Sägen, Bohrer, Nägel, Schrauben etc. sowie Holz sind vorhanden.

Der Kindergarten Lorsch besitzt ebenfalls einen Werkraum. Er befindet sich allerdings, wohl wegen der räumlichen Gegebenheiten, im Keller. Ein Raum zum handwerklichen Gestalten sollte jedoch nicht weit entfernt sein, und möglichst nicht im Untergeschoß liegen. „Der Verweis in den Keller wertet die Arbeit, wie auch das handwerkliche Spiel deutlich ab" (SCHWARTE 1991, S. 81). Dazu Sieglinde Mühlum: „Wir Erzieherinnen wissen um diese Problematik. Seit das Haus im vergangenen Jahr erweitert wurde, um eine dritte Gruppe aufnehmen zu können, ist noch manches in Bewegung und Umorientierung. Es kann durchaus sein, daß der Werktisch wieder einen Platz in der Eingangshalle findet, wo er vorher auch war."

Das Außengelände ist sehr differenziert gestaltet. Die zahlreichen großen und kleinen Bäume sowie die wuchernden Büsche und Hecken vermitteln eine urwüchsige Atmosphäre. Es gibt für die Kinder zahlreiche Möglichkeiten, sich zu verstecken und zu klettern. Der Boden besteht abwechselnd aus Wiese, Sand und festgetretener Erde. Um den Teich sind Steinplatten gelegt.

Insgesamt erweist sich der Garten als ein geradezu ideales Spielparadies mit einem hohen Aufforderungscharakter.

Da der Kindergarten in Winterkasten erst vor zweieinhalb Jahren eröffnet wurde, ist hier die Vegetation noch nicht so üppig. Es sind auch noch relativ wenig Büsche und Hecken gepflanzt, die den Kindern zukünftig Verstecke bieten könnten. Einige Obstbäume sind vorhanden. Den Kindern steht eine große Wiese zum Spiel zur Verfügung. Eine phantasievolle Rückzugsmöglichkeit bietet das „Urwaldhäuschen", das die Erzieherinnen mit den Kindern errichteten. Anmerkung von Marion Boehm: „Mittlerweile haben wir unser Gelände großzügiger einzäunen dürfen. Wir haben zahlreiche Hecken und Kletterbäume erhalten."

Zweites Kriterium: *Selbständigkeit*

Dies entspricht dem Ziel des Situationsansatzes, „Kindern im Vorschulalter (besser: im Kindergartenalter, Anm. d. Verf.) zu helfen, so selbstbestimmt wie möglich Lebenssituationen zu bewältigen und die kognitiven, emotionalen und pragmatischen Voraussetzungen selbständigen Handelns zu erwerben" (vgl. ebd., S. 40).

Selbständigkeit, Selbsttätigkeit und Selbstbestimmung sind dort möglich, „wo die räumliche Gliederung nicht vorrangig nach dem Prinzip der Überschaubarkeit und Kontrollierbarkeit organisiert ist" (ebd., S. 40). Dies ist jedoch erst dann der Fall, „wenn der Rückzugsbereich tatsächlich optisch abgeschirmt wird und nicht auf der Illusion der Abschirmung basiert" (ebd., S. 39). Das bedeutet, daß es keinen Punkt gibt, von dem aus der ganze Raum überschaubar ist (vgl. HÜRTGEN-BUSCH, 1993a, S. 25). Die Kinder sollen nicht das Gefühl haben, immer und überall kontrolliert werden zu können.

An dieser Stelle wird besonders deutlich, wie sich der Situationsansatz von einer klassischen „Förderpädagogik" abhebt, bei der im Mittelpunkt steht, was das Individuum können soll, und wo kaum oder gar nicht untersucht und gesehen wird, was das Individuum bereits kann. Es wird nicht gesagt, „Selbständigkeit, Selbsttätigkeit und Selbstbestimmung werden dadurch gefördert, indem ...", sondern: Selbständigkeit, Selbsttätigkeit und Selbstbestimmung wird den Kindern konkret ermöglicht, ohne daß in diesem Prozeß Erzieherinnen ständig aktiv beteiligt sind, ohne daß Erzieherinnen durch kontinuierliche Intervention fördern bzw. fordern, ohne daß sie ziehen bzw. er-ziehen, sondern lediglich gemeinsam mit den Kindern Raum schaffen, wo die Kinder selbsttätig sind, wo sie selber bestimmen, wo sie selbstbestimmt spielen und kuscheln, wo sie ständig selber ihren-Stand finden müssen und finden – eben: Wo sie selbständig sind. Kinder müssen nicht zum „Selbertätigsein" gefördert werden – sie sind es. Kinder müssen nicht zu einem „Selberstehen" gefördert werden – sie stehen bereits selber in der (sozialen) Gemeinschaft. Kinder müssen nicht zum Selber-bestimmen gefördert werden – sie haben bereits eine Stimme, mit der sie ihre Meinung sagen und sie können bereits selbstbestimmte Entscheidungen treffen.

Deshalb muß ihnen soviel Raum wie nur irgend möglich zur Verfügung stehen, wo sie sich zurückziehen und im Zusammensein mit den anderen Kindern beim gemeinsamen Tun ihre bereits vorhandenen Kompetenzen weiter entwickeln können.

Durch die zweite Ebene im Kindergarten in Winterkasten ist ein Rückzug möglich. Die Kinder können in diesen Abtrennungen unbeobachtet spielen. Dies ist auch im Mehrzweckraum gegeben. Ich habe beobachtet, daß Kinder, die in dem Mehrzweckraum spielten, die Türe geschlossen haben, und keine Erzieherin den Raum betrat, um zu kontrollieren. Allerdings wurden feste Regeln abgesprochen. So wurde gemeinsam bei einer Kinderkonferenz vereinbart, daß das Besteigen der Kletterwand ohne Beaufsichtigung einer Erzieherin verboten ist. Bei der Entwicklung der Regel waren die Kinder beteiligt und konnten ihre Meinung sagen. Es war somit keine domestizierende Reglementierung, sondern eine befreiende: Durch die gemeinsam getroffene Absprache müssen die Kinder nicht kontrolliert werden.

Die Kinder entscheiden, in welchem Bereich sie sich, ob im Flur, im Gruppenraum, im Mehrzweckraum oder draußen aufhalten.

Auch im Kindergarten Lorsch stehen den Kindern viele Rückzugsmöglichkeiten zur Verfügung. Eine besondere Faszination bieten die kleinen Nischen und Höhlen auf den zweiten Ebenen. Durch die Eingänge können nur Kinder in das Innere gelangen. Sie haben sich dort behaglich mit Decken und Tüchern eingerichtet.

Die dort stattfindenden Aktivitäten entziehen sich der Kenntnis der Erzieherinnen.

In einem Gruppenraum befinden sich mehrere Matratzen und Decken. Es war zu beobachten, daß die Kinder daraus ein Haus bauten, und den Eingang mit einer Decke verschlossen.

Während meiner Beobachtungen haben die Erzieherinnen nicht hineingeschaut. Sie respektierten den Rückzug der Kinder.

Attraktiv sind auch die verschiedenen Ecken, die durch einen neu errichteten Rundbau, der an den Kindergarten angebaut wurde, entstanden. Es wurden zudem gradlinige Mauern eingezogen. Dadurch entstanden weitere Ecken. Eine Ecke ist als Kasperltheater eingerichtet. Sie kann aber von den Kindern genauso gut zum Betrachten eines Bilderbuches oder für Doktorspiele genutzt werden. Wenn die Kinder die Türe schließen, können sie ungestört ihren Tätigkeiten nachgehen. Ergänzend weist Sieglinde Mühlum darauf hin: „Das gleiche gilt für die ursprünglich als Abstellraum für Turngeräte vorgesehene Tobeecke. Sie ist ausgestattet mit Matratzen, Polstern, Decken und Kissen. Kleine Fenster und eine Glastüre nach außen machen hell und freundlich." Auf die vielen Rückzugsmöglichkeiten im Außengelände wurde bereits hingewiesen.

Drittes Kriterium: *Wahlfreiheit.*
Das Kriterium der „Wahlfreiheit in den Aktivitäten wird durch ein stark differenziertes räumliches System mit Rückzugsmöglichkeiten und vielfältigen Betätigungen in dezentraler statt zentraler Raumstruktur begünstigt" (SCHWARTE, 1991, S. 40).

Auf die verschiedenen Fixpunkte (vgl. HÜRTGEN-BUSCH, 1993a, S. 25), wie beispielsweise Kuschel-, Naturkunde- und Bilderbuchecke etc., wurde bereits hingewiesen.

Diese Wahlfreiheit darf sich jedoch nicht nur auf die räumlichen Bedingungen erstrecken, sondern muß auch den Kindern bei den Aktivitäten überhaupt ermöglicht werden.

Dies entspricht dem Bewußtsein, daß Kinder von sich aus aktive Individuen sind, und ihre Bedürfnisse selber regeln können und wollen.

Die dezentrale Raumgliederung ist in beiden Kindergärten anzutreffen. Es gibt keine Räume, die den Kindern versperrt sind. Die Räume im Kindergarten stehen den Kindern grundsätzlich offen, und sind in ihrer

Nutzung nicht auf bestimmte Uhrzeiten reduziert. So benutzen die Kinder im Kindergarten Winterkasten zudem das Büro. Auf einem kleinen Tisch befinden sich ein Cassettenrecorder und verschiedene Cassetten, die sie sich in Ruhe anhören können. Darüber hinaus betreten die Kinder das Büro, wenn das Telefon klingelt, sprechen mit dem Anrufer und holen dann die Person, nach der gefragt wird.

Viertes Kriterium: *Veränderbarkeit.*
Dies entspricht dem Bewußtsein, daß nicht die Kinder den Räumen bzw. den Rahmenbedingungen angepaßt werden sollen, sondern die Räume den Kindern.

Das bedeutet, mit den Kindern zu überlegen, wie die Räume ausgestaltet werden können, damit das Zusammenleben begünstigt und nicht eingeschränkt wird. Eine ungünstige Raumaufteilung wirkt sich auch ungünstig auf das Erleben und Verhalten der Kinder aus.

Dazu eine Begebenheit, von der Sieglinde Mühlum berichtete:
„Es gibt oft Kleinigkeiten, die aggressives Verhalten in der Gruppe auslösen, und es läßt sich zum Beispiel durch Möbelrücken abstellen. Wir hatten das einmal in einem Zimmer. Da gab es ständig Streit am Maltisch, bis wir verstanden, daß an dem Tisch so ein Durchgangsweg war zu den Eigentumsfächern. Als wir den Schrank verstellt haben und Platz schufen, gab es keine Konflikte mehr." Durch die ungünstige Anordnung des Tischs entwickelte sich also ein Konflikt, der durch eine sinnvolle Regulierung beglichen werden konnte.

Im Kindergarten Winterkasten kann die Tobeecke im Flur beliebig vergrößert und verkleinert werden. Als sich zahlreiche Kinder in der Tobeecke einfanden, und der Platz zu gering war, schoben sie die Regale mit den Bilderbüchern zur Seite, breiteten die Matratzen aus, und hatten nun entsprechend viel Platz. Damit wird den Kindern ermöglicht, selber zu entscheiden, wieviel Raum sie für ihre Bedürfnisse „hier und jetzt" benötigen. Wenn nun Kinder in der Bilderbuchecke gesessen hätten, wäre es für sie wiederum möglich gewesen (sofern sie damit einverstanden gewesen wären), sich auf die zweite Ebene im Gruppenraum zurückzuziehen.

In beiden Kindergärten liegen zahlreiche Decken, Matratzen und Polster für die Kinder bereit, um ihren eigenen Raum im Raum zu schaffen; ideale Materialen also, die Möglichkeiten zur individuellen Raumabtrennung bieten.

Fünftes Kriterium: *Erfahrung konkreter Lebenssituationen*
Der „Erfahrungsgewinn in konkreten Lebenssituationen wird vor allen Dingen dadurch erreicht, daß die bauliche Konzeption möglichst wenig

ausgelagerte für Kinder undurchschaubare Bereiche, wie Küche, Büro etc. ausweist" (SCHWARTE, 1991, S. 40).

Mit anderen Worten: Jeder Raum bietet den Kindern Erfahrungs- und Lernmöglichkeiten und sollte deshalb für sie zugänglich sein.

Kinder lernen durch Erlebnisse im Alltag. In den Alltags-Situationen, eben anhand ihrer alltäglichen Erlebnisse entwickeln sie ihre Kompetenzen. Zum Alltag gehört beispielsweise das Essen. Mahlzeiten werden in der Küche zubereitet. Demzufolge ist die Küche ein Bereich, der konkrete Lebenserfahrungen zuläßt.

In beiden Kindergärten gibt es eine Kinderküche in der Küche. Die Kinder haben freien Zugang zu den für sie notwendigen Utensilien, die sie zur Zubereitung des Frühstücks benötigen. Dazu gehört das Besteck, der Teller und das Glas.

In Winterkasten und in Lorsch werden die Kinder dazu befähigt, selbständig ihre Mahlzeit zuzubereiten. Dadurch werden sie unabhängiger von den Erwachsenen. Dies ist ein weiteres Beispiel, das den befreienden Charakter des Situationsansatzes verdeutlicht.

Erfahrungen sammeln die Kinder in Winterkasten auch an der Feuer- und Wasserstelle. Sie erleben, wie man ein Feuer entfacht, sie erleben, daß Hitze unangenehm sein kann (wenn sie sich verbrennen), aber auch hilfreich (z.B. beim Würstchen braten). Sie erleben Wasser als ein Naturelement mit vielfachem Nutzen, mit dem man auch Spaß haben kann. Sie werden kompetent im Umgang mit diesen Naturelementen und lernen, sie für ihre Zwecke zu nutzen.

Beide Kindergärten haben richtiges Handwerkszeug. Nicht Holzhämmerchen mit Nagelimitaten, um bunte Holzplättchen in eine Korkplatte zu drücken, sondern echte Hammer, echte Nägel, echte Sägen und echte Bohrer. Durch die Anwendung werden die Kinder kompetent im Umgang mit diesen Materialien und können sie für ihre eigenen Vorhaben einsetzen.

Die Erfahrung, daß ein Hammerschlag auf den Daumen schmerzt, ist ebenso wichtig wie die Erfahrung, daß ein Schnitt in den Finger mit einem Messer sehr unangenehm ist. Durch den Umgang mit diesen Materialien und durch die daraus resultierenden Erfahrungen werden die Kinder aber entsprechend vorsichtiger, überlegter und dadurch kompetenter damit umgehen: Lernen durch Erfahrung.

Die Treppen zu den Hochebenen im Kindergarten Lorsch sind relativ steil. Mit Begeisterung klettern die Kinder dort hoch. Sie werden zudem von den Erzieherinnen ausdrücklich dazu ermutigt. Dies ist eine gute Möglichkeit, sich und den eigenen Körper zu erfahren (ebenso wie beim Bäumeklettern). Gemeinsam mit den Kindern wurde durch eine Regel, deren Sinn für die Kinder einsehbar ist, eine Begrenzung der Gefahr erreicht. Die Kinder erlebten den Prozeß einer (sinnvollen) Regel mit, die sie wiederum nachvollziehen können. Sie lautet: „Geklettert wird nur mit dem Bauch zur Leiter." Sieglinde Mühlum berichtete, daß kaum dagegen verstoßen wurde und wird. Möglicherweise werden Erzieherinnen Bedenken angesichts solcher Klettergelegenheiten formulieren und auf mögliche Gefahren verweisen. Dabei übersehen sie aber, daß sich in der Rechtssprechung eine deutliche Tendenz feststellen läßt, „pädagogische Überlegungen und Zielsetzungen immer stärker auch zur Grundlage juristischer Entscheidungen über Umfang und Grenzen der Aufsichtspflicht zu machen" (PREISSING, 1987, S. 29).

Aufsichtspflicht bedeutet nicht, „die Kinder zu jeder Zeit möglichst umfassend zu behüten, zu bewachen und zu kontrollieren. Bekanntlich führt gerade die überfürsorgliche Erziehung von Kleinkindern und Hortkindern erst recht zu Gefährdungen in dem Moment, wo die Kinder dann notwendigerweise ... unbeaufsichtigt irgendwelchen Gefahren ausgesetzt sind" (ebd., S. 29 f). Ob die Aufsichtspflicht verletzt wurde, „hängt ausschließlich und allein von den Einzelumständen ab" (ebd., S. 33). Die Möglichkeiten und Grenzen der Aufsichtspflicht werden in großem Maße dadurch bestimmt, „welche Vereinbarungen ... mit den Eltern getroffen worden sind" (ebd., S. 43). Dies setzt wiederum eine intensive Zusammenarbeit mit den Eltern voraus. Darauf wurde bereits hingewiesen.

Grundsätzlich gilt, daß Aufsichtspflicht nicht ständige Kontrolle bedeutet, „sondern Anleitung zum selbständigen Handeln und Befähigung des Kindes, mit Gefahren umzugehen und sie zu vermeiden! Erwachsene sollten sich daran gewöhnen, Kinder nicht als kleine Idioten zu behandeln, die nur das Interesse haben, bei erstbester Gelegenheit sich und andere um Leben, Gesundheit oder Hab und Gut zu bringen" (ebd., S. 53). Beruhigend dürfte auch die Tatsache sein, daß in den letzten 30 Jahren ein Aufenthalt im Gefängnis wegen Aufsichtspflichtverletzung entgegen anderslautender Gerüchte noch jeder Erzieherin erspart geblieben ist (vgl. ebd., S. 45).

Die pädagogische Arbeit in beiden Kindergarten beruht auf dem Konzept des Situationsansatzes. Anhand des Kindergartens Lorsch soll nun dargestellt werden, inwiefern dies bei dem pädagogischen Konzept des Kindergartens berücksichtigt wurde.

Pädagogische Konzeption

Während der Kindergarten Lorsch eine schriftliche Konzeption vorliegen hat, steht eine schriftliche Ausarbeitung der Konzeption bei dem Kindergarten in Winterkasten noch an. Dazu Marion Boehm: „Eine

Zusammenfassung fehlt noch. Die bis jetzt entstandenen Projektpapiere ergeben zusammen eine sehr ausführliche Konzeption. Außerdem ist eine Fotodokumentation vorhanden."

Grundsätzlich ist zu sagen, daß das pädagogische Konzept „nicht ein ein für allemal feststehendes Produkt (ist), sondern ein Prozeß beständiger Auseinandersetzungen. Das heißt aber keineswegs, daß es überflüssig wäre, das Ergebnis einer solchen Auseinandersetzung schriftlich festzuhalten und somit auch ein Produkt zu haben. Denn für jede einzelne selbst, für Kolleginnen untereinander, für neu Hinzukommende, seien es Praktikantinnen, Kolleginnen und evtl. auch für die Eltern ist es einfacher, eigene Positionen zu überprüfen, wenn diese schon einmal fixiert sind. Darüber hinaus zwingt die schriftliche Form zu einer Klarheit im Ausdruck, die auch dem gedanklichen Klärungsprozeß dient" (IRSKENS, 1990, S. 10).

Die Erstellung eines pädagogischen Konzeptes beinhaltet somit immer auch eine Reflexion der pädagogischen Arbeit. Paulo Freire stellt in diesem Zusammenhang fest: Ein Verzicht auf Reflexion ist Aktionismus, und ein Verzicht auf Aktion ist Verbalismus (vgl. FREIRE, 1973, S. 71). Im Gespräch über die pädagogische Arbeit lernen alle Beteiligten dazu. „Menschen wachsen nicht im Schweigen, sondern im Wort, in der Arbeit, in der Aktion-Reflexion" (ebd., S. 71). Übertragen auf die Erstellung einer Konzeption bedeutet das: Erzieherinnen, die eine Konzeption entwickeln, werden in dieser Sache aktiv. Sie befinden sich in Aktion. Gleichzeitig denken sie über ihre Arbeit nach. In diesem Rahmen tauschen sie ihre Meinungen, ihre Haltung, ihre Einstellungen aus und hören sich die der Kolleginnen an. Dabei überprüfen sie wiederum ihre Position. Zudem beinhaltet das Formulieren und Verbalisieren auch eine Reflexion der Gedanken. Es handelt sich also um einen komplexen Lernprozeß, der bei allen Beteiligten stattfindet.

Das Ergebnis des Dialoges der Erzieherinnen im Kindergarten Lorsch ist das vorliegende Konzept. Es ist im Anhang dokumentiert. Zu empfehlen ist, zunächst das Konzept zur Kenntnis zu nehmen, bevor die nun folgenden Ausführungen gelesen werden.

In dem Konzept stellen die Erzieherinnen eingangs fest, daß „die Aufgabe des Kindergartens nicht die Vorverlegung schulischen Lernens beinhalten darf" (KINDERGARTEN LORSCH, o.J., S. 2). In diesem Zusammenhang wird die Entwicklung des sozialen Lernens betont. Deshalb sehen sie „die zentrale Aufgabe des Kindergartens darin, den Kindern in einem lebensnahen Lernen Erfahrungen zu ermöglichen, die ihnen helfen, sich in gegenwärtigen und zukünftigen Lebenssituationen besser zurechtzufinden" (ebd., S. 2).

Neben dem Hinweis auf die Thematik „Erziehung und Religion im Kindergarten Lorsch" wird darauf aufmerksam gemacht, daß die Gruppen altersgemischt sind. Begründet wird dies unter anderem damit, daß Kinder gerne von Kindern lernen.

Anschließend ist notiert, daß Elternmitarbeit „dringend erwünscht" ist (vgl. ebd., S. 3). Eltern werden gebeten, sich und ihre Vorstellungen einzubringen, sich an der Planung und Durchführung pädagogischer Projekte zu beteiligen, und ihre Meinungen einzubringen. Verwiesen wird auch auf die schriftlichen Unterlagen von Projekten, die über die aktuelle Arbeit informieren.

Desweiteren wird festgestellt, daß der Ausgangspunkt der pädagogischen Arbeit die Lebenssituation des Kindes ist.

Dies ist folgendermaßen formuliert:

„Es wird von den eigentlichen ... Interessen und Situationen der Kinder ausgegangen und nicht von dem Anspruch des Erwachsenen, besser zu wissen, was Kinder brauchen, können oder nötig haben" (ebd., S. 4).

Diese Feststellung hört sich lapidar an, sie hat aber eine weitreichende Bedeutung: Erwachsene erklären klipp und klar, daß Kinder selber wissen, was sie „brauchen, können oder nötig haben" (ebd., S. 4). Sie ermöglichen dem Kind selbstbestimmtes Handeln. Sie sehen Kinder nicht als defizitäre Individuen, sondern als Menschen, die bereits unendlich viele Kompetenzen haben und denen nicht gesagt werden muß, „was für sie gut ist".

Darüber hinaus machen die Erzieherinnen ihre Vorgehensweise transparent, damit auch die Eltern und andere Leser/innen der Konzeption eine Arbeit nachvollziehen können, bei der das Erleben und Verhalten des Kindes Ausgangs- und Mittelpunkt ist. So ist notiert:

„Wir registrieren Äußerungen, machen Beobachtungen, erfahren Sorgen, Freuden und augenblickliche Interessen der Kinder. In intensiven Gesprächen im Team ordnen und hinterfragen wir diese Informationen" (ebd., S. 4).

In der Zusammenfassung wird festgestellt:

„Kinder sollen vieles lernen, um sich selbständiger zurechtzufinden. ... Kinder sollen emotional stabil und selbstbewußt werden, sie sollen aber in Beziehung zu anderen auch sensibel und solidarisch sein können" (ebd., S. 4).

Kritisch ist bei diesen Ausführungen anzumerken, daß aufgrund des Begriffs „sollen" meines Erachtens der Eindruck entstehen könnte, daß hier wiederum Erwachsene darüber entscheiden, was Kinder lernen „sollen". Damit würden sich die Erzieherinnen in Lorsch, obwohl dies nicht ihrer grundsätzlichen Haltung entspricht, über das Kind hinwegsetzen. Es würde dabei wiederum in klassischer Weise über und für das

Kind gedacht und „bestimmt", was für das Kind „gut" ist. Eine Überprüfung dieser Aussage soll hiermit angeregt werden. Die Erzieherinnen meinen dazu: „Es stimmt, das ist keine glückliche Formulierung für das, was wir damit ausdrücken wollten. Bei der nächsten Überarbeitung werden wir an dieser Stelle besonders nachdenken. Zum Glück stehen vor diesem Schlußwort noch eine Reihe anderer Aussagen, und wir wissen, daß man bei einer Arbeit nach dem Situationsansatz nie endgültig fertig ist und zu Ende gedacht hat."

Die Verwendung des Terminus „selbständiger" weist demgegenüber darauf hin, daß die Erzieherinnen davon ausgehen, daß die Kinder bereits selbständig sind und sein können. Sie sagen also nicht: „Die Kinder sollen selbständig werden."

Eine weitere Konsequenz des dialogischen Prinzips, das die Erzieherinnen in ihrer Arbeit favorisieren, stellt das Anfertigen von Projektdokumentationen und die Dokumentation von Diskussionsergebnissen im Verlauf von Elternabenden dar. Dies soll nun beschrieben werden.

Dokumentation von Projekten und Diskussionsergebnissen von Elternabenden und Kinderkonferenzen in Broschüren und Wandzeitungen

Um eine Zusammenarbeit mit Eltern und anderen Erwachsenen zu ermöglichen, ist es notwendig, die eigene pädagogische Arbeit transparent zu machen. Es wird „mit offenen Karten gespielt." Dies ist unter anderem möglich durch eine Dokumentation der Projekte. Die Teams beider Kindergärten stellen deshalb zu jedem Projekt eine Projektbroschüre zusammen, die über die Beobachtungen, die pädagogischen Schlußfolgerungen und die Arbeitsweise informiert.

Darüber hinaus hängen Plakate (sog. Wandzeitungen) an den Wänden im Flur, auf denen die Diskussionsergebnisse der Elternabende und Kinderkonferenzen festgehalten sind. Desweiteren sind hier Beobachtungen der Erzieherinnen, Situationsanalysen und pädagogische Aktivitäten notiert.

In einem Artikel weist Sieglinde Mühlum auf die Bedeutung der Projektdokumentation hin: Elternarbeit begann sich zu verändern: (vgl. MÜHLUM, 1988, S. 83): „Der Umgang wurde partnerschaftlicher, d.h. ich fühlte mich nicht mehr der Situation ausgeliefert auf alles eine Antwort zu wissen ... Wir begannen, uns als Partner und Lernende bei einer gemeinsamen Aufgabe zu begreifen. Elternabende bekamen dadurch einen anderen Charakter. Gegenseitig wurden Schwierigkeiten berichtet, nach Lösungsmöglichkeiten gesucht, an Zielvorstellungen gearbeitet. Immer zwingender erwies sich die Notwendigkeit, Eltern aufzuzeigen, was aus der Umsetzung der gemeinsamen Überlegungen wurde, wie sich Prozesse in Bewegung setzen und weiterentwickeln" (ebd., S. 83).

Auch anhand dieser Aussage läßt sich ausdrücklich nachweisen, daß sich bei einer pädagogischen Arbeit nach dem Situationsansatz die Rolle der Erzieherin und der Charakter der Zusammenarbeit mit den Eltern verändert. Erzieherinnen und Eltern begegnen sich nicht mehr in einer Hierarchie: Die Erzieherin als „allwissende Erziehungsexpertin" und die Eltern als Laien, die die Kenntnisse der Erzieherinnen aufnehmen, sondern als gleichberechtigte Beteiligte. Erzieherinnen und Eltern bringen in den Erziehungsprozeß ihre individuellen Kompetenzen ein und haben dabei die Möglichkeit, ihre eigene Persönlichkeit zu entwickeln.

Durch das Dokumentieren von Diskussionsergebnissen (also durch das Notieren und das dazu notwendige gedankliche Formulieren) der Elternabende ist es den Erzieherinnen und den Eltern möglich, sich die Prozesse nocheinmal zu vergegenwärtigen. Eine schulische (und antidialogische) Atmosphäre, bei der Eltern durch die Erzieherinnen belehrt werden, entsteht dadurch erst gar nicht. Statt dessen wird partnerschaftlich in Gruppen gearbeitet. Jeder kann sich einbringen und die Meinungen, Äußerungen und Gedanken werden dokumentiert. Das signalisiert den Beteiligten: „Das, was du gesagt hast, ist wichtig. Es wird berücksichtigt." Durch die Gruppenarbeiten können sich auch jene Eltern einbringen, die sich nicht trauen, in einem Plenum zu sprechen. Zudem stellt diese Vorgehensweise auch für jene Erzieherinnen eine wesentliche Hilfe dar, die sich ebenfalls unsicher fühlen und Redeängste haben.

Durch die aktive Einbeziehung der Eltern, ihrer Gedanken, Erlebnisse und Gefühle, die bei den Elternabenden eingebracht wurden und werden, durch die Dokumentation dieser Aspekte, wird Eltern offenkundig signalisiert: „Ihr seid für uns wichtige Gesprächspartner. Eure Meinungen, eure Kompetenzen, eure Hilfe ist erwünscht. Wir nehmen euch ernst."

Dies ist die Konsequenz einer Arbeit nach dem Situationsansatz, die auf der Einsicht basiert, daß jeder Mensch etwas kann; daß Kinder, Erzieherinnen und Eltern Kompetenzen haben – eben: „Alle Menschen haben emotionale, intellektuelle und geistige Fähigkeiten" (COHN, 1993, S. 114).

Eine Wandzeitung ist ein sichtbares Dokument, wie vielfältig die Kompetenzen der Beteiligten sind.

Wie kann eine solche Wandzeitung aussehen?

In Lorsch und in Winterkasten gliedert sich die Wandzeitung in drei Rubriken. Farblich unterschiedliche Karten unterstützen den optischen Eindruck:
1. Beobachtungen, spontane Aktionen.
2. Projekte: was und warum.
3. Reaktionen der Kinder. (Mühlum, 1988, S. 83)

In der ersten Spalte stehen ... ‚Momentaufnahmen', die z.B. Auslöser für ein vorbereitetes Angebot sein können" (ebd., S. 84). In diesem Rahmen sind Einzelbeobachtungen notiert.

In der zweiten Spalte „wird der jeweilige Projektschritt angepinnt" (ebd., S. 84). Inhalte und die pädagogische Intention der Projekte sind hier wiedergegeben (vgl. ebd., S. 84).

„In der dritten Spalte finden sich Kurzberichte über die gelaufenen Aktionen. Sie vermitteln Eltern eine ganze Menge über die Gedankengänge von Kindern, helfen ihnen unter Umständen Fragen erst zu verstehen, geben Anregungen für gemeinsame Gespräche, und Unternehmungen regen auch zum Überdenken eigenen Handelns" (ebd., S. 84) an.

Ergebnisse von Elternabenden und Kinderkonferenzen können bei der Wandzeitung ebenfalls aufgegriffen und notiert werden. In den Projektbroschüren werden in ähnlicher Weise Beobachtungen, Analysen, Ergebnisse von Elternabenden und Kinderkonferenzen und daraus resultierende pädagogische Aktivitäten komprimiert zusammengefaßt.

Diese Broschüren sind keine „pädagogischen Aufsätze", die für Laien unverständliche Begriffe beinhalten. Sie sind plakative, prägnant formulierte und gut lesbar zusammengestellte Dokumente, die einen Einblick in die konkrete pädagogische Arbeit geben. Zudem sind sie keine abgeschlossenen Abhandlungen über ein Projekt, da sie zu Beginn eines Projektes erstellt werden. Eltern und andere Personen werden über das momentane Geschehen im Kindergarten informiert. Sie können sich orientieren und werden hinzu möglicherweise motiviert, sich einzubringen.

Diese Broschüren entsprechen nicht den üblichen Kindergartenzeitungen, in denen lediglich Bastelanleitungen, Lieder (oft genug ohne Notenangabe), Termine oder Aufrufe über benötigtes Bastelmaterial sowie kurze Aufsätze zu einem pädagogischen Thema notiert sind.

Gegenüber dieser eher antidialogischen Form von Elterninformation werden bei der oben beschriebenen Projektdokumentation Eltern aktiv einbezogen, Dialoge dokumentiert und dadurch wiederum Dialoge angeregt. Projekte können zudem mit Fotos, Dias und Videofilmen dokumentiert werden. Im Kindergarten Lorsch liegt ein Fotoalbum aus, in dem

Bilder einen anschaulichen Einblick in die verschiedensten Aktivitäten ermöglichen. Tonpapierbögen hängen im Flur des Kindergartens Winterkasten, auf denen Fotos aufgeklebt sind. Sie wurden von den Kindern im Verlauf von Aktivitäten geknipst. U.a. durch diese Aktivitäten realisiert der Kindergarten Lorsch das in seinem Konzept notierte Anliegen, Eltern in die pädagogische Arbeit einzubeziehen. Das gleiche trifft für den Kindergarten Winterkasten zu.

Da auch der Kindergarten Winterkasten nach dem Situationsansatz arbeitet, ist davon auszugehen, daß die in dem Konzept skizzierten grundsätzlichen Ziele und Prinzipien, die auf den Forderungen und Inhalten des Situationsansatzes beruhen, für die Arbeit im Kindergarten Winterkasten ebenfalls zutreffen. Ein Hinweis dafür ist das Projekt „Einbruch, Diebstahl, Angst – ein pädagogisches Projekt, um mit Kindern die damit verbundenen Gefühle aufzuarbeiten" (KINDERGARTEN WINTERKASTEN, o.J., S. 1). Wie ein pädagogisches Projekt aussehen kann, bei dem die Situation der Kinder Ausgangs- und Mittelpunkt ist, soll nun anhand der Beschreibung dieses Projektes veranschaulicht werden.

Das pädagogische Projekt „Einbruch, Diebstahl, Angst" des Kindergartens Winterkasten

An einem Wochenende brachen Asylbewerber in den Kindergarten Winterkasten ein. Sie entwendeten Haushaltgeräte und verschiedene Gebrauchsgegenstände. Die Ermittlungen der Polizei verliefen erfolgreich, so daß nun wieder alle Materialien dem Kindergarten zur Verfügung stehen. Die Erzieherinnen und die Kinder waren über den Einbruch erschrocken. Der Kindergarten blieb zwei Tage lang geschlossen, um die bei dem Einbruch entstandene Unordnung zu beseitigen. Während des Zeitraums, in dem der Kindergarten geschlossen war, fand ein Elternabend statt, bei dem die Erzieherinnen mit den Eltern die Lage erörterten, und sich nach den ersten Reaktionen der Kinder erkundigten. In der im Anhang dokumentierten Projektbroschüre können u.a. die ersten Äußerungen der Kinder nachgelesen werden. Zum weiteren Verständnis des Projektes empfiehlt es sich, zunächst einmal die dazugehörige Projektbroschüre anzuschauen. Erst dann sollten die nun folgenden Ausführungen zur Kenntnis genommen werden.

Um einen kleinen Einblick in das Projekt zu erhalten, führte ich ein Interview mit der Erzieherin Gabi König durch. Sie berichtete: „Ich habe den Kindern geschildert, wie das für mich morgens war, als ich aus meinem Urlaub kam. Von dem Einbruch wußte ich bis dahin noch nichts. Ich war sehr erschrocken und fühlte mich hilflos. Ich wußte nicht, was ich in dem Moment tun sollte. Dann habe ich mit meinen Kolleginnen und mit dem Pfarrer gesprochen. Das hat mir sehr geholfen. Ich habe nachgefragt, warum jemand wohl so etwas macht. Ich erhielt daraufhin verschiedene Antworten und so konnte ich den Vorfall für mich besser nachvollziehen. Dadurch konnte ich das Ereignis auch besser verarbeiten und wurde so ruhiger. Ich habe dann auch meine Ängste etwas verloren."

Betroffen waren also nicht nur die Kinder, sondern auch die Erzieherinnen. Sie nahmen ihre Gefühle, ihre Ängste ebenso ernst wie die Gefühle und Ängste der Kinder.

Ich fragte Gabi König, wie die Kinder auf ihre Schilderungen reagiert haben. Gabi König: „Ich habe das Gefühl gehabt, daß sie für mich sehr viel Verständnis hatten. Ich denke, sie hatten das Gefühl, ah, da ist zwar eine erwachsene Frau, aber sie fühlt und denkt genauso wie wir. Ihr geht es genauso wie uns. Wir können uns eigentlich gemeinsam helfen. Ich kann den Kindern helfen, dies zu verarbeiten, und die Kinder können mir genauso helfen, darüber hinwegzukommen."

Darüber hinaus berichtete die Erzieherin von der Reaktion eines Kindes. Gabi König: „Es kam auch ein Kind zu mir und sagte: ‚Ich bin ja auch noch da. So, jetzt brauchst du keine Angst mehr zu haben.' Da habe ich gesagt: ‚Ich weiß, ich bin auch froh darüber, daß wir aufeinander aufpassen können.'"

Die Erzieherin berichtet den Kindern von ihren Gefühlen. Dies zeigt, daß sie ihre eigenen Gefühle ernst nimmt. Sie berichtet, daß sie erschrocken war, daß sie sich hilflos fühlte, daß sie irritiert war und daß sie Angst hatte. Sie erlebte gleichzeitig, wie hilfreich es ist, sich mit anderen Menschen – in diesem Fall mit den Kolleginnen und dem Pfarrer, später auch mit den Eltern – darüber zu unterhalten. Dies setzt sie auch offensichtlich konsequent bei den Kindern um. Auch den Kindern schildert sie ihre Gefühle und die Kinder spüren dadurch, daß auch ein erwachsener Mensch ähnliches oder gleiches empfindet bzw. empfinden kann. Gleichzeitig werden die Kinder dadurch motiviert, ihre Gefühle einzubringen.

Die Erzieherin erlebt sich als ein ganzheitliches Individuum, das ein Recht auf seine Gefühle und auf das Aus-drücken seiner Gefühle hat. Ebenso versteht sie die Kinder als ganzheitliche Individuen, die ein Recht auf das Ernstnehmen ihrer vielfältigen Gefühle und auf das Ausdrücken ihrer Gefühle haben. Dadurch können sich die Kinder zu Individuen entwickeln, die ihre eigenen Gefühle ernstnehmen, und die (dadurch) anderen Menschen ein Recht auf ihre Ganzheitlichkeit, auf deren Gefühle zugestehen.

Die Erzieherin hat erlebt, wie hilfreich gemeinsames Handeln bei der Bewältigung eines Problems sein kann. Sie hat erlebt, wie sehr sie auf

Sozialität angewiesen ist. Sie erhält zudem Unterstützung von einem Kind. Den Kindern ermöglicht sie ebenfalls, solidarisches Verhalten und Gemeinschaft als Schutz und als Hilfe zu erleben.

Die Erzieherin erlebt sich als aktives Individuum, das bestrebt und in der Lage ist, seine unangenehme Situation zu ändern. Sie kommuniziert mit anderen Menschen und erfährt dadurch Hilfe. Diese Hilfe bietet sie auch den Kindern an und entwickelt mit den Kindern Möglichkeiten, sich in der gegenwärtigen (Angst)-Situation und damit auch in zukünftigen (Angst)-Situationen helfen zu können.

Auf eine außenstehende Person könnte die Einschätzung der Erzieherin möglicherweise dramatisierend wirken. Es muß aber darauf hingewiesen werden, daß es sich um das Erleben der Erzieherin handelt, das ihr nicht in Abrede gestellt werden darf! Sie hat den Kindern wichtige „Signale" gesendet:

Friedemann Schulz von Thun, Hochschullehrer am Fachbereich Psychologie der Universität Hamburg, spricht von den vier Seiten einer Nachricht. Danach hat eine Nachricht einen „Sachinhalt" (SCHULZ VON THUN, 1990, S. 26), sie beinhaltet eine „Selbstoffenbarung" (ebd., S. 26) und gibt Auskunft über die „Beziehung" (ebd., S. 27) von Individuum zu Individuum. Zudem beinhaltet eine Nachricht einen „Appell" (ebd., s. 29).

Übertragen auf die Erzieherin bedeutet dies:

Zum einen gibt die Erzieherin eine „Sachinformation", indem sie auf den Einbruch verweist. Darüber hinaus offenbart sie sich selber, indem sie den Kindern ihre Gefühle beschreibt und mitteilt. Das ist gleichzeitig ein Hinweis auf die Beziehung zu den Kindern. Sie teilt damit den Kindern mit: Ich lasse euch an meinem Erleben An-teil-nehmen. Ich gestatte euch, „Teile" meines Erlebens, meines Fühlens, meines Denkens zu nehmen. Ich teile euch mein Erleben mit. Ich teile es mit euch. Ich nehme euch ernst. Ihr seid für mich ernst-zunehmende Gesprächspartner. Der Appell ihrer Aussage lautet: Ich war sehr erschrocken, ich möchte mich wieder besser fühlen, und mit euch zusammen das Ereignis be- und verarbeiten. Ein Kind reagierte sofort und bot der Erzieherin seine Hilfe an.

Die Erzieherin handelte authentisch. Sie verbog sich nicht zu einem Erwachsenen, der (vermeintlich) erhaben ist über seine Gefühle und Gedanken. Sie schnürte die Kinder in kein Korsett mit rationalen Erklärungen, Vertröstungen und Verniedlichungen, sondern ließ ebenso wie sich selber den Kindern Raum für das eigene Fühlen, Denken und Handeln, für eigene Initiativen. Dadurch entwickelten die Kinder wiederum Kompetenzen, die sich zudem bei dem o.g. Kind deutlich offenbarten: Es hörte zu; es nahm offensichtlich die (Angst)-Gefühle der Erzieherin wahr und nahm damit an dem Erleben und Verhalten der Erzieherin teil; es spürte und lebte sein Bedürfnis, sich aktiv einzubringen; es verbalisierte selbständig und selbstbestimmt seine Gedanken – es gab also Auskunft über den Stand seiner Einschätzung und formulierte selber mit seiner Stimme seine Kompetenz: Ich bin wer und weil ich da bin, kann ich dir helfen!

Mit dem pädagogischen Projekt „Einbruch, Diebstahl, Angst" wird ein Bezug zu einer Lebenssituation und zu Lebenssituationen von den Kindern hergestellt. In den Kindergarten, einem Lebensbereich der Kinder (und der Erzieherinnen), wurde eingebrochen. Die Erzieherinnen nehmen die verschiedenen Reaktionen der Kinder wahr. Die Erzieherinnen haben im Rahmen ihrer Situationsanalyse festgestellt, daß das Thema, die Situation der Kinder nicht der Situationsanlaß „Einbruch" ist, sondern die Angstgefühle, die Verunsicherung und die Neugier der Kinder, die mit diesem Ereignis in Verbindung stehen. Über ihre Lage, über ihren Zustand geben die Kinder offensichtlich unüberhörbar und unübersehbar Auskunft.

Die Erzieherinnen erkannten, daß die Kinder Hilfe und Begleitung in der Auseinandersetzung mit ihrer gegenwärtigen Situation benötigen. Sie spüren die Verunsicherung und die Ängste der Kinder und machen sich bewußt, wie wichtig eine annehmende Haltung ist, um den Kindern Möglichkeiten zur Bewältigung ihrer Gefühle zu gewährleisten. Dazu gehört die ausdrückliche Feststellung und Haltung, die Bewaffnung der Kinder und die Verwendung von Kraftausdrücken und Wutreaktionen gegenüber den Einbrechern zuzulassen, denn: „Kinder drücken mit ihren Spielen, in denen sie Waffenimitate nutzen (wollen), fast immer ihre subjektiv erlebte Ohnmacht und Angst vor dem aus, was sie belastet" (KRENZ, 1993c, S. 38). Die Erzieherinnen entwickeln also ein Bewußtsein für die Not-wendigkeit, daß Kinder Räume (und Materialien) für das Aus-drücken ihrer Gefühle benötigen.

So können sich die Kinder in die Ecken und Nischen zurückziehen, sich dort sicher fühlen, sich streicheln und liebkosen.

Sie können sich in die vorhandenen Decken kuscheln, und in ruhigen Ecken Geschichten erzählen. Sie können in der Tobeecke kämpfen, und sich mit Matratzen, Decken und Kissen schützende Häuser bauen. Sie können sich als Gespenster und starke Ritter verkleiden und bemalen. Sie können auch mit den Bierkästen hohe (Schutz-)Mauern und imponierende Burgen errichten. Sie können aber auch mit der Lupe und der Kamera auf Spurensuche gehen.

Es wird deutlich, daß die Kinder im Kindergarten Winterkasten breiten Raum haben, ihre Gefühle auszudrücken, um sie zu verarbeiten. Dies alles sind Möglichkeiten zur Bewältigung der Gefühle, die mit dem Erleben der Kinder in Verbindung stehen. Gleichzeitig entwickelten die

Kinder Handlungskompetenzen, um bei zukünftigen Angst-Situationen autonom handeln zu können. Die Kinder eigneten sich z.B. das Telefonieren an.

Auch die Eltern wurden einbezogen. Im Verlauf eines Elternabends fragten die Erzieherinnen die Eltern nach den Reaktionen der Kinder. Dadurch erhielten die Erzieherinnen und Eltern einen ersten Überblick. Gemeinsam mit den Eltern setzten sie sich mit den vielfältigen Mitteilungen der Kinder auseinander.

Für die Erzieherinnen begrenzte sich die Zusammenarbeit mit den Eltern nicht nur auf den Elternabend. Die Mutter eines marokkanischen Jungen besuchte die Kinder im Kindergarten, und bereitete mit den Kindern ein marokkanisches Gericht zu. Dies ergab sich zum einen aufgrund des Umstandes, daß Asylbewerber einbrachen, und die Erzieherinnen den Kindern vermitteln wollten, daß Kontakte mit ausländischen Menschen sehr angenehm sein können, zum anderen, daß Konflikte zwischen deutschen Kindern und einem marokkanischen Jungen auftraten, bei denen die Kinder sich gegenseitig auf die verschiedenen Staatsangehörigkeiten hinwiesen. Dies sind wiederum Beobachtungen von Ereignissen und Vorfällen, die auf eine bestimmte Situation der Kinder hinweisen, und von den Erzieherinnen aufmerksam verfolgt werden. Anlässe für ein weiteres Projekt?

Zusammenfassend läßt sich folgendes sagen:

Da sich offene Planung auf die Erfahrungsbereiche der Kinder bezieht, wurde nicht ein von der Erzieherin vor einigen Wochen oder Monaten am „grünen Tisch" vorbereitetes Thema aufgearbeitet, sondern Thema war das Erleben der Kinder, deren Situation, deren Gefühle „hier und jetzt".

Soziales Handeln und instrumentelles Lernen wurde nicht getrennt, sondern ergab sich in sozialen Situationen. So findet z.B. das Zahlenlernen sinnverbindend statt, weil das Telefon nur mit diesen Kenntnissen bedient werden kann. Das Telefon kann nun für die Kinder eine wichtige Hilfe in zukünftigen (Angst)-Situationen bedeuten.

Kinder wurden und werden an Planungsschritten beteiligt. In der Kinderkonferenz sprachen die Erzieherinnen mit den Kindern, und eruierten dabei deren und ihre eigenen Gefühle.

Kinder, die bereits Telefonieren konnten, vermittelten anderen Kindern, wie Telefonieren funktioniert – altersgemischte Gruppen machen solches generationsübergreifendes Lernen möglich. Zudem haben sich unzählige andere Prozesse bei den Kindern abgespielt, die nicht beobachtet werden konnten bzw. überhaupt nicht beobachtbar sind.

Darüber hinaus erlebten die Erzieherinnen die Unterstützung und Bedeutung eines Teams, in dem über die eigenen Gefühle gesprochen wird und werden kann. Sie spürten, wie erleichternd es ist, wenn eigene Ängste, Unsicherheiten, Schwächen und Fragen in die Diskussion eingebracht werden können und daß es dadurch auch möglich wird, die eigenen Kompetenzen weiterzuentwickeln. Sie erlebten auch, daß die Kinder offen und annehmend reagieren können.

Es wird deutlich, wie sich die Rolle von Erzieherinnen ändert, die nach dem Situationsansatz arbeiten. Sie begegneten den Kindern nicht souverän und allwissend, sondern in diesem Falle unsicher, empört, hilflos und traurig. Sie verstanden und verstehen sich selber als Lernende.

Sie begegneten den Kindern nicht aus einer bestimmten hierarchischen Rolle und Funktion, sondern schlicht als Mensch, als ganzheitlicher Mensch, als lernendes Individuum.

Die Erzieherinnen bezogen auch andere Personen mit ein. In der Kinderkonferenz prüften sie mit den Kindern die Überlegung, einen Polizisten einzuladen. Nach einer Diskussion wurde die Idee angenommen und ein Polizist eingeladen.

Bei diesem Projekt läßt sich zudem deutlich nachweisen, daß pädagogische Arbeit nach dem Situationsansatz sich nicht nur auf einzelne Aktivitäten reduziert, sondern auf den gesamten Alltag abzielt. Dazu gehören Gespräche, Rollenspiele in Ecken und Nischen ebenso wie gemeinsam geplante und durchgeführte Aktivitäten.

Wieviele Tage, Wochen oder sogar Monate ein Projekt durchgeführt wird, liegt ausschließlich an den Beteiligten, den Erzieherinnen und den Kindern. Die bei dem Projekt „Einbruch, Diebstahl, Angst" aufgetauchten Konflikte zwischen deutschen und ausländischen Kindern könnten durchaus ein Anlaß für ein weiteres Projekt sein.

Im Verlauf des Projektes fand auch eine Übernachtung im Kindergarten statt, die von den Kindern und den Erzieherinnen gemeinsam vorbereitet wurde. Die Erzieherinnen befürchteten, daß die Kinder möglicherweise durch den Einbruch verunsichert sein könnten und ggf. in der Dunkelheit Angst haben. Nach der Übernachtung stellten die Erzieherinnen fest: Die Kinder äußerten keine Ängste vor Einbrechern. Kein Kind mußte nach Hause gebracht werden. Dies dürfte ein Hinweis darauf sein, daß das Projekt „Einbruch, Diebstahl, Angst" vorerst abgeschlossen ist ...

Ergänzend ist zu sagen, daß auch schon bei anderen Projekten im Kindergarten in Winterkasten Ängste von Kindern thematisiert wurden. Dazu Marion Boehm: „In allen bis jetzt entstandenen Projekten tauchte das Thema Angst auf und wurde bearbeitet." In diesem Zusammenhang verweist sie als Beispiel auf das Projekt mit dem Thema „Wir fangen gemeinsam neu an". Anlaß des Projektes war der Einzug in den neuen Kindergarten.

Deutlich wird dabei, daß Kinder vielfältige Ängste haben können, die die Erzieherinnen ernstnehmen. Möglicherweise haben sich auch bei dem Einbruch in den Kindergarten Winterkasten Ängste der Kinder aktualisiert, die sie schon vorher hatten:

Dies könnte ein Abend gewesen sein, bei dem das Kind aufwachte, die Eltern nicht auffindbar waren, weil sie ausgegangen sind, und es sich vor Einbrechern oder Gespenstern fürchtete – vielleicht beobachtete es unheimliche Schatten im Zimmer oder nahm Geräusche wahr, deren Herkunft es nicht lokalisieren konnte.

Dies könnte ein Fernsehfilm gewesen sein, der von dem Kind bedrohlich und traumatisierend erlebt wurde – z.B. ein Film, bei dem sich ein Kind verlaufen hat; Kriegsberichterstattung im Rahmen einer Nachrichtensendung oder ein Tierfilm, bei dem ein kleines Küken seine Mutter vergeblich sucht bzw. abgelehnt wird (Identifikation?) oder sogar von einem anderen Tier gefressen wird. So haben Kinder nach Rogge zahlreiche Ängste, „die durch mediale Szenarien, Bilder und Themen wachgerufen werden können: Ungeheuer, Gespenster, Halbwesen, Monster, imaginäre Räuber, Mörder. Einbrecher, Tiere, Fabelwesen, laute und plötzliche, heftige und unvorhergesehene Geräusche, Stimmen und Musik, Katastrophen, Feuer, Wasser, Krieg, Unglück, soziale Ängste, Streit, die unfreiwilligen Begegnungen mit Realerfahrungen, Transfer filmisch inszenierter Situationen auf die eigene Wirklichkeit, Konfliktsituation der Hauptfigur, Mitfühlen und Mitleiden mit der Identifikationsfigur, allein und verlassen sein, Alp- und Angstträume, Ineinander von Phantasie und Realität, neue, unbekannte Situationen, fremde Menschen, Todesängste, fehlende Geborgenheit beim Sehen, Schmerz, Verletzung, Gewitter" (ROGGE, 1990, S. 12).

Dies könnte das reale Erleben eines Kindes gewesen sein, daß ihm seine Eltern mit strafenden Gestalten gedroht haben, und es evtl. schon einmal in einem Raum zur Strafe eingesperrt haben.

Mit dem Einbruch und des dabei erfolgten Diebstahls können auch andere für das Kind traumatische Erlebnisse assoziiert werden:

Auch in Kinder wird „eingebrochen" – auch Kinder werden bestohlen – ihrer Gefühle, ihrer Gedanken, ihrer Phantasie, ihrer Neugier, ihrer Meinung – ihrer Würde. Kinder werden sexuell mißbraucht, sie „werden geschlagen, gekniffen, gekratzt und an den Haaren gezogen. Mit Werkzeugen wie Stöcken, Gummiknüppeln, Riemen, aber auch mit Kleiderbügeln und Feuerhaken, zusammengebundenen Kabelenden, Hundeleinen, Kochlöffeln, Schuhen oder Gardinenstangen wird geschlagen. Sie werden getreten, gegen den Boden oder die Wand geworfen, absichtlich verbrannt, mit kaltem Wasser übergossen, gedrosselt. Man versucht sie zu ersticken, läßt sie übermäßig lange turnen oder laufen, sperrt sie ein oder fesselt sie" (FRANKFURTER RUNDSCHAU v. 17.11.1983, zit. n. SCHEIBEHENNE, 1985, S. 133). Kinder „werden sich selbst überlassen" (AMENDT, 1992, S. 110) und bereits „das ungeborene Kind wird zum Gegenstand der Wut und gar des Hasses" (JUNGJOHANN, 1993, S. 81). Sie werden lächerlich gemacht, ihnen wird Liebe entzogen, ihnen wird verboten, mit anderen (ausländischen) Kindern zu spielen. Ihnen wird damit eine Freundin, ein Freund, ein Mensch entzogen bzw. vorenthalten. Es sei nochmals an die Projektbroschüre erinnert: „Ein Glück sind keine Kinder weggekommen" – ob diesem Kind schon einmal ein geliebter Mensch „abhanden" kam? Vielleicht durch Tod, Umzug oder durch Scheidung? „Ist der Hilu noch da?", „Ist mein Webrahmen noch da?" – Tiere und Dinge, die für das Kind eine besondere Bedeutung haben, und die das Kind nicht verlieren möchte, und deren Verlust für das Kind sehr schlimm wäre? Vielleicht hat das Kind schon einmal schmerzhaft den Tod eines geliebten Tieres erlebt oder den schmerzhaften Verlust eines ihm sehr wichtigen Gegenstandes – beispielsweise eines Teddys oder einer Puppe.

Diese Andeutungen sollen zeigen, wie vielfältig die Erlebnisse und die daraus resultierenden Gefühle und (verborgenen) Ängste sein können, die sich bei den Kindern aufgrund eines bestimmten Vorfalls aktualisieren können. Es soll zudem darauf hingewiesen werden, wie komplex Ereignisse von Kindern wahrgenommen werden und welche gefühlsmäßigen Anteile sie möglicherweise enthalten. Darüber hinaus soll deutlich werden, wie hilfreich es für Kinder ist, wenn sich Erzieherinnen auf ihr Erleben und Verhalten einlassen und versuchen, ihre Lage, ihren Zustand, ihre Situation zu erspüren – so wie die Erzieherinnen in Winterkasten u.a. im Rahmen dieses Projektes.

Nach der Betrachtung des Projektes „Einbruch, Diebstahl, Angst" soll nun die Kinderkonferenz vorgestellt werden. Wie eine Kinderkonferenz aussehen kann, welche Bedeutung sie hat und warum sie bei einer Arbeit nach dem Situationsansatz nicht wegzudenken ist, wird jetzt erörtert.

„*Mit* Kindern sprechen und nicht zu ihnen" – Die Kinderkonferenz

Montagmorgen. Vor eineinhalb Stunden traf ich im Kindergarten Winterkasten ein. Jetzt findet eine Kinderkonferenz statt. Seit heute arbeitet eine Praktikantin zwei Wochen lang im Kindergarten. Ab heute halte auch ich mich für drei Tage im Kindergarten auf. Eine Holzkiste für

Bauklötze ist mit Wachsmalstiften bemalt. Anlässe für eine Kinderkonferenz.

Alle Kinder aus der Gruppe, Marion Boehm, die neue Praktikantin und ich versammeln sich in der Konferenzecke. Sie befindet sich auf der zweiten Ebene. Wir sitzen auf gemütlichen Schaumstoffpolstern. Ich stelle mich vor und frage, ob ich fotografieren darf. Ich frage auch, ob ich etwas nicht darf. Antwort eines Kindes: „Fotografieren darfst du. Du darfst aber nicht unseren Kindergarten kaputt machen." Mich überrascht und erfreut diese offensichtliche Identifikation des Kindes mit dem Kindergarten. Dann stellt sich die Praktikantin vor. Ein Mädchen sitzt neben ihr und kuschelt sich an sie. Sie will die Praktikantin für sich alleine haben. Die anderen Kinder protestieren. Marion Boehm hält sich zurück. Unter den Kindern herrscht ein lebhafter Dialog. Marion Boehm beobachtet die Kinder. Nach zehn Minuten einigen sich die Kinder. Ergebnis der Diskussion: Jedes Kind spielt, wenn es möchte, mit der Praktikantin. Das ist fest vereinbart. Marion Boehm legt den bemalten Holzkasten in die Mitte. Sie fragt freundlich die Kinder, wer die Striche darauf gemalt hat. Alle schütteln den Kopf. Sie betont, daß niemand geschimpft werden soll. Sie möchte aber gerne wissen, wer das war. Alle verneinen. Namen von Kindern werden genannt, die nicht da sind. Das wehrt Marion Boehm ab. Sie will aber diese Kinder fragen. Dabei bleibt es. Nun nimmt sie die Gitarre. Alle singen ein lustiges Lied. Dann ist die Konferenz beendet.
    Zu der o.g. Beobachtung „Marion Boehm hält sich zurück" merkt Marion Boehm an: „Ich leite die Diskussion, ohne meine Meinung einzubringen."

    Kameraschwenk. Donnerstagvormittag. Kindergarten Lorsch.
    Muttertag ist in wenigen Tagen. Eine Rhythmikstunde findet heute statt. Zahlreiche Wunschzettel befinden sich auf der Pinnwand. Anlässe für eine Kinderkonferenz.
    Alle treffen sich in der Konferenzecke; die Kinder, Sieglinde Mühlum und ihre Kollegin, eine Erzieherin. Die Konferenzecke ist eine Ecke mit Schaumstoffpolster. Teppichboden, separates Licht und Vorhänge.
    Zunächst wird besprochen, wer sich neben und wer vor Sieglinde Mühlum setzt. Dann erzählt sie von ihrer Idee. Sie fragt die Kinder, ob sie Blumen suchen wollen. Blumen für die Vasen, die sie als Geschenke gefertigt haben. Die Kinder finden den Vorschlag gut. Sie sind sich aber uneins, wo die Blumen besorgt werden können. Im Blumengeschäft, meint ein Kind. Ein anderes: „Und wenn wir im Blumengeschäft kaufen, erstens kostet es soviel Geld und zweitens, vielleicht will jedes Kind eine andere Blume und manche kosten viel." Es wird weiter diskutiert.

Ergebnis der Überlegungen: Die Kinder pflücken die Blumen auf einer Wiese in Lorsch.

Die Mutter eines Kindergartenkindes absolvierte eine Rhythmikausbildung. In diesem Rahmen bot sie im Kindergarten Rhythmik an. Sie hat sich für ihre letzte Stunde einen Rhythmikvortrag der Kinder gewünscht. Sieglinde Mühlum fragte, ob eine solche Vorführung stattfinden soll. Die Kinder sind damit einverstanden. Anschließend entscheiden sie selber über ihre Teilnahme.

Dann wird es lustig. Ein Kind zu Sieglinde Mühlum: „Sag mal Wald." Sie: „Wald". Das Kind: „Deine Unterhose knallt". Alle lachen. Ein Kind: „Sag mal rot". Sie: „Rot". Das Kind: „Stehst nackig auf'm Boot". Ein Kind: „Bier". Sie: „Bier". Das Kind: „Stehst nackig auf 'm Stier". Ein Kind: „Pirat". Sie: „Pirat". Das Kind: „Stehst du nackig...". Es weiß nicht weiter. Sie: „Salat". Alle lachen. Sieglinde Mühlum: „Wenn ihr so gerne weitermacht, dann können wir ja mal das von dem Mann mit dem nassen Schwamm sagen. Wer kann es denn?" Viele Kinder: „Ich". Alle: „Es war einmal ein Mann. Der hat 'nen nassen Schwamm. Der Schwamm war ihm zu naß, dann ging er auf die Gaß. Die Gaß war ihm zu kalt, dann ging er in den Wald. Der Wald war ihm zu grün, dann ging er nach Berlin. Berlin war ihm zu groß, dann ging er nach Davos. Davos war ihm zu klein, dann ging er wieder heim. Daheim war 's ihm zu nett, dann ging er in das Bett. Im Bett war eine Maus, und die Geschichte ist jetzt aus."

Jetzt schauen sich alle die Pinnwand an. Es sind Zettel angebracht. Zettel mit Wünschen der Kinder. Unter anderem: Nudeln zubereiten, Kaiserschmarrn, Brennesselsuppe. Gemeinsam wird geplant, was wann gemacht wird. Heute bereitet Christina (ein Kind) mit anderen Kindern Nudeln zu. Die Konferenz ist beendet. Sie hat 24 Minuten gedauert.

Dieser Einstieg dokumentiert die Lebendigkeit einer Kinderkonferenz.

In beiden Konferenzen wurde über konkrete Anlässe gesprochen und gemeinsam geplant. Die Kinderkonferenz ist eine Mitbestimmungsmöglichkeit für die Kinder und damit ein wichtiges Element des demokratischen (gleichberechtigten) Zusammenlebens.

In beiden Fällen wurde die Konferenz von einer Erzieherin einberufen. Von den Kindern kann auch eine Konferenz veranlaßt werden.

Die Kinder in Winterkasten wurden darüber informiert, daß sich zwei neue Personen im Kindergarten aufhalten. Sie erfuhren die Gründe des Aufenthaltes. Die Kinder formulierten ihre Fragen, Wünsche und Forderungen. Im Verlauf der Konferenz entstand zudem ein Konflikt durch den Hinweis des Mädchens, es möchte alleine mit der Praktikantin spielen. Die anderen Kinder äußerten ihren Unmut und gemeinsam wurde nach einer Lösung gesucht. Die Erzieherin hielt sich dabei zurück. Die Kinder regulierten ihre Bedürfnisse selber. Sie waren dazu auch in der Lage. Die

Erzieherin formulierte ebenfalls ihr Anliegen und ihren Unmut. Sie wies auf den bemalten Kasten hin. Allerdings übte sie keinen Druck auf die Kinder aus. Sie akzeptierte, daß sich in diesem Moment kein Kind zu der Tat bekannte. An diesem Tag waren nicht alle Kinder anwesend, und somit war es tatsächlich möglich, daß keines der versammelten Kinder den Kasten bemalt hat. Auch ein Kind einer anderen Gruppe hätte in Betracht kommen können. Vorverurteilungen anderer Kinder wies sie zurück.

Durch gemeinsames Singen wurde die Atmosphäre aufgelockert. Die Konferenz hatte für die Kinder ein angenehmes Ende.

Bei der Konferenz im Kindergarten Lorsch ging es ebenfalls um Klärungen und die Planung konkreter Vorhaben. Sieglinde Mühlum brachte ihren Vorschlag ein, Blumen zu suchen.

Es ist jedoch die Frage, ob die Muttertagsvorbereitung mit der aktuellen Situation der Kinder in Verbindung steht. Muttertag sollte zudem jeder Tag sein, genauso wie jeder Tag der Tag des Kindes sein soll.

Allerdings handelt es sich bei dem Muttertag um einen Tag, der zur Lebenswirklichkeit des Kindes, der Erzieherinnen und der Eltern gehört. Die Frage ist aber, ob der Muttertag und ebenso ein anderes Fest eine „relevante Größe" im Erleben und Verhalten des Kindes ist und ob sich das Kind nicht möglicherweise in einer spezifischen Situation befindet, bei der ein weiteres Nachgehen erforderlich wird. Ebenso verhält es sich mit der Frage, inwiefern Feste und Feiern Einfluß in die pädagogische Arbeit nach dem Situationsansatz haben bzw. nicht haben. Hier muß wiederum auf das Kind verwiesen werden, denn: Die Antwort gibt das Kind bzw. geben die Kinder selber. Sie sind der Schlüssel dazu. Erzieherinnen, die nach dem Situationsansatz arbeiten, lassen sich von dem Kind und den Kindern an die Hand nehmen. Sie stülpen den Kindern nicht ein rituelles Programm über, das sich ausschließlich an Festen, Feiern und an dem Kirchenjahr orientiert, sondern untersuchen mit dem Kind und mit der Gruppe: „Was ist dran?" Wie dieser Frage nachgegangen werden kann, wurde bereits erörtert. Sieglinde Mühlum stellt dazu fest: „Feste und Festzeiten sind ein Teil unserer Kultur. Nach unserem Verständnis gehört es deshalb auch zu unseren pädagogischen Aufgaben, mit den Kindern nach deren Sinn und Aussagen zu forschen. Wir stellen uns die Frage, was diese Aussagen oder die darin enthaltenen Erfahrungen von Menschen mit der Lebenswirklichkeit der Kinder zu tun haben, oder ob die Kinder durch das Aufgreifen und die entstehende Auseinandersetzung Antworten auf Sinnfragen des Lebens erhalten. So kann es sein, daß ein Fest in einem Jahr einen größeren Raum bekommt, und im nächsten Jahr vielleicht nur am Rande gestreift wird. Mit welcher

Intention und mit welchem zeitlichen Aufwand wir das betreiben, hängt auch hier wieder von den Lebenssituationen der Kinder ab. Sie sind Entscheidungsfaktor."

Im Verlauf der Kinderkonferenz wurde über den Muttertag gesprochen und über die Frage, wie die Blumen organisiert werden können. Nach den gemeinsamen Überlegungen kam eine Lösung zustande. Gemeinsam wurde auch über die Rhythmikstunde gesprochen und entschieden. Die Kinder wurden dadurch beteiligt.

Dann konnten sich die Kinder nicht mehr so konzentrieren. Ein Hinweis darauf sind die lust-igen Bemerkungen, durch die sich die Kinder offensichtlich wieder Lust verschafften. Es wäre auch zu überprüfen, welche Bedeutung die Kinder dem mehrmals ausgesprochenen Begriff der Nacktheit beimessen.

Sieglinde Mühlum reagierte darauf, indem sie sich mit den Kindern auf die „Lautmalerei" einließ. Damit signalisierte sie den Kindern, daß sie ebenfalls Spaß an den lustige Sprüche hat. Sie moralisierte nicht und griff nicht mit dem Hinweis ein: „Seid mal ruhig und konzentriert euch." Dadurch respektierte sie die Selbstbestimmung der Kinder.

Nach dem Wortspiel wurde über einen weiteren Punkt gesprochen: Es wurde gemeinsam darüber nachgedacht, ob und wie die an der Pinnwand angebrachten Wünsche in die Tagesplanung eingebracht werden. Es wurde beschlossen, daß Christina heute Nudeln kocht. Sie hatte darum gebeten.

Eine Konferenz kann jederzeit von Kindern einberufen werden. Dann gehen die Kinder bzw. das Kind zunächst zu der Erzieherin und spricht mit ihr über das Anliegen. Beide überlegen, ob eine Konferenz sofort oder zu einem späteren Zeitpunkt einberufen werden soll.

Anlaß einer Konferenz kann auch das Erzieherinnenverhalten sein, das die Kinder kritisieren (vgl. MÜHLUM, 1989, S. 315), aber auch ein äußerst positives Erlebnis eines Kindes, das es den anderen Kindern mitteilen möchte.

Konferenzen werden also nicht nur dann einberufen, wenn Probleme anstehen. Auch freudige Ereignisse können Anlaß dazu sein. „Konferenz heißt vor allem auch, sich gegenseitig loben – positive Veränderungen aneinander wahrnehmen" (ebd., o.S.).

„Die Konferenz ist dafür da, Kindern die Möglichkeit zu geben, Emotionen zu verbalisieren und aufzuarbeiten" (BOEHM, o.J., o.S.). Deshalb ist es wichtig, eine angenehme Gesprächsatmosphäre zu gestalten. Moralisierungen und Bewertungen von Gefühlsäußerungen finden nicht statt, denn jeder Mensch hat ein Recht auf seine Gefühle, auf sein Spüren und auf die daraus resultierenden Gefühlsäußerungen.

„Keiner wird geschimpft, denn es erfordert ja auch eine Menge Mut, über seine eigenen Schwächen zu reden" (ebd., o.S.). Im Verlauf einer Konferenz wird auch über die von den Kindern notierten Wünsche gesprochen. In beiden Kindergärten hängen Pinnwände, an denen Kinder Zettel anbringen können. Wenn ein Kind eine Idee bzw. einen Wunsch hat, malt es diesen auf einen Zettel. Dazu liegen Blocks aus. Dann geht es zur Erzieherin.

Sie notiert auf dem Zettel das Anliegen. Anschließend bringt das Kind den Zettel an dem unteren Teil der Pinnwand an. In diesem Feld werden alle Zettel gesammelt. Die obere Hälfte der Pinnwand ist in fünf Wochentage eingeteilt. Bei der Konferenz wird über den Wunsch des Kindes gesprochen. Ist er, nach gemeinsamer Prüfung, zu realisieren, wird er in die jeweilige Tagesspalte gehängt. Der Zettel des Kindes, das Nudeln kochen wollte, wurde also in die „Donnerstagsspalte" gehängt. Gleichzeitig kann so für die nächsten Tage geplant werden. Somit ist die Konferenz auch eine wichtige Planungsinstanz.

Bei dieser Vorgehensweise sind Erzieherinnen nicht mehr die klassischen Macherinnen, die „wie gewohnt alles anleiern und managen" (MÜHLUM, 1989, S. 314). Auch hier wird deutlich, wie sich die Rolle der Erzieherin wandelt, die nach dem Situationsansatz arbeitet. Die Kinder sind mit-verantwortlich für das, was im Kindergarten passiert.

Erzieherinnen und Kinder bringen ihre Ideen, Wünsche und Bedürfnisse ein, diskutieren darüber und stimmen ab. Die Interaktion basiert nicht auf Hierarchien und der darin implizierten Macht, sondern auf dem gemeinsamen Erleben, Planen und Agieren.

Bei der Konferenz entwickeln die Kinder jene Fähigkeiten, die dafür notwendig sind. „Sie ... lernen, sich und andere bewußt wahrzunehmen, Verständnis und Mitgefühl zu entwickeln, Sachzusammenhänge zu begreifen und Schlußfolgerungen abzuleiten" (ebd., S. 315).

Erzieherinnen, die mit Kindern sprechen und nicht zu ihnen, werden sensibel ihre eigenen Aussagen wahrnehmen (vgl. ebd., S. 315). Sie werden Kinder nicht manipulativ für eigene Ziele und Ideen instrumentalisieren, sondern einfühlsam wahrnehmen, ob das Kind nun seine Meinung sagt, oder nur „nach dem Mund" redet (vgl. BOEHM, o.J., o.S.).

Erzieherinnen, die nach dem Situationsansatz arbeiten, wissen, „daß dieses Reden, Verhandeln, sich Mitteilen, Wünsche und Kritik einbringen, Zuhören und Nachfragen einen festen Platz im Kindergartenalltag braucht" (MÜHLUM, 1989, S. 314).

Die Kinderkonferenz hat in beiden Kindergärten einen festen Platz im Tagesablauf. Dies wird auch daran deutlich, daß es einen festen Platz im Gruppenraum gibt, in dem die Kinderkonferenz stattfindet.

Solche Konferenzen können eigentlich nur von Erzieherinnen durchgeführt werden, die Kinder ernst nehmen, die ihre Ganzheitlichkeit annehmen, die über ihre eigenen Gefühle sprechen (können) und die bereit sind, entsprechend flexibel und offen mit den Anregungen der Kinder umzugehen.

Anhand der Kinderkonferenz wird deutlich, wie selbstbestimmt Kinder ihre Bedürfnisse regeln können. Das gleiche ist auch beim gleitenden Frühstück der Fall.

Das gleitende Frühstück

Dienstagvormittag. Kindergarten Winterkasten. Vier Kinder sitzen am Frühstückstisch. Zwei Mädchen essen ihr Frühstücksbrot. Die anderen beiden bereiten ihre Stulle gerade zu. Auf dem Tisch steht ein Korb mit Brot. Obststückchen befinden sich in Schälchen; Butter, Wurst und Marmelade. Porzellanteller, echtes Besteck und Gläser sind vorhanden. Alle vier unterhalten sich freundlich. Der Tisch ist mit einer hübschen neuen Decke geschmückt. In der Mitte steht eine Vase mit frischen Glockenblumen. Ich spüre, wie wohl sich die Kinder fühlen.

Kameraschwenk. Freitagvormittag. Kindergarten Lorsch. Drei Kinder sitzen am Frühstückstisch. Sie bereiten gerade ihr Frühstück zu. Brot liegt in einem Körbchen – es ist mit einer kleinen hübschen Decke ausgelegt. In einem Teller befindet sich Obst. Die Kinder haben es in Stückchen geschnitten. Eifrig streichen sie ihr Brot. Alle drei lachen. Marmelade, Käse und Wurst ist vorhanden. Die Kinder bedienen sich geschickt. Sie merken, daß ich sie beobachte. Sie schauen mich an, lächeln, tuscheln, und konzentrieren sich wieder auf ihr Frühstück. Auf dem Tisch befindet sich eine karierte Tischdecke. Sie ist ein wenig verzogen. Ich spüre die Fröhlichkeit der Kinder. Ein Kind steht auf und schenkt sich Tee in sein Glas ein. Der Tee steht auf einem Küchenwagen in einer Ecke neben dem Frühstückstisch. Jedes Kind bedient sich. Die Teller sind aus Porzellan. Echte Bestecke stehen den Kindern ebenfalls zur Verfügung.

In beiden Kindergärten entscheiden die Kinder selber, wann sie, was sie und mit wem sie zusammen frühstücken. Sie regulieren somit ihre Bedürfnisse selber. Dies entspricht der Selbstbestimmung, die einer Arbeit nach dem Situationsansatz zugrundeliegt.

Die Kinder sind in die Planung des Frühstücks und den Einkauf der Nahrungsmittel einbezogen. Dieser Ablauf basiert auf der Absicht, Kindern die Möglichkeit zu bieten, Handlungskompetenzen und eine daraus resultierende Autonomie zu entwickeln. So ist in beiden Kindergärten jeweils eine Gruppe verantwortlich für den wöchentlichen Einkauf von Lebensmitteln, die dann allen Gruppen zur Verfügung stehen. Mehrere Kinder der zuständigen Gruppe fragen die anderen Kinder im Kindergarten, welche Nahrungsmittel sie sich wünschen. Dazu haben die Kinder zahlreiche Kärtchen, die die Wahl erleichtern. Im Kindergarten Winterkasten sind auf diesen Kärtchen Fotos von verschiedenen Nahrungsmittel aufgeklebt, im Kindergarten Lorsch sind sie aufgemalt. Nach der Eruierung der Kinderwünsche geht die Gruppenleiterin mit den jeweils zuständigen Kindern einkaufen.

Im Kindergarten Winterkasten ist zudem ein Frühstücksplan vorhanden, der in der Frühstücksecke angebracht ist. Er ist in fünf Wochentage eingeteilt. Jedem Wochentag ist eine andere Farbe zugeordnet. Der Montag ist mit einem Punkt, der Dienstag mit zwei Punkten usw. markiert. Das Erlernen der Wochentage, das Unterscheiden von Farben und das abstrakte Zählen wird so auch ohne Beschäftigung möglich. Ein Beispiel für die Verknüpfung von sozialem und instrumentellem Lernen.

Neben jedem Wochentag befindet sich eine Spalte, in die Kärtchen hineingestellt werden können. Der Plan wird mit den Kindern erstellt. Somit wissen die Kinder, welche Lebensmittel gerade zur Verfügung stehen. Gibt es beispielsweise am Montag neben den üblichen Zutaten auch Eier, so können sich die Kinder am Dienstag Toastbrot zubereiten, oder am Freitag Müsli essen. Die Auswahl orientiert sich ausschließlich an den Wünschen der Kinder. Sie selber sind dafür verantwortlich, welche Nahrungsmittel ihnen zur Verfügung stehen.

In jedem Kindergarten ist eine gemütliche Ecke vorhanden, in der sich der Frühstückstisch bzw. die Frühstückstische befinden. Sie sind in der Nähe der Küche aufgestellt. Dadurch wird den Kindern ein weiterer Weg erspart. Die Frühstücksecke befindet sich in einem ruhigen Bereich. In dem Kindergarten Lorsch ist sie zudem mit mehreren Regalen eingegrenzt.

Das gleitende Frühstück ist die logische Konsequenz einer pädagogischen Arbeit nach dem Situationsansatz. Es bestimmen nicht mehr die Erzieherinnen, wann gegessen wird, sondern die Kinder. Die Kinder übernehmen dadurch Verantwortung für sich selber; sie achten selber auf ihre Körpersignale (hier das Hunger- und Durstgefühl). Die Kinder entscheiden somit selber, wann sie ihr Spiel, ihre Gespräche und Aktivitäten beenden, und frühstücken.

Die Haltung der Erzieherinnen in Winterkasten und Lorsch gegenüber den Kindern wird auch an diesem Beispiel wieder deutlich. Sie ermöglichen den Kindern, Planungs- und Handlungskompetenzen weiterzuentwickeln und in diesem Rahmen die dafür notwendige Sozialkompetenz.

Die Kinder müssen auf andere Kinder zugehen, sie nach ihren Wünschen fragen, eigene Wünsche einbringen und sich beim Einkauf orientieren. Die Kinder erlangen zudem die Fähigkeit, das Eßbesteck zu handhaben. Die älteren Kinder vermitteln das den jüngeren Kindern.

Die Haltung zeigt sich auch in den Utensilien, die eine gepflegte Eßkultur ermöglichen. Dazu gehört der Porzellanteller ebenso wie richtiges Besteck, die saubere Tischdecke und die frischen Blumen. Plastikteller gibt es nicht. Damit würde den Kindern signalisiert werden: „Du kannst noch nicht richtig mit einem Porzellanteller umgehen." Dabei wird aber übersehen, daß dadurch dem Kind die Möglichkeit genommen wird, Kenntnisse und Fertigkeiten weiterzuentwickeln, die einen kompetenten Umgang mit dem Geschirr ermöglichen.

Die Rolle der Erzieherinnen wird ebenfalls deutlich. Sie ordnen nicht mehr an und berufen nicht mehr das gemeinsame Frühstück ein, sondern ermöglichen dem Kind eine Selbstregulierung seiner Bedürfnisse, indem sie die dafür notwendige Bedingungen schaffen. Die Erzieherin ist also nicht mehr Er-zieherin, sondern Begleiterin.

Die Kinder sind verantwortlich dafür, daß die benutzten Utensilien wieder gereinigt und aufgeräumt werden.

Das gleitende Frühstück läuft nicht immer reibungslos ab. So reinigten Kinder nicht ihr Geschirr und stellten es verschmutzt in den Schrank. Eine Kinderkonferenz wurde einberufen. Die Erzieherin formulierte ihren Unmut und es wurde beschlossen, daß die Teller im Gruppenraum deponiert werden. Unter der Aufsicht der Erzieherin holten die Kinder den Teller ab, und brachten ihn wieder zur Kontrolle zurück. Bald waren alle Beteiligten sehr unzufrieden. Die Erzieherin wurde beim Spiel mit anderen Kindern kontinuierlich gestört. Den Kindern ging Zeit zum Spielen verloren. Eine weitere Konferenz wurde einberufen, und die Kontrollaufgabe an die Kinder übertragen. Es wurden an jedem Tag Kinder bestimmt, die diese Funktion ausübten. Nach einiger Zeit fand eine weitere Konferenz statt. Dazu Marion Boehm: „Die Kinder spürten selbst, wie lästig es ist, die anderen zu kontrollieren." Es wurde resümiert, daß nun die Teller von allen Kindern gesäubert wurden – von Jungen und Mädchen gleichermaßen. Das Problem wurde demokratisch gelöst.

Auch in diesem Fall werden die Kinder aktiv und gleichberechtigt in die Problemlösung einbezogen. Ihnen wird Verantwortung übertragen, der sie sich stellen müssen und stellen können. Das haben sie bewiesen. Sie wurden mit dem für sie unangenehmen Resultat ihres Verhaltens konfrontiert und waren gefordert, an der Lösung des Mißstandes mitzuarbeiten.

In der Praxis wird häufig entgegnet, daß die Kinder gemeinsam frühstücken sollten, um die Gruppengemeinschaft zu erleben. Darüber hinaus sei es notwendig, daß die Kinder in einer ruhigen Atmosphäre essen sollen. In beiden Kindergärten fragte ich die Kinder, ob sie nicht lieber mit den anderen Kindern zusammen frühstücken wollen. Sie sagten mir, daß sie es so gemütlicher finden und es sei nicht so laut... .

Es muß hier auch auf die erzieherischen Disziplinierungen hingewiesen werden, die zumeist nötig sind, damit alle Kinder in einer halbwegs ruhigen Atmosphäre essen können. Die Kinder werden dabei fremdbestimmt.

Es ist auch in der Praxis zu beobachten, daß Erzieherinnen Kindern Tee eingießen und das Essen selber verteilen. Dabei wird dem Kind signalisiert: „Du kannst nicht selber bestimmen, wann du essen mußt. Wir sagen dir, wann du Hunger hast bzw. zu haben hast. Du kannst nicht selber deinen Teller holen, und dir Tee einschütten. Dein Spiel, das du durch unsere Entscheidung unterbrechen mußtest, hat nicht so einen hohen Stellenwert wie meine Entscheidung. Du bist nicht in der Lage, dir selber Essen zu nehmen und zu portionieren."

Begründet wird dieses domestizierende Vorgehen oft mit der Tagesplanung. Daraus läßt sich jedoch ableiten, daß offensichtlich die Planung und der Tagesablauf nicht den Bedürfnissen der Kinder entspricht. Das Kind muß sich der von den Erzieherinnen vorgegeben Planung und dem Tagesablauf anpassen.

In einem Kindergarten, der nach dem Situationsansatz arbeitet, wird das Gemeinschaftserleben nicht auf das Frühstück und verschiedene Aktivitäten reduziert, sondern das gesamte Zusammenleben geschieht unter dem Aspekt des gemeinschaftlichen (solidarischen) Handelns.

Natürlich hat auch das gemeinsame Essen bei einer Arbeit nach dem Situationsansatz seine Bedeutung. So gibt es dazu verschiedene Anlässe. Allerdings ist auch hier der Prozeß wesentlich, der zu dem gemeinsamen Frühstück führt. Ein gemeinsames Frühstück wird von der Erzieherin und den Kindern beschlossen.

Es ist äußerst wichtig, daß die Erzieherinnen mit den Eltern über die Bedeutung des gleitenden Frühstücks sprechen. Dazu gehört, daß die Eltern erfahren, welche grundsätzlichen Absichten damit verbunden sind. In diesem Rahmen ist ein Gespräch über die Konzeption sinnvoll. Hilfreich ist dabei, wenn eine verschriftlichte Konzeption vorliegt. Sie kann eine Diskussionsgrundlage darstellen. Bezogen auf das Frühstück bedeutet das, daß den Eltern deutlich wird, warum das gleitende Frühstück favorisiert wird und welche Bedeutung das gleitende Frühstück für die Ich-, Sozial- und Sachkompetenz der Kinder hat. Gleichzeitig können auch organisatorische Fragen geklärt werden. So brauchen die Eltern den Kindern kein Frühstück mehr mitgeben. Zudem ist durch die ausgewogene Auswahl der Lebensmittel eine gesunde Ernährung im Kindergarten gewährleistet. Insbesondere durch die für die Kinder angenehme und gepflegte Eßkultur wird es möglich, daß die Kinder mit Freude frühstücken.

Allerdings setzt ein solches Gespräch eine kooperative und dialogische Zusammenarbeit mit den Eltern voraus. Wie diese Zusammenarbeit aussehen und welche Konsequenzen sie auf die pädagogische Arbeit haben kann, soll nun vorgestellt werden.

Zusammenarbeit mit den Eltern

Eingangs sei darauf hingewiesen, daß ich nicht den Terminus „Elternarbeit" verwende. „Unter dem Stichwort ‚Elternbildung' und ‚Elternarbeit' entwickelten sich ... in Institutionen des Bildungs- und Sozialbereichs eine Vielzahl von Aktivitäten, die in oft sehr einseitiger Weise darauf ausgerichtet waren, das Erziehungsverhalten von Eltern zu problematisieren und zu verändern" (HESSISCHES SOZIALMINISTERIUM, 1981, S. 29). „Es ergab sich häufig eine schulische und einseitige ‚Bearbeitungsstrategie' – schon der Begriff ‚Elternarbeit' verrät die Einseitigkeit des Verhältnisses: für den Erzieher wurde das Arbeitsfeld erweitert, und Eltern wurden zu Objekten der Bearbeitung" (ebd., S. 29).

In beiden Kindergärten ist eine lebendige, offene und kooperative Zusammenarbeit mit den Eltern anzutreffen.

Das läßt sich anhand eines Projektes des Kindergartens Lorsch verdeutlichen.

Zur Vorbereitung des pädagogischen Projektes „Mädchen und Jungen – haben Fähigkeiten, die nicht gleichberechtigt entwickelt werden" (KINDERGARTEN LORSCH, o.J., S. 1) fand ein Elternabend statt.

Im Verlauf eines Interviews berichtete mir Sieglinde Mühlum, daß sich das Thema immer mehr als ein „Frauenthema" offenbarte. Die Mütter brachten sich aktiv ein, später auch die Väter. Sieglinde Mühlum: „Wir haben drei Elternabende veranstaltet, und dann sagten die Väter: Ihr mit euren Emanzenabenden. Wir wollen auch mal. Und dann haben wir zu einem Väterabend eingeladen. Die Mütter sagten, höchstens drei Väter werden kommen. Bestimmt nicht mehr. Wir hatten zwölf von fünfzig. Es war doch viel. Es wurde ungeheuer interessant miteinander gearbeitet. Die Ergebnisse haben wir an der großen Pinnwand dokumentiert. ... Eine Mutter, sie hatte ihr drittes Kind – es war noch ein Baby – kam eines Tages und sagte: Also Frau Mühlum, am Wochenende fahre ich mit meiner Schwester nach München – ohne Kinder. Die Verwandtschaft spielt verrückt, aber mein Mann sagt ‚O.K.'. Ich mache das jetzt. Also, es hat auch den Eltern ein Stück gebracht."

Zunächst fanden drei Elternabende statt. Im Verlauf der Elternabende wurde immer intensiver über die Rolle der Frau diskutiert. Daraufhin wurde den Männern, den Vätern, ebenfalls ein Gesprächsabend angeboten. In diesem Rahmen entwickelte insbesondere die Mutter, von der Sieglinde Mühlum berichtete, ein Bewußtsein für ihre Situation und entsprechende Handlungskompetenzen, Einfluß darauf zu nehmen. Sie tat etwas nur für sich.

Sieglinde Mühlum: „An diesen Elternabenden waren wir plötzlich weg von den Kindern. Aber eigentlich war es genau das, denn wenn wir Frauen nicht kapieren, warum Jungs so und Mädchen so werden, dann wird sich auch nichts an ihrer Situation ändern. Da waren wir nur noch auf der Erwachsenenebene. Es war also schon spannend."

Die Erzieherinnen und Eltern stellten fest, daß das Thema unmittelbar mit ihrer eigenen Persönlichkeit, ihrer eigenen Sozialisation zu tun hat, und daß eine Veränderung nur durch eine Veränderung des eigenen Bewußtseins zu erreichen ist.

Sieglinde Mühlum versteht die Eltern nicht als lästige Zaungäste, sondern als Personen, die gerne auf das Wissen und die Erfahrung von Erzieherinnen zurückgreifen.

Sieglinde Mühlum: „Ich bin der Auffassung, daß Eltern auch unsere Hilfe ein Stück brauchen und ein Stück weit auch erwarten. Erzieherinnen schimpfen im allgemeinen auf das Unverständnis der Eltern. Sie vergessen aber, daß wir eine ganz spezielle Ausbildung für Kinder im Alter von drei bis sechs Jahren haben. Da kennen wir uns ja eigentlich ganz gut aus. ... Da sind wir eigentlich Spezialisten. Und wir setzen oft voraus, Eltern müßten das auch sein. Das geht gar nicht. Eltern sind unendlich dankbar, wenn sie irgendwo einen Platz haben, wo inhaltliche Dinge aufgearbeitet werden. Eltern-Sein lernt man nicht. Eltern wird man schicksalhaft.... . Und wenn wir eine vernünftige Arbeit mit Kindern haben wollen, brauchen wir die Eltern dazu. Wenn Eltern das, was wir tun, ablehnen, können wir sowieso einpacken. Dann läuft nichts. Dann können wir eigentlich nur einen Mittelweg finden, daß wir Kinder nicht in neue Konflikte stürzen. ...

Es geht ja um die Kinder, und wir müssen uns auch irgendwo treffen können."

Sieglinde Mühlum weist auf die Bedeutung einer Kooperation mit den Eltern hin. Eltern suchen nach ihrer Einschätzung den Kontakt mit Erzieherinnen. In diesem Zusammenhang hebt sie die Kompetenzen von Erzieherinnen hervor, die nach ihrer Einschätzung und aufgrund ihrer Erfahrung von Eltern gerne in Anspruch genommen wird. Sie warnt gleichzeitig vor zu hohen Erwartungen gegenüber den Eltern.

Eine große Bedeutung mißt sie der Zusammenarbeit mit den Eltern auch bei der Realisierung von pädagogischen Projekten bei.

Sieglinde Mühlum: „Wenn wir ein Projekt in Angriff nehmen, dann wird es immer mit den Eltern vorbesprochen, denn ich denke, Eltern müssen wissen, wie wir dazu stehen, und wir müssen auch wissen, ob es tatsächlich die Situation der Kinder ist."

Mit den Eltern wird also kontinuierlich bei dem Herausfinden der Situation der Kinder zusammengearbeitet.

Elternabende können sehr unterschiedlich ablaufen.

Sieglinde Mühlum: „Wir haben sehr viel Kleingruppenarbeit am Elternabend, aber das ist auch von Jahr zu Jahr verschieden. Manchmal haben wir Eltern, ... die möchten eigentlich lieber mehr zusammen sein, und in größeren Gruppen etwas bereden, und dann haben wir wieder Eltern, ... die wollen sehr viel in Kleingruppen selber erarbeiten. Also eigentlich machen wir das, was wir mit den Kindern tun, auch mit den Eltern."

Sieglinde Mühlum berichtete, daß die Arbeitsformen (ob Gruppenarbeit in der Groß- oder Kleingruppe) den Bedürfnissen der Eltern entsprechen. In diesem Rahmen resümiert sie, daß die gleichen Prinzipien, an denen sich die pädagogische Arbeit des Teams mit den Kindern orientiert, auch in der Zusammenarbeit mit den Eltern praktiziert werden.

Auch anhand dieser Feststellung läßt sich die Haltung der Erzieherinnen lokalisieren. Ebenso, wie sie die Kinder ernst nehmen, deren Fragen und Bedürfnisse, nehmen sie auch die Eltern als Personen ernst. Sie verstehen die Eltern ebenso wie die Kinder als ganzheitliche Individuen. Sie bieten Möglichkeiten, die verschiedenen Meinungen und Fragen einzubringen, ohne sie zu bewerten.

Die Erzieherinnen beteiligen die Eltern an der pädagogischen Arbeit und signalisieren so offensichtlich den Eltern: Wir brauchen eure Hilfe. Eure Mitarbeit ist erwünscht. Und: Wir wollen gerne unsere Kompetenz zur Verfügung stellen, weil es um die Sache geht. Wir benötigen für unsere Arbeit eure Unterstützung, eure Meinung, eure Einschätzung. Wir können nicht alleine herausfinden, was die Kinder beschäftigt. Wir wollen euch aber nicht aushören, wir wollen nicht zu euch sprechen, sondern mit euch.

Eltern werden in diesem Rahmen befähigt, Handlungskompetenzen zum kompetenten Umgang mit gegenwärtigen und zukünftigen Situationen zu entwickeln. Einer Mutter wurde bewußt, daß sie für sich auch einmal etwas tun sollte. Sie setzte sich gegenüber ihrer entsetzten Verwandtschaft durch und reiste nach München. Sie erlebte dabei, daß sie von ihrem Gatten unterstützt wird. Diese Mutter wird durch das Erleben, wie wichtig ein individueller Raum für sich selber ist, ihrem Kind und anderen Menschen mit Sicherheit ebenso einen solchen Lern- und Erfahrungsraum zugestehen können.

Mütter und Väter machten sich bewußt, daß sie selber in Rollenklischees verwickelt sind. Es entsteht der Wille, sich davon zu befreien.

Durch dieses Bewußtwerden, durch diese „consientização" (FREIRE, 1973, S. 14), aufgrund der fachlichen Begleitung durch die Erzieherinnen kann es möglich werden, und wurde es möglich, daß sich daraus Konsequenzen für die Erziehung der Kinder durch ihre Eltern ergeben.

Eine Zusammenarbeit mit Eltern, die einen solchen befreienden Charakter hat, beinhaltet nach Scheibehenne (er spricht im Kontext seiner Arbeit von „Elternpädagogik", Anm. d. Verf.) drei curriculare Variablen:
* Demokratisierung
* Bedürfnisorientierung
* Situationsorientierung

(vgl. SCHEIBEHENNE, 1985, S. 285).

Diese Variablen können als die Grundlage einer demokratischen und emanzipatorischen Zusammenarbeit mit den Eltern verstanden werden. Sie entsprechen den Prinzipien und Axiomen des Situationsansatzes.

Bei einer solchen Zusammenarbeit wird Demokratie gelebt. Es wird nicht aus Machtpositionen agiert. Es wird das einfühlende Gespräch, der befreiende Dialog gesucht. Es findet keine Belehrung statt, keine Zurechtweisung, keine Elternarbeit und damit keine „Be-arbeitung". Gemeinsam werden Problemformulierungen vorgenommen, die Bedürfnisse der Beteiligten eruiert und dadurch ernstgenommen. Dabei wird ein Bewußtsein für die eigene Situation und die Situation des Kindes geschaffen.

Die „Kultur des Schweigens" wird durchbrochen und Mythen werden als solche entlarvt. Von einer solche Zusammenarbeit profitieren immer auch die Kinder. Durch die Entwicklung der Eltern können sich auch die Kinder entwickeln, denn: „Das Verhalten jedes einzelnen Familienmitgliedes hängt vom Verhalten aller anderen ab – alles Verhalten ist ja Kommunikation und beeinflußt daher andere und wird von diesen anderen rückbeeinflußt" (WATZLAWICK, 1990, S. 128). „Wenn man also akzeptiert, daß alles Verhalten in einer zwischenpersönlichen Situation Mitteilungscharakter hat, d.h. Kommunikation ist, so folgt daraus, daß man, wie immer man es auch versuchen mag, nicht nicht kommunizieren kann. Handeln oder Nichthandeln, Worte oder Schweigen haben alle Mitteilungscharakter: Sie beeinflussen andere, und diese anderen können ihrerseits nicht nicht auf diese Kommunikation reagieren und kommunizieren damit selbst" (ebd., S. 51).

Also: Alle Menschen, ob sie wollen oder nicht, kommunizieren – Kinder, Jugendliche und Erwachsene. Und Kommunikation beinhaltet Aktion und Aktion beinhaltet Reflexion (vgl. FREIRE, 1973, S. 71), wobei sich dadurch die beteiligten Individuen weiterentwickeln – Kinder, Jugendliche und Erwachsene.

Dies ist zudem ein wichtiger Hinweis darauf, daß das Verhalten eines Individuums nicht isoliert gesehen und verstanden werden darf.

Von der Wandlung der Rolle des Lehrenden und des Lernenden profitieren auch die Erzieherinnen. Sie müssen nicht mehr die „allwissende Managerin" spielen. Die Zusammenarbeit mit den Eltern entkrampft sich, denn die Beteiligten müssen nicht mehr Schwächen und Unsicherheiten verleugnen. Schwächen werden dabei ebenso als Teil eines Menschen verstanden wie seine Kompetenzen.

Dies wirkt sich nicht nur auf die effektiv verlaufenden Elternabende aus, sondern auch auf die gesamte pädagogische Arbeit. Eltern wird die pädagogische Arbeit transparent gemacht. Deshalb informieren beide Kindergärten anhand der Broschüren über die pädagogischen Projekte. Eltern werden zudem aktiv in die pädagogische Arbeit einbezogen:

So bringt z.B. die Mutter eines Kindes vom Kindergarten Winterkasten ihre journalistischen Kenntnisse ein und schreibt Zeitungsartikel. Eine Mutter im Kindergarten Lorsch absolvierte einen Rhythmikkurs und bringt ihre Kenntnisse und noch vorhandenen Unsicherheit ebenfalls in die Arbeit ein.

Beide Kindergärten führen auch auf Einladung der Kinder und ihrer Familien Besuche durch, bei denen die Erzieherinnen und Kinder das zu Hause der einzelnen Kinder kennenlernen. Eltern laden zudem die Erzieherin nochmals ein, um sich näher auszutauschen. Elternbesuche ermöglichen einen noch intensiveren Austausch. Erzieherinnen verstehen Kinder noch besser, wenn sie ihren familiären Hintergrund kennen (vgl. HESSISCHES SOZIALMINISTERIUM, 1981, S. 33).

Dadurch ist es den Erzieherinnen noch eher möglich, die Betroffenheiten, Fragen, Wünsche und Bedürfnisse der Kinder nachzuvollziehen.

Durch den partnerschaftlichen Dialog kommt erst gar nicht das Gefühl bei den Eltern auf, die Erzieherin wolle kontrollieren. Zudem steht es den Eltern völlig frei, die Erzieherin einzuladen.

„Elternarbeit, die die individuelle psychische Situation des einzelnen Kindes ausblendet, ist keine. Eltern haben ein Recht darauf zu erfahren, wie es ihren Kindern im Kindergarten wirklich geht, wie sie sich verhalten, was dem Erzieher daran auffällt und wo nach Auffassung des Erziehers mögliche Ursachen für auftretende Schwierigkeiten liegen könnten" (ebd., S. 66).

Erzieherinnen als Anwältinnen des Kindes haben auch die Aufgabe, Eltern für die Interessen des Kindes zu sensibilisieren.

Dazu gehört eine vertrauensvolle Beziehung. In beiden Kindergärten wird eine kontinuierliche und händereichende Beziehungsarbeit geleistet, indem in den verschiedensten dargestellten Formen auf die Eltern zugegangen wird.

Natürlich gibt es auch immer Eltern, die sich, aus welchen Gründen auch immer, gegen eine Zusammenarbeit mit dem Kindergarten sperren. Auch das ist Realität. Es käme dann auf den einzelnen Fall an, inwiefern die Erzieherin aufgrund der spezifischen Situation des Kindes dennoch auf die Eltern zugeht und sich um einen Dialog bemüht. Gespräche mit den Kolleginnen und Kollegen können dabei äußerst hilfreich sein. Dies setzt jedoch eine kooperative und lebendige Teamarbeit voraus. Darauf wurde bereits verwiesen.

Wie gestaltet sich die Teamarbeit in den beiden Kindergärten?

Teamarbeit

Kindergarten Winterkasten: Im Personalraum hängt ein Foto: Alle Kolleginnen liegen in einem großen Bett. Partystimmung. Ich frage nach. Marion Boehm lacht: „Das war bei einem Ausflug der Mitarbeiterinnen."

Kindergarten Lorsch: Mehrere Erzieherinnen sitzen im Personalraum. Sie frühstücken. Eine Erzieherin berichtet währenddessen von einem Kind. Das Zusammensein mit ihm sei sehr schwierig. Die Kolleginnen hören interessiert zu. Die Erzieherin erzählt von ihrer Ratlosigkeit und Enttäuschung.

Durch das Gespräch über das Problem, durch die „problemformulierende Methode" (FREIRE, 1973, S. 65) entwickelt sich die Erzieherin und erlebt sich dadurch „als Wesen im Prozeß des Werdens" (ebd., S. 68). Sie beschreibt ihre Verwicklungen den Kolleginnen, die Anteilnehmen; die ihr durch ihr Zuhören an Teilen nehmen – „Teile", die die Erzieherin belasten. Durch ihre Entwicklung gibt die Erzieherin wiederum dem Kind die Möglichkeit, sich zu entwickeln.

Ein anderes Beispiel:

In einem der beiden Kindergärten nahm ich an einem Teamgespräch teil. U.a. wurde über ein Vorkommnis mit einer außenstehenden Person gesprochen, das die Erzieherinnen als sehr unangenehm erlebten. Eine

Erzieherin war besonders verärgert. Sie war zunächst nicht in der Lage, sachlich-konstruktiv mitzuarbeiten. Die Erzieherin wies auf ihre tiefe Betroffenheit hin. In diesem Rahmen berichtete sie über ihr momentanes Unwohlsein und ihre Bauchschmerzen.

Mit dieser Reaktion entspricht die Erzieherin den Forderungen der Themenzentrierten Interaktion (TZI). Die TZI ist eine Methode des „Lebendigen Lernens" in Gruppen. Die beiden Postulate lauten: 1. „Sei dein eigener Chairman. Bestimme selbst, wann du reden oder schweigen willst" (COHN, 1993, S. 39). 2. „Störungen haben Vorrang" (ebd., S. 42). Die Erzieherin nahm ihre Körpersignale bewußt wahr und nahm sie als „Boten von Wichtigem" (ebd., S. 113) ernst. Sie spürte die Blockade, die Störung, und entschied sich, über ihre Blockade zu sprechen. Sie teilte ihre Störung den Kolleginnen mit. Es wurde darüber gesprochen. Die Kolleginnen berichteten dann ebenfalls über ihre Störungen. Dadurch fand eine Be- und Verarbeitung der Gefühle aller Beteiligter statt, und somit war die Erzieherin (und das Team) wieder arbeitsfähig.

Eindrücke, die auf die Beziehungen der Erzieherinnen untereinander, auf ihre Haltung gegenüber sich selber und den Kolleginnen hinweisen.

Dazu gehört auch der lustige, unverkrampfte Ausflug (auch der Kindergarten Lorsch führt einmal jährlich einen Betriebsausflug mit Übernachtung durch), der nur aufgrund einer auf Gegenseitigkeit beruhenden Sympathie möglich ist.

Voraussetzung für eine lebendige Teamarbeit ist ein kontinuierlicher offener Austausch, der weit mehr als nur organisatorische Aspekte beinhaltet.

Eine Möglichkeit dafür bietet das Teamgespräch. Es findet in beiden Kindergärten einmal pro Woche statt, und dauert etwa eineinhalb bis zwei Stunden. Im Verlauf des Teamgesprächs werden sämtliche relevanten Themen erörtert, die sich im Alltag ergeben. Dazu gehört der Austausch über ein Projekt ebenso, wie die Koordinierung der Zusammenarbeit mit den Eltern oder der Öffentlichkeitsarbeit. Darüber hinaus finden Fallbesprechungen statt, Gespräche zu gesellschaftspolitischen Entwicklungen und deren mögliche Auswirkungen auf die pädagogische Arbeit, Gespräche über aufgetretene Konflikte und über erfreuliche Ereignisse: Dazu gehört beispielsweise der Hinweis, wie positiv sich ein Kind entwickelt hat, wie positiv der letzte Elternabend war, oder welche angenehmen persönlichen Entwicklungen eine Erzieherin an sich selber oder bei Kolleginnen beobachtet hat.

Neben dem Teamgespräch und anderen Verfügungszeiten steht den beiden Erzieherinnen einer Gruppe in Lorsch einmal pro Woche eine zweistündige Vorbereitungszeit zu. Im Kindergarten Winterkasten ist die Vorbereitungszeit der Erzieherinnen, die ihnen neben den Teamgesprächen zur Verfügung steht, folgendermaßen unterteilt: Zum einen bereiten sie sich alleine vor, zum anderen setzen sie sich zusätzlich einmal pro Wochen mit jener Kollegin, mit der sie in der Gruppe arbeiten, zu Planungsgesprächen zusammen.

In beiden Kindergärten werden die Praktikantinnen in die pädagogische Arbeit aktiv mit einbezogen. Sie nehmen an den Teambesprechungen teil und sind in Entscheidungsprozesse eingebunden.

Beide Teams sind sehr bemüht, Praktikantinnen bei dem Einstieg in die Arbeit zu unterstützen. So berichtete Marion Boehm, sie gebe den Praktikantinnen die Aufgabe, in den ersten Tagen von den Kindern zu erfahren, wie das Zusammenleben abläuft, und welche Regeln gemeinsam erarbeitet wurden. Durch die dafür notwendigen Gespräche mit den Kindern wird ein schneller Kontakt ermöglicht. Zudem ist dies eine Aufgabe, bei der sich die Praktikantin intensiv und bewußt mit dem Tagesablauf und den verschiedensten Inhalten der pädagogischen Arbeit befaßt. Dadurch gewinnt sie Sicherheit durch die eigene Orientierung. Ausführliche Erklärungen und Einweisungen durch die Erzieherinnen erübrigen sich. Die Praktikantinnen können sich dabei erleben und ausprobieren, selbstbestimmt erkunden, und dabei die Unterstützung der Kinder in Anspruch nehmen. Die Kinder geben gerne Auskunft, wobei sich ihre Aussagen bezüglich der Regelungen zumeist auf das Wichtigste beschränken.

Auf diese Weise entstehen sehr schnell Beziehungen zwischen den Kindern und den Praktikantinnen, die sich nicht auf künstlicher und formaler Ebene entwickeln, sondern durch das gemeinsame Tun. Dabei sind die Kinder die Experten und die Praktikantinnen die Lernenden. Sie erfahren so zugleich eines der wesentlichen Merkmale des Situationsansatzes, daß alle – Kinder und Erwachsene – voneinander und miteinander lernen.

Die Erzieherinnen in beiden Kindergärten praktizieren keine pädagogische Arbeit hinter verschlossenen Türen. Dies wurde bereits dargestellt. Durch eine gezielte Öffentlichkeitsarbeit informieren sie über das Geschehen im Kindergarten.

Öffentlichkeitsarbeit

Öffentlichkeitsarbeit ist nicht nur als gezieltes funktionales Handeln zu verstehen, denn: „Die beste Öffentlichkeitsarbeit ist eine in ihrem Sinn auch für Außenstehende plausible Arbeit mit Kindern in der Öffentlichkeit" (COLBERG-SCHRADER, 1991b, S. 157).

Beide Kindergärten praktizieren nach meiner Einschätzung eine solche Arbeit.

Darüber hinaus wird auch eine gezielte Öffentlichkeitsarbeit realisiert. Dazu gehört beispielsweise die Berichterstattung in der Zeitung.

Besonders vorteilhaft für den Kindergarten Winterkasten ist der Umstand, daß zwei Mütter von Kindergartenkindern als freie Mitarbeiterinnen bei der Lokalzeitung tätig sind. Sie verfassen u.a. Artikel über Elternabende und Projekte.

Der Kindergarten Lorsch lädt die Presse bei entsprechenden Anlässen ebenfalls ein. Die Öffnung des Kindergartens läßt sich auch anhand des Einverständnisses für Dreharbeiten des Zweiten Deutschen Fernsehens (ZDF) dokumentieren.

Darüber hinaus verfassen die Erzieherinnen zu jedem Projekt eine Broschüre, die Eltern und andere Erwachsene und ggf. andere Institutionen (die bei einem Projekt einbezogen werden) über das Vorhaben informiert.

Beide Kindergärten veranstalten Tage der offenen Tür und beteiligen sich aktiv bei Gottesdiensten.

Eine klassische Kindergartenzeitung geben die beiden Kindergärten nicht heraus.

Nach diesen Beschreibungen, die einen Einblick in die pädagogische Arbeit der Erzieherinnen in den Kindergärten Winterkasten und Lorsch geben, werden nun abschließend Einschätzungen und Gedanken von Sieglinde Mühlum und Marion Boehm zum pädagogischen Arbeiten nach dem Situationsansatz dokumentiert.

„Wir lernen am Leben ... „ – Einschätzungen von Sieglinde Mühlum und Marion Boehm zu einer Arbeit nach dem Situationsansatz

Die dargestellte pädagogische Arbeit in den Kindergärten Lorsch und Winterkasten basiert auf einer bestimmten **Haltung** der Erzieherinnen. Diese Haltung ist das Resultat eines Lernprozesses, der auf vielfältigen Erlebnissen und Erfahrungen beruht. Darauf wurde bereits ausdrücklich hingewiesen.

Dies soll am Beispiel der Ausführungen von Sieglinde Mühlum und Marion Boehm nocheinmal hervorgehoben werden.

Im Verlauf eines Interviews berichtete mir Sieglinde Mühlum über ihre Erfahrungen und Einsichten und den daraus resultierenden Konsequenzen, als sie und die übrigen Mitarbeiterinnen des Kindergartens begannen, nach dem Situationsansatz zu arbeiten.

Ich fragte Sieglinde Mühlum, seit wann im Kindergarten Lorsch nach dem Situationsansatz gearbeitet wird. Sieglinde Mühlum: „Es war Mitte der siebziger Jahre. Zu der Zeit hatte ich selber Kinder im Kindergartenalter; vielmehr, sie sind gerade in die Schule gekommen. Es war die Zeit der Lernprogramme und der Spielthemen. Wir haben uns damals sehr intensiv damit beschäftigt, ... was Kinder bräuchten. Dazu fällt mir folgendes Beispiel ein: Wir haben Brot in aller Ausführlichkeit mit den Kindern durchgenommen. ... Es war mehr eine Sachvermittlung. Also, woraus das Brot besteht und wie es hergestellt wird. Dann kam meine kleine Tochter in die Schule. Eines Tages berichtete sie begeistert: ‚Jetzt weiß ich, wie Brot gebacken wird.' Da habe ich gedacht, irgend etwas kann da nicht stimmen. Du machst Sachen, bei denen dir die Kinder zuhören, aber es scheint sie nicht zu beschäftigen. Also nehmen sie es wohl auch nicht auf."

An diesem Beispiel wird deutlich, daß selbst gut durchdachte und engagiert durchgeführte Aktivitäten für die Kinder kaum von Bedeutung sind, wenn nicht im Mittelpunkt das Erleben und Empfinden des Kindes steht. Zumindestens die Tochter von Sieglinde Mühlum und möglicherweise auch die anderen Kinder erlebten das Thema „Brot" als ein Angebot, das wohl kaum einen Bezug zu der eigenen Lebenssituation hatte.

Durch die Beteiligung des Kindergartens an dem Erprobungsprogramm veränderte sich die pädagogische Arbeit maßgeblich. Die Umorientierung stellte sich für alle Beteiligten als ein sehr weitreichendes mit Problemen behaftetes Ereignis dar.

Sieglinde Mühlum: „Der schwierigste Teil war, vom traditionellen Kindergarten wegzugehen; also von dieser ganz straffen Zeiteinteilung, von einer exakten Wochenplanung. Einfach umdenken zu lernen und mehr auf die Kinder zu schauen, was die brauchen, statt was wir denken, was sie bräuchten. Heute schauen wir uns erst die Kinder genau an. Das haben wir in der Zeit auch gelernt und überlegen dann, ... analysieren die Situation – also: Wenn das so ist, dann könnte das so sein. Dann bräuchte ich diese Information, dann könnte ich vielleicht so etwas machen. Und auch das, was wir früher als Angebot bezeichnet haben, hat sich verändert. Ein Gespräch mit zwei Kindern in irgendeiner Ecke vom Kindergarten ermöglichen, das hätten wir früher als pädagogische Arbeit in der Weise nicht gesehen. Das hätte dann schon etwas Vorbereitetes sein müssen. Jetzt bekamen die ‚kleinen' Dinge, die in Anführungszeichen, einen anderen Stellenwert."

Durch die Umorientierung veränderte sich die Planungsweise des Kindergartens. Von Erwachsenen fest vorgegebene Strukturen wurden abgeschafft. Die Erzieherinnen wurden sensibel für die Interaktion der Kinder, der Bedeutung für die Kinder und der sich hier offenbarenden Bedürfnisse.

Pädagogische Arbeit reduzierte sich nicht mehr nur auf geplante in bestimmten Zeitrastern durchgeführte spezifische Aktivitäten.

Lernende waren aber nicht nur die Erzieherinnen, sondern auch die Kinder.

Sieglinde Mühlum: „Und die Kinder mußten auch mitlernen. Als wir nämlich anfingen, von der Tagesplanung wegzugehen, kamen sie immer wieder und forderten ‚ihre Beschäftigung' ein. Wenn wir dann von der Hofpause hereinkamen, sagten sie zum Beispiel: Ja, habt ihr heute nichts für uns vorbereitet. ... Nein, haben wir gesagt, ihr dürft euch aussuchen, was ihr tun wollt. Also auch die Kinder waren schon gewohnt, nur auf Angebote zu reagieren. Und es hat eine ganze Zeit gedauert, bis sie auch mit diesem Stückchen Freiheit zurechtkamen."

Bisher waren Kinder die „Container" erzieherischer Ideen, pädagogischer Arbeit. Die Kinder waren nach Paulo Freire die Anlageobjekte, die Erzieherinnen die Bankiers. Die Kinder waren zur Passivität gezwungen, und auf die Angebote der Erzieherinnen angewiesen. Nun wurde mit den Kindern Freiraum geschaffen.

Um Mißverständnisse auszuschließen, muß darauf hingewiesen werden, daß bei einer pädagogischen Arbeit nach dem Situationsansatz die Kinder nicht sich selber überlassen werden. In der Praxis wird zuweilen gedacht, wenn sich die Erzieherin mehr oder weniger „außen vor hält", hin und wieder Aktivitäten anbietet, aber die Kinder ansonsten tun läßt, was sie wollen, so sei dies der Situationsansatz. Dies entspricht jedoch nicht, und dies ist den Ausführungen in diesem Buch zu entnehmen, einer Arbeit nach dem Situationsansatz.

Statt dessen schaffen Erzieherinnen mit den Kindern Erfahrungsräume, wobei dem Prozeß, der dabei stattfindet, eine äußerst hohe Bedeutung beigemessen wird. Im Verlauf der hier stattfindenden Interaktion, im Spiel, in Gesprächen, in Rollenspielen, anhand von Zeichnungen und Bildern etc. offenbaren sich die Themen der Kinder, die Anlässe für ein Projekt sein können und sind. Darauf wurde bereits hingewiesen.

Bei der Umorientierung wurden auch die Eltern von Beginn an einbezogen.

Sieglinde Mühlum: „Auch mit den Eltern sind wir Schritt für Schritt diese Entwicklung gegangen. Wir haben damals schon mit Projekten und Projektdokumentationen angefangen."

Die Eltern wurden von Anfang an in die pädagogische Arbeit einbezogen und beteiligt. Die Eltern waren dadurch nicht mehr nur Prozeßbeobachter, sondern Beteiligte und somit ebenfalls Lernende.
Dabei änderte sich die Rolle der Erzieherin.
Sieglinde Mühlum: „In meinen früheren Jahren habe ich gedacht, der Beruf der Erzieherin ist ein Beruf, der immer nur gibt und gibt, und man wird dann irgendwann leer. ... Aber die Arbeit gibt auch uns persönlich etwas. ... Natürlich haben wir auch unsere Zeiten, wo wir sagen: ‚Jetzt können wir nicht mehr, jetzt sind wir ausgepowert.'"
Sieglinde Mühlum erlebte, daß bei der pädagogische Arbeit nach dem Situationsansatz die Erzieherin nicht nur die „Gebende" ist, sondern auch von den Erlebnisses und Erfahrungen, die durch eine Arbeit nach dem Situationsansatz ermöglicht werden, profitiert. Dies verdeutlichte sie an dem Thema „Tod":
Sieglinde Mühlum: „Ich habe mich zum Beispiel sehr sehr lange gesträubt, mit Kindern über Tod zu reden, weil es für mich ein Tabuthema war. Und irgendwann mußte ich mich dem stellen, und ich merkte, daß es mir auch geholfen hat."

Das Thema Tod hatte sie zunächst negiert. Da Tod aber auch zum Leben, zum Alltag, zur Realität gehört, war eine Tabuisierung auf Dauer nicht möglich. Sieglinde Mühlum machte die Erfahrung, daß auch sie selber davon profitierte, als sie sich darauf einließ.
In der pädagogischen Freiheit, die Erzieherinnen haben, sieht Sieglinde Mühlum ein besonderes Privileg:
Sieglinde Mühlum: „Wir haben die große Freiheit, uns das rauszunehmen, was uns auch liegt, denn wir könnten mit Kindern auch nichts aufarbeiten, bei dem wir nicht auch mit dem Herzen dabei sind. Kinder spüren das."
Hier weist Sieglinde Mühlum ausdrücklich auf die Chancen der pädagogischen Arbeit im Kindergarten hin: Es gibt keinen geschlossenen Lehrplan, der die pädagogische Arbeit restriktiv reglementiert. Zudem weist sie darauf hin, daß sich immer auch die Persönlichkeit der Erzieherin auf die pädagogische Arbeit auswirkt.
Die Inhalte und Ziele einer pädagogischen Arbeit nach dem Situationsansatz skizziert Sieglinde Mühlum folgendermaßen:
Sieglinde Mühlum: „Alles, was im weitesten Sinn zum Inhalt hat, Kindern zu helfen, ihr Leben selbständig in die Hand zu nehmen, unabhängig von Erwachsenen Wege zu finden, mit Ängsten und Unterdrückung umzugehen."
Erziehung also mit der Absicht, Kindern die Entwicklung von Autonomie und Unabhängigkeit zu ermöglichen.

Dazu ist es notwendig, das Kind als Mittelpunkt der pädagogischen Arbeit zu verstehen, und seine Bedürfnisse wahrzunehmen. Dies versteht Sieglinde Mühlum als eine äußerst wichtige Aufgabe:

Sieglinde Mühlum: „Es ist ein Teil meiner beruflichen Arbeit, herauszufinden, was das Kind bewegt, an was es sich besonders freut. Ich gehöre absolut nicht zu denen, die immer nach schwierigen Sachen ... oder nach Problemen suchen. Es ist ein fester Teil unseres Zusammenlebens, uns positive Entwicklungen, schöne Erlebnisse, fröhliche Begebenheiten, interessante Entdeckungen etc. mitzuteilen. Ich denke, es ist für die Entwicklung einer positiven Lebenshaltung erforderlich, diesen Teil an Lebenserfahrungen bewußt wahrzunehmen, mit anderen Menschen darüber ins Gespräch zu kommen, sowie auch an der Freude anderer teilzunehmen."

Sieglinde Mühlum lehnt es ab, den Situationsansatz nur in Verbindung zu bringen mit Problemsituationen. Eine Arbeit nach dem Situationsansatz beinhaltet für sie immer auch, Lebensfreude zu haben. Dabei wird jedoch nicht übersehen, daß Kinder auch Probleme haben. Diese Ereignisse, diese Vorfälle, die für die Kinder Belastungen darstellen, sind dann Einflußgrößen der spezifischen Situation des Kindes. Und diese Situation kann dann wiederum Ausgangs- und Mittelpunkt eines pädagogischen Projektes sein. Deshalb ist es äußerst wichtig, sich einfühlsam auf das Kind einzulassen.

Wie lassen sich Sieglinde Mühlum und ihre Kolleginnen auf die Kinder ein?

Sieglinde Mühlum: „Ich schau genau hin, ich hör genau hin und ich versuche, mit den Kindern so zu reden, wie ich eigentlich mit Freunden rede. Vielleicht auf einer anderen Ebene, aber ich versuche, auch nichts zu verkindlichen. Ich möchte, daß Kinder in Erwachsenen ehrliche aufschlußreiche Gesprächspartner haben, die ihnen wirklich Rede und Antwort stehen. ... Ich denke, das Wichtigste ist eigentlich, daß man weiß, was Kinder beschäftigt. Und in der Regel ist es so, daß Dinge, die Kinder in diesem Lebensalter beschäftigen, meistens nicht nur ein Kind beschäftigen, sondern sehr viele. Und selbst, wenn ich ein Thema wegen einem oder zwei Kindern aufgreife, ... weiß ich eigentlich, daß die gleiche Geschichte für viele andere auch noch von Bedeutung ist. ... Also im Prinzip profitieren dann alle."

Sieglinde Mühlum betrachtet die Kinder als ernstzunehmende Individuen, die ein Recht darauf haben, angehört zu werden; die ein Recht darauf haben, sich auf ihre Gefühle, auf ihre Betroffenheiten, auf ihre Erlebnisse einzulassen. Pädagogische Projekte versteht sie als Chance für alle Beteiligten, sich weiterzuentwickeln.

Auf die Frage, wie sie pädagogische Arbeit nach dem Situationsansatz versteht, antwortete sie:

Sieglinde Mühlum: „Ganz global gesagt und ganz kurz gefaßt: Situationsansatz, der hat zum Ziel, Kinder auf gegenwärtige und zukünftige Lebenssituationen vorzubereiten. Und danach überprüfen wir eigentlich alles, was wir mit den Kindern tun. ... Und dann beruht er ja auf diesen drei Säulen Autonomie, Kompetenz und Solidarität. Das bedeutet für uns, daß wir Kinder erziehen möchten, die mutig, konfliktfähig, verantwortungsvoll und mit Zivilcourage ihre Zukunft meistern."

Nun die Einschätzungen und Gedanken von Marion Boehm.

Marion Boehm fragte ich, wie sie die Arbeit nach dem Situationsansatz charakterisieren würde und welche Unterschiede sie zu einer pädagogischen Arbeit in einem traditionellen Kindergarten sieht.

Marion Boehm: „Wir lernen am Leben und nicht an irgendwelchen Formen, die uns vorgesetzt werden. Es ist kein Abfüttern von Inhalten ... sondern es ist ein individuelles Entdecken von dem, was man eigentlich kann. Und jeder kann bei uns entdecken, wo seine Schwerpunkte liegen. In anderen Kindergärten ist der Maßstab klar vorgegeben, was gekonnt werden muß, wobei man da möglicherweise hinunterfallen kann. Ich denke, am Leben und an der Praxis lernen, das ist der Unterschied."

Marion Boehm weist ausdrücklich daraufhin, daß das Lernen im Kindergarten Winterkasten im Leben selber stattfindet, und nicht im Verlauf von den Erzieherinnen arrangierten künstlichen Spiel- und Bastelaktivitäten. Sie bezeichnet das Lernen als „individuelles Entdecken". Jedes Kind, jede Mitarbeiterin und jeder Elternteil hat die Möglichkeit, sich zu entdecken und zu entwickeln. Es werden allen Beteiligten keine Ziele, keine schulischen „Ist-Soll-Raster" aufgedrückt.

Darüber hinaus wollte ich wissen, welche Hinweise sie jenen Erzieherinnen geben würde, die beginnen möchten, nach dem Situationsansatz zu arbeiten.

Marion Boehm: „Diese Erzieherinnen könnten einmal Leute einladen, die nach dem Situationsansatz arbeiten und sich berichten lassen, wie es läuft und an welchen Situationen man es festmachen kann. Zum anderen könnten diese Erzieherinnen Kindergärten besuchen, die nach dem Situationsansatz arbeiten, sich eine ganze Woche Zeit nehmen, einmal konkret einen Tagesablauf dort miterleben, sich dazusetzen, beobachten und Fragen stellen. Ich denke, das kann auch nur funktionieren, wenn das ganze Team Interesse hat, sich auf diesen Weg zu machen. Eine einzelne Person kann da recht wenig verändern."

Marion Boehm weist ausdrücklich darauf hin, daß eine Arbeit nach dem Situationsansatz nur durch das eigene Erleben nachvollzogen werden kann, durch das Sich-Selber-Einlassen auf den Ansatz, durch den Dialog mit Erzieherinnen, die nach dem Situationsansatz arbeiten, durch Beobachten, durch Fragen, durch das Erleben aus kritischer Distanz. Gleichzeitig stellt sie fest, daß eine einzelne Erzieherin in einem Kindergarten nicht nach dem Situationsansatz arbeiten kann. Nach ihrer Einschätzung ist dies nur durch eine entsprechende Teamarbeit möglich.

Auf die Frage, welche persönlichen Fähigkeiten eine Erzieherin haben muß, um nach dem Situationsansatz arbeiten zu können, antwortete mir Marion Boehm: „Ich denke, wer mit sich offen sein kann, Kritik annehmen kann und seine eigenen Gefühle lernt, auszusprechen, der ist auch in der Lage, nach dem Situationsansatz zu arbeiten. Jemand, der dicht macht, der sollte vielleicht eher bei einer anderen Pädagogik bleiben, weil man sich sonst selber vergewaltigt. Letztendlich kommt dabei nichts Gescheites heraus."

Marion Boehm rückt ausdrücklich die Bedeutung der Gefühle bei einer Arbeit nach dem Situationsansatz ins Blickfeld. Nach ihrer Einschätzung kann nur ein Mensch nach diesem Konzept arbeiten, der sich auf seine Gefühle einläßt. Darüber hinaus ist sie der Meinung, daß nur jene Erzieherinnen eine pädagogische Arbeit nach dem Situationsansatz realisieren können, die sich auf sich selber einlassen und sich als Lernende verstehen. Marion Boehm ergänzend dazu: „Lernen auch von den Kindern – die die eigenen Stärken und Schwächen reflektieren können."

Zum Schluß bat ich sie um ihre persönliche Einschätzung, ob der Situationsansatz eine Zukunft hat, oder spätestens im Jahr 2000 „out" ist.

Marion Boehm: „ ... Es wird einfach Zeit, daß mehr auf den Menschen geachtet wird und auf seinen *Zustand*, daß über die Emotionen gesprochen wird, über das eigene Wohlbefinden und nicht ständig nur über Leistung nachgedacht wird. Die Katastrophen bahnen sich jetzt schon langsam an – junge Leute, die den Bach hinuntergehen, sei es mit Drogen, sei es mit Kriminalität und so weiter. Ich denke, diese Leute sind auch intelligent. An bestimmten Punkten wissen sie aber nicht mehr weiter mit sich selber. Und es nützt einem all das Wissen und Können nichts, das Abitur und was auch immer, wenn man nicht weiß, was man damit eigentlich will, wie man zu seiner eigenen inneren Zufriedenheit gelangt und wie man sich einen positiven Vorausblick schafft und erhält."

Resümee der pädagogischen Arbeit in den Kindergärten Lorsch und Winterkasten

Anhand der Kindergärten in Winterkasten und Lorsch wurde ausführlich eine pädagogische Arbeit nach dem Situationsansatz dargestellt und konkrete Beispiele hinsichtlich einer Verwirklichung, hinsichtlich der Möglichkeiten und Grenzen gegeben.

Beide Kindergärten arbeiten unter verschiedenen Bedingungen. Dies bezieht sich z.B. auf die Zahl der Kinder, der Mitarbeiterinnen und auf die Räumlichkeiten. Im Gegensatz zu dem Kindergarten in Lorsch ist der Kindergarten in Winterkasten neu errichtet. Somit findet eine pädagogische Arbeit nach dem Situationsansatz in einem Neu- und in einem Altbau statt. Die zweite Ebene und andere Neuerungen in Lorsch wurden später eingebaut bzw. vollzogen. Zweifelsohne spielen die äußeren Bedingungen für die pädagogische Arbeit eine wichtige Rolle. An diesem Beispiel läßt sich aber nachweisen, daß die Gründe von Veränderungen einer pädagogischen Arbeit nicht nur in den Rahmenbedingungen zu suchen sind, sondern in besonderer Weise in dem Bewußtsein, in der *Haltung* der Erzieherinnen. Natürlich bedingt das eine das andere.

Beide Teams haben sich auf den Weg gemacht, um sich auf eine pädagogische Arbeit nach dem Situationsansatz einzulassen. Sie erheben nicht den Anspruch, perfekte Erzieherinnen zu sein. Vielmehr bringen sie sich mit ihrer individuellen Persönlichkeit, mit ihren jeweiligen Kompetenzen und Schwächen ein. Sie engagieren sich im Rahmen einer pädagogischen Arbeit mit dem Ziel, den Kindern eine günstige Individual- und Sozialentwicklung zu ermöglichen. Sie haben sich auf den Situationsansatz eingelassen – und damit auf das „Lernen im Leben."

Nach dieser Darstellung, wie eine Arbeit nach dem Situationsansatz im Kindergarten aussehen kann, wird nun ein Einblick in die gegenwärtige wissenschaftliche Diskussion gegeben.

Der Situationsansatz in der gegenwärtigen wissenschaftlichen Diskussion

Der Situationsansatz in der gegenwärtigen wissenschaftlichen Diskussion

Wissenschaftler/innen, die bei dem Versuch einer Standortbestimmung einbezogen wurden

Bei einer Betrachtung der gegenwärtigen wissenschaftlichen Diskussion werden jene Wissenschaftler/innen einbezogen, die ihn entwickelten, die sich besonders intensiv mit dem Situationsansatz auseinandersetzten bzw. auseinandersetzen und die sich an der gegenwärtigen wissenschaftlichen Diskussion zum Situationsansatz beteiligen.

Dazu gehören Prof. Dr. Jürgen Zimmer (Dipl. Psychologe), Dr. Christa Preissing (Dipl. Soziologin), Thomas Thiel (Dipl. Pädagoge), Hedi Colberg-Schrader (Dipl. Soziologin), Marianne Krug (Pädagogin, M.A.), Dr. Armin Krenz (Dipl. Sozialpädagoge) und Prof. Dr. Norbert Huppertz.

Jürgen Zimmer ist bereits vorgestellt worden. Es wurde darauf verwiesen, daß er der Leiter der Arbeitsgruppe Vorschulerziehung des Deutschen Jugendinstitutes (DJI) in München war. Zu dieser Arbeitsgruppe gehörten u.a. auch Hedi Colberg-Schrader und Marianne Krug. Die beiden Wissenschaftlerinnen arbeiten nach wie vor im DJI. Ihre Einschätzung entnahm ich diversen von ihnen verfaßten Publikationen.

Christa Preissing war zweieinhalb Jahre lang als Moderatorin im Erprobungsprogramm tätig, dann für viele Jahre im FIPP (Fortbildungsinstitut für die pädagogische Praxis) und arbeitet zur Zeit, ebenso wie Thomas Thiel, in der Projektgruppe „Evaluation des Erprobungsprogramms" des Instituts für Interkulturelle Erziehung an der FU Berlin mit. Geleitet wird die Projektgruppe von Jürgen Zimmer und Lothar Krappmann. Er ist ebenfalls Hochschullehrer an der FU Berlin. „Das Projekt dient der Ermittlung von reformstrategisch bedeutsamen Erfahrungs- und Wissensbeständen für die Verbesserung der Situation vorschulischer Erziehung in den neunziger Jahren.

Der Reformansatz ‚Erprobungsprogramm' aus den siebziger Jahren soll daraufhin befragt werden, was aus ihm im Hinblick auf künftige Reformansätze zu lernen ist" (FREIE UNIVERSITÄT BERLIN, 1991, S. 3 f). In die Evaluation werden neben Kindergärten, die örtlichen Träger, die Kommunen, die Länder und der Bund, die Trägerverbände, die Aus- und Fortbildungseinrichtungen und die Beratersysteme (vgl. ebd., S. 7) einbezogen.

Im Verlauf der Recherchen führte ich ein etwa neunzigminütiges Gespräch mit Jürgen Zimmer, Christa Preissing und Thomas Thiel. Die

Inhalte des Gespräches sind zusammengefaßt und in diesem Buch dokumentiert.

Armin Krenz ist psychotherapeutischer Berater und Dozent am Institut für angewandte Psychologie und Pädagogik, (IFAP) in Kiel. Er führt unter anderem Bildungsveranstaltungen mit Erzieherinnen zum „Situationsorientierten Ansatz" durch. Ihn interviewte ich im Rahmen einer Veranstaltung, bei der er referierte. Der Wortlaut des Interviews ist in diesem Buch nachzulesen.

Norbert Huppertz arbeitet als Hochschullehrer an der Pädagogischen Hochschule Freiburg und ist Leiter des Arbeitsbereiches Sozialpädagogik und Sozialarbeit. Nach seiner Meinung ist „der Situationsansatz ... nicht realisierbar" (HUPPERTZ 1992, S. 115). Grundlage meiner Auseinandersetzung mit seiner Kritik am Situationsansatz ist sein Buch mit dem Titel „Erleben und Bilden im Kindergarten". Darin stellt er den „lebensbezogenen Ansatz" vor.

Darüber hinaus ist eine Einschätzung aus der Sicht eines Ausbilders von Erzieherinnen dokumentiert. Dr. Günther Scheibehenne (Dipl. Sozialpädagoge, Dipl. Pädagoge) ist Dozent an der FSP in Dillenburg (Lahn-Dill-Kreis).

Zunächst ist die gegenwärtige Diskussion zusammengefaßt. In diesem Rahmen findet auch eine Auseinandersetzung mit der Kritik von Huppertz statt. Anschließend sind die Gespräche, die ich mit den Wissenschaftler/innen führte, dokumentiert. Das gleiche gilt für das Interview mit Günther Scheibehenne.

Die gegenwärtige wissenschaftliche Diskussion – ein Überblick

In der gegenwärtigen wissenschaftlichen Diskussion zum Situationsansatz polarisieren sich die Einschätzungen sehr deutlich. Sie reichen von der Position, der Situationsansatz sei genauso aktuell und praktikabel wie vor 20 Jahren (Colberg-Schrader, Krenz, Krug, Preissing, Thiel, Zimmer) bis hin zu der Meinung, der Ansatz sei zwar beachtenswert wegen seiner Kindorientierung, seines kritischen Gesellschaftsbezuges und der bei dem Ansatz geforderten Diskussionsbereitschaft (vgl. HUPPERTZ, 1992, S. 114), aber er sei „nicht nur nicht realisiert" (ebd., S. 115), sondern „auch nicht realisierbar" (ebd., S. 115).

Jürgen Zimmer ist der Meinung, daß der Situationsansatz nichts an seiner pragmatischen Bedeutung verloren hat. Zimmer: „Daß man Schlüsselsituationen von Kindern untersucht, daß man sie interpretiert und daß man Pädagogik darauf bezieht, also gleichsam von generativen Themen ausgeht, das ist nach wie vor geltend" (S. 158). Er weist darauf hin, daß eine Pädagogik, bei der die Situation, das Thema des Kindes Ausgangs- und Mittelpunkt ist, nach wie vor gilt. Darüber hinaus ist der Situationsansatz nach seiner Einschätzung ein Ansatz, der die Lebenswirklichkeit des Kindes ernst nimmt und ermöglicht, im Leben leben zu lernen. Zimmer: Der Situationsansatz „ist ein Entwurf, der ... eine Pädagogik des Ernstfalls meint, und sagt, ‚laßt uns herauskommen aus diesen Verstecken... '" (S. 157). Damit weist Zimmer auf das Lernen in Lebenssituationen hin, auf das Lernen in konkreten sozialen Situationen im Kindergarten und im Gemeinwesen.

Eine große Chance sieht Zimmer auch für Erzieherinnen in den neuen Bundesländern, die nach dem Situationsansatz arbeiten wollen. Die fachliche und politische Bedeutung lokalisiert Zimmer darin, daß diese Erzieherinnen mit Hilfe des bei dem Situationsansatzes geforderten Diskurses eine „Rekonstruktion des überformten soziopolitischen und kulturellen Bewußtseins unter der Daseinsform, die diese Bürgerinnen und Bürger in der DDR hatten" (S. 159), vornehmen können . Zum anderen sieht Zimmer die Möglichkeit, daß jene Erzieherinnen dabei herausfinden können, was sie von ihrer vorher praktizierten Erziehung beibehalten möchten (vgl. S. 159). Er versteht den Situationsansatz somit als Chance, um zum einen die eigene Lebensgeschichte zu reflektieren und aufzuarbeiten, und zum anderen als Möglichkeit, über die eigene Arbeit kritisch nachzudenken und selbstbestimmt neue Wege in der pädagogischen Arbeit zu finden und zu gehen.

In den alten Bundesländern hat sich das Konzept zwar in der Diskussion längst etabliert, in der Arbeit „vor Ort" ist aber nach der Einschätzung von Christa Preissing eine „gute Arbeit" (S. 161) nach dem Situationsansatz „leider höchst selten" (S. 161) anzutreffen.

Die Gründe dafür sind aber nach Zimmer nicht in dem Konzept zu suchen, sondern insbesondere in den Ausbildungseinrichtungen, die nach seiner Einschätzung „kontraproduktiv" (S. 160) arbeiten. Deshalb fordert Zimmer: „Der ‚Festkörper' Ausbildung müßte sich auflösen und die Dozenten müßten ambulant tätig sein, dort, wo die Situationen sind" (S. 160). Dann könne der Situationsansatz von den angehenden Erzieherinnen auch besser verstanden werden. Mit anderen Worten: Erst wenn Erzieherinnen in der Ausbildung projektorientiert in Situationen vor Ort lernen, können sie sich vor Ort mit den Kindern projektorientiert auf Situationen, auf das Leben einlassen. Die Standortbestimmung von Günther Scheibehenne zur Ausbildung von Erzieherinnen (vgl. S. 174ff) verdeutlicht diese kontraproduktiven Strukturen am Beispiel einer Fachschule für Sozialpädagogik.

Nach der Meinung von Hedi Colberg-Schrader und Marianne Krug hat sich der Situationsansatz „mittlerweile als tragfähiges Konzept für die

Arbeit in Kindertageseinrichtungen erwiesen und Programmatik wie Praxis weitreichend beeinflußt" (COLBERG-SCHRADER, 1988, S. 301). Zudem sei der Situationsansatz „im Laufe der Jahre durch Praxis angereichert und durch veränderte Fragestellungen akzentuiert worden" (COLBERG-SCHRADER, 1991b, S. 13). Bei der Frage, inwieweit sich der Situationsansatz in der sozialpädagogischen Praxis etabliert hat, äußern sie sich zurückhaltend und erklären: „Zwar konnten sich die Innovationsprozesse nicht in jedem Bundesland in derselben Weise durchsetzen und erreichten nicht alle Einrichtungen gleichermaßen" – in diesem Zusammenhang verweisen sie auf ungünstige Rahmenbedingungen (vgl. ebd., S. 18) – machen aber darauf aufmerksam, daß „mit dem Situationsansatz die grundlegende Reform der vorschulischen Erziehung in Gang gesetzt worden" (ebd., S. 18) ist, wobei weitgehend die „Vorstellung vom Kindergarten als Lebensraum" (ebd., S. 18) akzeptiert worden ist „und eine verstärkte Verbindung des Kindergartens mit Familie und Gemeinde" erreicht wurde (ebd., S. 18) sowie „auf ganzheitliche Förderung ... Wert gelegt" (ebd., S. 18) wird.

Zu der Frage, inwieweit der Situationsansatz in der Praxis verwirklicht wird, stellt Marianne Krug fest: „Zwar wird das Lernen in Lebenssituationen heute in vielen Publikationen als konzeptioneller Rahmen der Kindergartenarbeit genannt, in manchen Kindergartengesetzen werden die Fachkräfte sogar ausdrücklich darauf verpflichtet, doch können wir keineswegs davon ausgehen, daß in jeder Kindertageseinrichtung, die sich auf ‚den Situationsansatz' beruft, eine durchgängig begründete, in der Lebenswirklichkeit dieser Kinder verankerte pädagogische Arbeit stattfindet. Nicht überall, wo die strikte förderbereichsorientierte, jahreszeitliche Planung verschwunden ist und es heute lockerer zugeht, werden Kinder immer ernsthaft beteiligt und Eltern mit ihren Einschätzungen und Mitwirkungsmöglichkeiten respektiert" (KRUG, 1994, S. 10).

Dies ist meines Erachtens ein Hinweis darauf, daß Erzieherinnen eine Arbeit nach dem Situationsansatz anstreben, aber noch Schwierigkeiten bei der Verwirklichung haben. Hier wird die profunde Bedeutung einer fachlichen Begleitung jener Erzieherinnen deutlich, die gerne nach diesem Konzept arbeiten möchten. Resümierend soll auf folgende Einschätzung von Hedi Colberg-Schrader verwiesen werden: „Der im DJI entwickelte Situationsansatz ... ist ein auf die Qualifizierung von Erzieherinnen angelegtes Konzept, das den Kindergarten als Ort ganzheitlichen sozialen Lernens begreift und die Öffnung der Institution zu Familie und Wohnumfeld anstrebt. ... Sie (die Ergebnisse des Erprobungsprogrammes) haben die Praxis der Kindertageseinrichtungen in der alten Bundesrepublik maßgeblich beeinflußt. Vieles, was damals neu und ungewohnt war, ist inzwischen selbstverständliche Kindergartenpraxis geworden, auch wenn die qualitätssichernden Rahmenbedingungen keineswegs selbstverständlich geworden sind" (COLBERG-SCHRADER, 1992, S. 22).

Armin Krenz ist ebenfalls fest davon überzeugt, daß der „Situationsorientierte Ansatz" praktikabel und zeitlos ist. Krenz: „Ich glaube deswegen nicht, daß er out ist, weil er immer von der Gegenwart ausgeht. Und auch im Jahr 2010 wird genau bei diesem Ansatz auch wieder die Frage sein, wie geht es den Kindern heute im Jahr 2010. Das heißt, er ist zeitlos" (S. 171f). Allerdings wird nach seiner Einschätzung „der Situationsorientierte Ansatz in der Praxis kaum bis gar nicht gemacht... " (S. 168). Das Problem sieht auch er insbesondere in der schulischen Ausbildung der Erzieherinnen und gibt deshalb der Fort- und Weiterbildung „eine ganz große Bedeutung" (S. 167). Krenz weist ausdrücklich darauf hin, daß der „Situationsorientierte Ansatz" nur von Menschen realisiert werden kann, „die ... sehr viel Selbsterfahrung mit sich gemacht haben, und ... Begriffe, die sie für die Pädagogik formulieren, für sich selber auch zur Realität werden lassen" (S. 167).

Unterschiedliche Meinungen bei der Verwirklichung des Situationsansatzes können bei Marianne Krug und Armin Krenz lokalisiert werden. So problematisiert Marianne Krug die von Krenz vorgeschlagene Schrittfolge, auf die auch in diesem Buch verwiesen wird. Sie sagt: „Das hier vorgeschlagene Planungsvorhaben erscheint mir unpraktikabel, beinah so, als ob Planung um ihrer selbst willen angefertigt würde und nicht eine bewußte und in ihren Intentionen vermittelbare pädagogische Praxis im Blick hätte. Was meines Erachtens hier gänzlich fehlt, ist die institutionenkritische Komponente, die ein wesentliches Merkmal einer an Lebenssituationen der Kinder orientierten Förderung ist und mitunter auch dazu führen müßte, daß von manchen Planungen – begründet – Abstand genommen wird" (KRUG, 1994, S. 11).

Armin Krenz kritisiert demgegenüber die „Didaktischen Einheiten", die im Rahmen der Entwicklung des Curriculums „Soziales Lernen" von der Arbeitsgruppe Vorschulerziehung herausgegeben wurden. Er stellt fest: „Die ‚Didaktischen Einheiten' haben dem ‚Situationsorientierten Ansatz in der sozialpädagogischen Praxis' insofern geschadet, als sie dazu verhalfen, einen neuen, nämlich den ‚SITUATIONSANSATZ AUF FUNKTIONSORIENTIERTER GRUNDLAGE' ins Leben zu rufen" (KRENZ, 1992, S. 76). Die Großschreibung wurde von Krenz im Sinne einer adäquaten Zitation übernommen.

Grundsätzliche Einwände gegenüber dem Situationsansatz formuliert Norbert Huppertz. Er ist der Meinung, „der Situationsansatz ist nicht verwirklicht" (HUPPERTZ, 1992, S. 114). Er behauptet, es seien keine „ausreichend klaren Erziehungsziele" (ebd., S. 114) genannt und „im

Situationsansatz wird die Bildung des Kindes vernachlässigt" (ebd., S. 115). Desweiteren stellt er fest: „Der Situationsansatz ist nicht vermittelbar" (ebd., S. 116) und fragt: „Ist man im Situationsansatz tatsächlich am wirklichen zukünftigen Wohl des einzelnen Kindes interessiert?" (ebd., S. 116). Darüber hinaus sieht er eine „Vernachlässigung der Kulturinhalte" (ebd. ‚S. 117) und merkt an: „Der Situationsansatz vernachlässigt die traditionellen und religiösen Elemente der Kindergartenerziehung" (ebd., S. 117). Desweiteren stellt Huppertz fest: „Ethische Aspekte sind nicht gefragt" (ebd., S. 117) und fragt: „Weshalb haben die Situationsvertreter sich nicht selbst erforscht?" (ebd., S. 119).

Eine differenzierte Auseinandersetzung mit diesen Vorwürfen kann ich an dieser Stelle nicht vornehmen. Allerdings sollen diese Einwände nicht kommentarlos dokumentiert werden. Deshalb wird nun in kurzen Anmerkungen darauf eingegangen.

Die Behauptung, der Situationsansatz sei nicht verwirklicht, kann so nicht hingenommen werden. Die Zahl jener Erzieherinnen, die das Konzept überzeugend realisieren, und sich dafür in der Weiterbildung qualifiziert haben, dürfte sicherlich eher gering sein. Insofern kann man nur sagen, es gibt wohl nicht so viele Erzieherinnen, die mit entsprechendem Fachwissen überzeugend nach dem Situationsansatz arbeiten. Diese hier gemeinte Qualifizierung beinhaltet eine ganzheitliche Auseinandersetzung der Erzieherinnen mit dem Konzept und somit deren Bereitschaft, sich auf die Inhalte des Ansatzes sowie auf sich selber einzulassen, um sich dadurch auf einen neuen Weg zu machen. Sich auf den „für alle oft überraschenden Weg" (ZIMMER, 1985, S. 249) zu machen bedeutet, immer ein Stück weiter zu gehen, Umwege zu gehen, sich ein Stück zu verlaufen aber auch wieder die Straße zu finden. Dieses Verlaufen beinhaltet aber wiederum wichtige Lernerfahrungen, auf die sich diese Erzieherinnen bewußt einlassen. Eine pädagogische Arbeit nach dem Situationsansatz ist genauso viel oder wenig perfekt wie jene Menschen, die ihn bewußt praktizieren. Die Psychotherapeutin Ruth Cohn formuliert diesen Umstand in Anlehnung an Erich Fried so: „Es ist, wie es ist, nicht perfekt" (COHN, 1993, S. 195). Eine Arbeit nach dem Situationsansatz bedeutet, Freiheit und Leben jeden Tag neu zu erobern. An dieser Stelle sei auf folgende Einsicht von Goethe verwiesen: „Das ist der Weisheit letzter Schluß, nur der verdient Freiheit und das Leben, der sie täglich erobern muß." Anzumerken ist auch, daß eine qualitative Überprüfung mit quantitativen Maßstäben nicht möglich ist. Allein der Hinweis, daß nur in wenigen Kindergärten nach dem Situationsansatz gearbeitet werde, ist kein überzeugendes Argument auf angebliche konzeptimmanente Schwächen. Und daß das Konzept verwirklichbar ist und verwirklicht wird, zeigen u.a. auch die Praxisbeispiele in diesem Buch.

Zu dem Hinweis, die Erziehungsziele seien nicht klar benannt (vgl HUPPERTZ, 1992, S. 114).:

Huppertz sagt nicht, was er unter „ausreichend klaren" Erziehungszielen versteht. Sollten es jene genau aufgeschlüsselten Vorgaben sein, die den Erzieherinnen serviert werden sollen, dann ist es genau das, was der Situationsansatz nicht leistet, nicht leisten will, nicht leisten kann und nicht leisten darf: Würden die Ziele zu verschiedenen Themen und Situationen genau aufgeschlüsselt, würde die Einzigartigkeit der Situation des Kindes und der Gruppe übersehen. Dies wäre zudem eine Entmündigung der Erzieherin und aller anderen beteiligten Personen. Eine solche Eingrenzung der pädagogischen Arbeit entspricht nicht der Freiheits- und Kindorientierung, durch die sich der Situationsansatz auszeichnet. Damit würde der Anspruch des Konzeptes neutralisiert werden. Vielmehr geht es darum, daß Erzieherinnen anhand der „individuellen Bedingungen des jeweiligen Kindergartens" (OBEREISENBUCHNER, 1973, S. 29) und der Situation der jeweiligen Gruppe Ziele entwickeln. Somit sind die Hinweise in diesem Buch zur Zielbestimmung (vgl. S. 33) lediglich Orientierungshilfen. Es geht also darum, „Erziehungsziele in der Situation mit möglichst vielen Betroffenen zu erörtern und die dahinter stehenden Wertebezüge offenzulegen" (KRUG, 1994, S. 10).

Das grundsätzliche Ziel des Ansatzes ist deutlich formuliert. Es geht darum, „Kinder verschiedener sozialer Herkunft und mit unterschiedlicher Lerngeschichte zu befähigen, in Situationen ihres gegenwärtigen und künftigen Lebens möglichst autonom und kompetent denken und handeln zu können" (ARBEITSGRUPPE VORSCHULERZIEHUNG, 1979, S. 15). Es geht um eine „in der Lebenswirklichkeit der Kinder verankerte pädagogische Arbeit" (KRUG, 1994, S. 10), bei der die Biographie des Kindes ernstgenommen wird und damit das Kind. Diese Ziele haben sozusagen die Funktion eines „Leuchtturmes", aber den tatsächlichen Weg, den suchen sich die Erzieherinnen, die Kinder und alle anderen Beteiligten selber – und zwar miteinander im Diskurs und ohne Fremdbestimmung – ohne die „Fixierung an pädagogische Gurus, heißen sie nun Steiner oder Montessori" (ZIMMER, 1985, S. 255).

Zu der Kritik, die Bildung des Kindes werde vernachlässigt (HUPPERTZ, 1992, S. 115):

Mit dem Begriff „Bildung" verwendet Huppertz einen Terminus, den man auch als „Leerformel" (WEBER, 1977, S. 61) gebrauchen kann, „die alles und deshalb nichts bedeutet" (ebd., S. 61). Sein Vorwurf, im Situationsansatz lese man nicht, daß alle anthropologischen Dimensionen und somit auch die kognitiven Strukturen gefördert werden müßten, erscheint mir als unhaltbar. Kognitive Entwicklung wird bei einer Arbeit nach dem Situationsansatz nicht separiert, sondern im Verbund mit einer ganzheitlichen Entwicklung verstanden. Darauf weist auch die Forderung einer Verbindung des sozialen und instrumentellen Lernens hin (vgl. ARBEITSGRUPPE VORSCHULERZIEHUNG, 1979, S. 19). Das Kind wird mit seiner Biographie und den damit verbundenen Gedanken und Gefühlen ernstgenommen. Ein Kind, das emotional blockiert ist (und diese Blockaden sind u.a. das Thema und der Ausgangspunkt einer Arbeit nach dem Situationsansatz), kann sich auch nicht auf kognitive Inhalte einlassen. Bildung verstanden als „ein Lernen in Freiheit" und „ein Lernen von Freiheit" (ROEDER, zit. n. WEBER, 1977, S. 64), Bildung verstanden als eine „durch Lernen immer wieder neu zu bewältigende Aufgabe" (ebd., S. 65), Bildung verstanden als „die Fähigkeit und Bereitschaft zur individuellen und gesellschaftlichen Emanzipation und Mündigkeit" (ebd., S. 65) entspricht der Bildung, die auch der Situationsansatz formuliert. Dies wird anhand der Erörterung der Parallelen zwischen dem Situationsansatz und der Pädagogik der Befreiung nach Paulo Freire deutlich. Allerdings sperrt sich der Situationsansatz gegen eine „verkopfte und verschulte Förderung" des Kindes. Zahlen und Formen (im Rahmen von isolierten Aktivitäten) bereits im Kindergarten kennenzulernen, bedeutet nicht gleichzeitig, ein selbstbewußtes, ein ich-, sozial- und sachkompetentes Individuum zu sein, das sein Leben, das ein Mit-einanderleben entwickeln und glücklich gestalten kann. Marianne Krug verweist in diesem Zusammenhang auf eine Studie, nach der Kinder, die nach den Prinzipien des Situationsansatzes begleitet wurden, „mehr Aufgeschlossenheit, Gruppenzusammenhalt und ein gutes sprachliches (Selbst-)Darstellungsvermögen" (KRUG, 1994, S. 7) zeigten. „Ihre Leistungen in den Intelligenztests waren durchschnittlich eher höher, und ihre Konzentrationsfähigkeit war bis ins zweite Schuljahr hinein beachtenswert" (ebd., S. 7). Die Kinder zeigten zudem großes Interesse im Sachunterricht „und malten besonders ausdrucksstarke Bilder" (ebd., S. 7).

Zu dem Einwand, der Situationsansatz sei nicht vermittelbar (HUPPERTZ, 1992, S. 116):

Daß der Situationsansatz vermittelbar ist, davon berichten jene Dozentinnen und Dozenten, die dies in ihrer Praxis kontinuierlich erleben. Dazu Armin Krenz: „Wir versuchen, Lebenspläne von Kindern herauszufinden. Und ich muß wirklich sagen: Es klappt immer" (S. 168). Und Songrid Hürtgen-Busch berichtet, daß Begegnungen mit Lehrer/innen an Fachschulen für Sozialpädagogik möglich sind, „die trotz der verkrusteten Strukturen situationsbezogene Arbeit praktizieren"

(HÜRTGEN-BUSCH, 1993b, S. 60). Songrid Hürtgen-Busch ist wissenschaftliche Mitarbeiterin an der Universität-Gesamthochschule Siegen und begleitet Erzieherinnen, die nach dem Situationsansatz arbeiten wollen.

Zu der Frage, ob man im Situationsansatz tatsächlich am wirklichen zukünftigen Wohl des einzelnen Kindes interessiert ist (vgl. HUPPERTZ, 1992, S. 116):

Es wurde deutlich darauf hingewiesen, daß es um das Wohl des Kindes „hier und jetzt" geht. Und wenn es dem Kind „hier und jetzt" gut geht, kann es Kompetenzen entwickeln, um sein gegenwärtiges und zukünftiges Leben zu seiner Zufriedenheit, zu seinem Wohl gemeinsam mit anderen Menschen zu gestalten.

Zu dem Vorwurf, Kulturinhalte würden vernachlässigt werden (vgl. HUPPERTZ, 1992, S. 117):

Eine Vernachlässigung von Kulturinhalten kann ich nicht feststellen. Kultur, verstanden als „das Gesamte der menschlichen Errungenschaften, an dem mehrere teilhaben und das überlieferbar ist" (JILESEN, 1982, S. 18) ist eine Variable, die in vielerlei Varianten in einer pädagogischen Arbeit nach dem Situationsansatz gelebt und dadurch erlebt wird: Dazu gehört das Lernen, zu essen und zu trinken = Eßkultur; Reden und Zuhören = Kommunikationskultur; Singen, Klatschen, Rhythmik = Musikkultur; Betrachten von Bilderbüchern und Kunstwerken, Werken mit Holz und anderen Materialien = Kunst und Kultur; das Feiern von Festen = Festkultur etc. Dies dürfte angesichts der beschriebenen Praxis deutlich geworden sein.

Zu der Kritik, die traditionellen und religiösen Elemente seien beim Situationsansatz vernachlässigt (vgl. HUPPERTZ, 1992, S. 117):

Huppertz sagt nicht eindeutig, was er unter einer traditionellen Erziehung versteht. Seine aufgeworfene Frage, wo in der Literatur zum Situationsansatz gelesen werden könne, „daß Weihnachten ein wichtiges, religiös fundiertes Geschehen für die Bildung des Kindes sei" (ebd., S. 117), weist meines Erachtens darauf hin, daß er eine Vernachlässigung der klassischen religiösen Erziehung befürchtet. An dieser Stelle sei auf den Exkurs „Situationsansatz und Religion" verwiesen. Anzumerken ist noch, daß die Ethik des Situationsansatzes bestimmt ist von einem profunden Respekt der Würde des Menschen und des Rechtes, zu SEIN. Das Kind hat danach das Recht auf seine Individualität, auf seine Einzigartigkeit. Damit korrespondiert auch eine Entwicklungsbegleitung, die nicht die entwicklungspsychologischen Möglichkeiten eines Kindes übersieht. So versteht es Huppertz als ein „gebotenes Ziel" (ebd., S. 83), „unseren Kindern compassio (Mitleiden) mit dem hungernden kranken oder sterbenden Kind, das ihnen so fern ist, zu vermitteln" (ebd., S. 83). So redlich dieses Unterfangen ist, so unrealistisch und unhaltbar ist meines Erachtens dieses Ziel: Nach Kohlberg befindet sich das Kind im Alter von sechs Jahren in dem Stadium der „naiv-instrumentellen oder egoistischen Orientierung" (THOMAS, 1992, S. 173). In dieser Phase ist für das Kind richtig und wichtig, „was die eigenen Bedürfnisse befriedigt und ab und zu auch die anderer Personen" (ZIMBARDO, 1983, S. 130) – allerdings nur jener Personen, zu denen es einen unmittelbaren Kontakt hat. Mit diesen Personen kann das Kind Mit-Leiden, auf diese Personen kann sich das Kind einfühlsam einlassen – vorausgesetzt, ihm wurde ermöglicht, Einfühlsamkeit zu entwickeln. Es ist jedoch kaum in der Lage, ein emphatisches Bewußtsein für Sachverhalte zu entwickeln, die nicht mit seinem konkreten Erleben in Verbindung stehen.

Huppertz erklärt zudem, daß „die Vertreter des Situationsansatzes ... letztlich mit die Verantwortung für das ethische Defizit einer Gesellschaft tragen, in der als oberste Handlungsmaxime der Menschen gilt, Profit zu machen und sich ‚nicht erwischen zu lassen', und in der die Maßstäbe für Gut und Böse weiter verloren gehen dürften" (HUPPERTZ, 1992, S. 118). In einem vorwissenschaftlichen Argumentationsstrang verweist er auf Kaufhausdiebstähle, das „Gebaren der Atomindustrie und die illegalen Waffenexporte" (ebd., S. 119). Von einer Auseinandersetzung mit dieser unhaltbaren und nicht verifizierbaren Überlegung sehe ich ab.

Bei dem Vorwurf, es gebe keine Untersuchung, inwieweit sich der Situationsansatz etabliert habe, sei auf die Evaluation der FU Berlin verwiesen (vgl. S. 145).

Nun sind die Gespräche dokumentiert, die ich im Rahmen dieser Arbeit mit den Wissenschaftler/innen und dem Dozenten der FSP führte. Zunächst ist der Dialog mit Christa Preissing, Thomas Thiel und Jürgen Zimmer zusammengefaßt.

„Think global, act local" – ein Gespräch mit Jürgen Zimmer, Christa Preissing, Thomas Thiel

Das Gespräch mit Jürgen Zimmer, Christa Preissing und Thomas Thiel führte ich am 8. Juli 1993 in Berlin. Erörtert wurden folgende Aspekte: Spurensuche – der zeitliche Kontext, in dem der Situationsansatz entstand; die Entwicklung des Curriculums „Soziales Lernen"; der Situationsansatz heute sowie die Probleme und Chancen seiner Realisierung.

Eingangs fragte ich Jürgen Zimmer, welchen der beiden Begriffe, ob „Situationsansatz" oder „Situationsorientierter Ansatz", er bevorzugt.

Zimmer antwortete, daß es ihm „bis vor ein paar Jahren völlig egal gewesen" sei, „wie man davon redet". Dies habe sich aber geändert, als er bei einem Aufenthalt auf den Philippinen einen Aufsatz von Frithjof Oertel gelesen habe. Es handelt sich um einen englischsprachigen Aufsatz in der Zeitschrift „World Council for Curriculum and Instruction; Philippine Chapter". Oertel (er war Mitarbeiter bei der Durchführung des Erprobungsprogramms in Niedersachsen) behaupte dort, er selber habe den Situationsorientierten Ansatz entwickelt, und der Situationsansatz sei eine Variante davon.

Zimmer: „In Wahrheit ist es genau umgekehrt." Dies bezeichnete Zimmer zwar als „Lappalie", wies aber darauf hin, daß er seitdem lieber vom Situationsansatz rede.

Als Kompliment wertete Zimmer die Kritik von Oertel, „daß der Situationsansatz radikaler ist. Daß er Wirklichkeit radikaler befragt und konkrete Utopien aufspürt. Das ist eines der Lieblingszitate, die wir damals gefunden haben, als wir das Prinzip Hoffnung von Ernst Bloch lasen. Also die Beobachtung von Bloch, daß man das schärfste Fernrohr braucht, um die nächste Nähe zu durchdringen, und daß man in der nächsten Nähe die konkreten Utopien entdecken kann, und daß man versuchen kann, vor der eigenen Haustüre die Welt zum Besseren zu wenden."

In diesem Zusammenhang wies Zimmer auf einen Satz hin, auf den er bei seiner Auseinandersetzung mit community education stieß: „Think global, act local." Das heißt also, laßt uns global denken, aber lokal handeln im Bewußtsein von globalen Problemen." Damit könne man den Situationsansatz beschreiben. „Nun kann man sagen, was hat das mit Kindern zu tun? Wenn man Kinder nicht betrachtet als Genremalereien, als pittoreske Figuren, die in niedlichen Nachbarschaften stehen, sondern Kinder betrachtet als durchaus konfliktive Wesen, die in schwierigen Umwelten groß werden müssen, dann kommt man natürlich auf eine ganze Reihe von anthropologischen Bestimmungen, und da korrespondieren wir stark mit dem brasilianischen Pädagogen Paulo Freire, der sagt, der Mensch ist ein zur Geschichte bestimmtes Wesen, der Mensch ist jemand, der handelnd in die Geschichte eintreten will. Es gibt viele Menschen, die davon abgehalten werden, und wenn man handelnd in die Geschichte eintritt, heißt das ja, daß man Welt verändert am Ort, daß man sich selber verändert."

Hier wies Zimmer auf die Utopien der Studentenbewegung hin und den daraus resultierenden Wunsch um Veränderung.

Bezogen auf den zeitgeschichtlichen und politischen Zusammenhang, in dem der Situationsansatz entstand, erklärte Christa Preissing: „Was mir nochmal klargeworden ist in den Interviews, die wir zu dem Evaluationsprojekt geführt haben, zu den Ursprüngen des Erprobungsprogrammes und dem Streit um die pädagogischen Ansätze, die diesem Erprobungsprogramm vorausgegangen waren: Daß gekoppelt mit der Frage der Unterschiede zwischen den niedersächsischen und dem nordrhein-westfälischen Konzepten einerseits, die Situationsorientiertes Arbeiten als Terminologie verwenden und damit meinen ‚Stärkung von Ich-, Sozial- und Sachkompetenz', und dem Situationsansatz, so wie Jürgen Zimmer und seine Mitarbeiter vom Deutschen Jugendinstitut ihn formuliert haben, die ‚Autonomie und Kompetenz' als die beherrschenden Begriffe oben drüber gesetzt haben. Das ist ein Streit gewesen, der passend ist für diese Zeit. Also, es hat sich ja Ende der sechziger Anfang der siebziger Jahre, und da hake ich ein, 68er Bewegung, auch um eine politische-gesellschaftliche Umbruchsituation gehandelt mit sehr viel Brisanz. Und ich denke, der Ansatz, der auf Paulo Freire zurückgegangen ist, eine revolutionäre volkspädagogische Befreiungsbewegung, war einer, der ... den etablierten Menschen hier viel, viel Angst gemacht hat.

Es war damals schwierig, den Situationsansatz konsensfähig zu machen. Das Bild vom Kind, das damals vorherrschend war, also bei diesen lernzielorientierten Ansätzen, die ja erstmals zur Debatte standen, war ein Bild von dem Kind als unfertigem Wesen, das gefüllt werden muß. Jetzt mit so einem revolutionärem Begriff von Subjekt zu kommen, wie der, der dem Ansatz von Paulo Freire innewohnt, nämlich einem sich befreienden, kämpferischen starken Subjektbegriff, den gekopppelt mit der 68er Bewegung, das war undenkbar, daß der von politisch etablierten Kreisen so übernommen worden wäre. Ihr (gemeint ist Jürgen Zimmer und die Mitarbeiter/innen der Arbeitsgruppe Vorschulerziehung des DJI, Anm. d. Verf.) habt mit Sicherheit in diesen ganzen Verhandlungen auch Kompromisse schließen müssen, um euren Ansatz durchzukriegen, und diese Kompromisse, die kann man nachvollziehen, in dem, was wir im Moment jetzt machen, in der Evaluationsstudie. Und das war der Hintergrund von dem Streit um Situationsansatz oder Situationsorientiertes Arbeiten. Das war genau der politische Gehalt, ob das eine revolutionäre Pädagogik ist und ob Revolution im Kindergarten – Revolution war angesagt von der Studentenbewegung -, ob Revolution in Kindergärten hineingetragen werden darf, und da war natürlich in solchen Kommissionen wie der Bundesarbeitsgemeinschaft der Freien Wohlfahrtspflege und der Kommission der Obersten Landesjugendbehörden, die damals befunden haben, über das, was offiziell in die

Kindergärten hineingetragen werden darf, eine heftige Angst, daß alles das, was auch in der Kinderladenbewegung, in der antiautoritären Bewegung hochgekommen ist, über diesen Ansatz in die Kindergärten hineingetragen werden könnte."

Sichtbar wird dies nach Einschätzung von Christa Preissing an der Didaktischen Einheit des Curriculums „Soziales Lernen" „Meine Familie und ich". Es sei wohl kaum denkbar gewesen, daß dort damals homosexuelle Lebensgemeinschaften erwähnt worden wären. Heute könne man es vermutlich schreiben, „auch in bundesweit herausgegebenen Curricula. Also auch da zeigt sich, wo die Grenzen waren."

Ähnlich verhalte es sich mit den Didaktischen Einheiten, die sich mit der Arbeitswelt der Eltern auseinandersetzen. Hier nannte Christa Preissing das Beispiel des Polizisten. „In der Zeit der Berufsverbote, in der Zeit der Zerschlagung, der gewalttätigen Zerschlagung von Demonstrationen usw., das waren hochbrisante politische Fragen, die vermischt waren mit dem, wie definiere ich mein Bild vom Kind und was haben Kinder mit solchen gesellschaftlichen Auseinandersetzungen zu tun und wie sind die darin eingebunden."

Thomas Thiel berichtete, daß diese Diskussion nicht nur „mit Außeninstitutionen geführt wurde, sondern auch innerhalb" der Arbeitsgruppe Vorschulerziehung. „Und auch, als das Curriculum ‚Soziales Lernen' fertig und die Diskussion abgeschlossen war, waren diese Probleme bei weitem nicht vom Tisch. Da gab es ja auch noch von der katholischen Kirche enorme Anfeindungen."

Zimmer berichtete von einer Habilitationsschrift, in der von „dem trojanischen Pferd ‚Situationsansatz'" gesprochen wurde.

Zimmer stellte weiter fest: „Ich denke, daß man den Situationsansatz nicht verstehen kann, wenn man ihn überzeitlich definiert. Es ist ein Entwurf, der sowas wie eine Pädagogik des Ernstfalls meint, und sagt ‚laßt uns herauskommen aus diesen Verstecken', die durch pädagogische Institutionen hervorgerufen werden, durch didaktische Filter, hinter denen wir uns dann verbergen – Lernen kann eigentlich verstanden werden als ein Lernen nicht in Parametern der Scheinsicherheit, wo ich dann die Aufgabe, den Lösungsweg und die Lösung schon kenne, sondern Lernen vollzieht sich in Unsicherheiten, in den Unsicherheiten der schmuddeligen und schwierigen Wirklichkeit. Und wenn ich in dieser Wirklichkeit lerne, dann ergeben sich eine Reihe von Konsequenzen, z.B., daß der Lehrende und der Lernende nicht mehr ein hierarchisches Verhältnis bilden, sondern daß der Lehrende oder die Lehrende ähnlich wie die oder der Lernende auf der Suche ist nach bestimmten Entwicklungen, Veränderungen, die prospektiv nicht ganz genau erkennbar sind."

Auf meine Frage, wie der Kontakt zu Paulo Freire entstand und es zu der Einbeziehung seiner Pädagogik der Befreiung in das Konzept des Situationsansatzes kam, antwortete Zimmer: „Paulo Freire ist von uns entdeckt worden, nachdem wir den Situationsansatz einigermaßen formuliert hatten. Entdeckt worden ist er vielleicht 1971, 72, 73, und als wir ihn dann entdeckten, und sagten, Mensch, da gibt es jemand auf der anderen Seite der Erdkugel, der ausgesprochen ähnlich denkt, haben wir dann natürlich auch Leute angesetzt, ... um den mal genau aufzuarbeiten."

Bei unserer Diskussion wurde immer wieder deutlich, wie stark der Situationsansatz Veränderung beinhaltet. Christa Preissing faßte das zusammen: „Also du (gemeint ist Jürgen Zimmer, der dies an einem Beispiel verdeutlichte, Anm. d. Verf.) hast jetzt nochmal thematisiert das veränderte Verhältnis von Lehrenden und Lernenden auf allen Ebenen; also Wissenschaftler – Erzieher, Erzieher – Kinder, Erzieher – Eltern, Eltern – Kinder. Also dieses gemeinsame Recherchieren, gemeinsame Situationen untersuchen, im Diskurs eine gemeinsame Situationsanalyse zu machen, die dann auch Auswirkungen hat nicht nur auf die Pädagogik, sondern auf die Welt an sich, auf diese Lebenssituation, die da eben zur Debatte steht. Das ist das eine. Das andere ist aber ... mit welchem normativen Rahmen. Also eine Frage, die im Moment ja wieder im Vordergrund steht auf dem Hintergrund der Gewaltdebatten. Also welche normativen Orientierungsrahmen bieten denn unsere pädagogischen Bezüge und unsere Pädagogik. Ich denke, damals gab es schon einen klaren normativen Bezug, der nicht nur beschrieben werden kann: einfach auf das Volk hören, sondern es gab auch die Implikation ‚Befreiung von allem, was unterdrückt'. ... Wir haben ... eine Hoffnung gehabt, daß wir über Erziehung starke Individuen produzieren könnten, die vielleicht sogar mehr als wir selber aufgrund unserer Sozialisation in der Lage wären, politisch mehr zu bewirken, als wir es im Stande waren. Ein Ansatz, den ich heute erstmal sehr kritisch betrachten würde. Aber das war eine Implikation, die mit in dem Ansatz drinsteckte und wo es auch Konflikte gab. ... Und die Frage nach dem normativen Bezugsrahmen, die stellt sich heute auch noch einmal neu. Der müßten wir uns auch noch einmal stellen, im Moment."

Bei unserem Gespräch stellte ich Jürgen Zimmer die Frage, ob der Situationsansatz heute noch der Situationsansatz von vor 20 Jahren ist, der vom DJI entwickelt wurde?

Zimmer: „Daß man Schlüsselsituationen von Kindern untersucht, daß man sie interpretiert und daß man Pädagogik darauf bezieht, also gleichsam von generativen Themen ausgeht, das ist nach wie vor geltend."

Er stellte weiter fest: „Die politischen Verantwortlichen haben die Implementation des Situationsansatzes verpaßt. Nach Auslaufen dieses überregionalen Erprobungsprogrammes war Tiefschlaf angesagt und völlig andere Prioritäten und unkoordiniertes Handeln, ... insofern kann man nicht sagen, er stimmt wissenschaftlich nicht, sondern man kann nur sagen: Es gab einen Mythos, und der hieß Modellversuche und Erprobungsprogramme, und wenn die zu Ende sind, dann läuft das von alleine weiter. Aber wie von einigen hundert beteiligten Einrichtungen auf über 20 000 übertragen wird, blieb völlig im Dunkeln."

Zimmer berichtete weiter, Erzieherinnen hätten erklärt, nach dem Auslaufen des Erprobungsprogrammes seien sie völlig alleine gewesen. „Keiner kümmerte sich mehr um sie, keiner fragte mehr nach. Und die Verbände und Träger hatten zwar einige Communiques abgegeben ..., aber das war's dann auch."

Im weiteren Verlauf wies Zimmer auf die Möglichkeiten hin, die der Situationsansatz für die Erzieherinnen in den neuen Bundesländern impliziert.

Zimmer: „In den neuen Bundesländern ... wird der Situationsansatz nach all dem, was die Erzieherinnen dort bereits vorgearbeitet haben, eine ganz wesentliche Rolle spielen, und zwar in der Rekonstruktion des überformten soziopolitischen und kulturellen Bewußtseins unter der Daseinsform, die diese Bürgerinnen und Bürger in der DDR hatten. Wo sie über den Situationsansatz zunächst mal ... in einen Diskurs verwickelt werden, was sie davon behalten wollen im Hinblick auf die Erziehung ihrer Kinder und was sie als Schnee von gestern ablegen."

Ich fragte weiter: „Ist denn überhaupt noch der Situationsansatz ein Ansatz, der praktiziert wird in den Kindergärten, oder ist es nicht vielmehr ein Ansatz, der von Jürgen Zimmer entwickelt wurde gemeinsam mit anderen Wissenschaftlern und Erzieherinnen, und die ihn nun als einen Wunschtraum sehen, der verpufft ist, und daß heute eigentlich das, was schon vor vielen Jahren früher da war, wieder praktiziert wird: funktionalisierte Erziehung, wo das Kind beschäftigt wird, aber im Sinne des Situationsansatzes keine Arbeit stattfindet. Also: Ist der Situationsansatz schon gescheitert?"

Zimmer: „Nein, das glaube ich nicht, sondern es gibt ja auch nicht den Situationsansatz, sondern es gibt unterschiedliche Möglichkeiten, Wirklichkeit zu interpretieren. Da würde ich auch jeder Erzieherin zunächst mal das Recht zugestehen, ... ihre je eigene Interpretation dieser Wirklichkeit vorzunehmen. Jetzt kommt aber der Vorwurf, das machen die gar nicht so, wie es für eine Arbeit nach dem Situationsansatz erforderlich wäre. ... Da kann man aber nicht sagen, der Situationsansatz ist gescheitert, ... sondern man muß zurückschauen – und das machen wir ja auch gerade – und fragen, wie kommt das eigentlich, daß die Erzieherinnen das so machen?"

In diesem Zusammenhang wies Zimmer auf die zumeist verschulte Ausbildung der Erzieherinnen hin.

Zimmer: „Eines der Hauptdefizite, was wir kennen in dieser Evaluationsstudie, ist, daß die Dozenten der Ausbildungseinrichtungen geradezu kontraproduktiv in mehrfacher Hinsicht wirken: einmal, indem sie den Ansatz selber nicht mitentwickelt und mitgemacht haben – das war ein Fehler der damaligen Modellversuche –, zweitens, indem viele von denen den Ansatz gar nicht kennen oder kennen wollen, drittens, indem diejenigen, die ihn kennen und vermitteln wollen, es sozusagen in einer Struktur machen, die Günther Scheibehenne auch schon richtig als kontraproduktive Strukturen bezeichnet hat. Ich kann nicht in einem verschulten Umfeld namens Ausbildungseinrichtung dann plötzlich den Situationsansatz klarmachen. Denn das würde ja voraussetzen, daß meine Ausbildungseinrichtung projektorientiert, entwicklungsorientiert mit Erzieherinnen arbeitet, oder noch radikaler ausgedrückt: Der ‚Festkörper' Ausbildung müßte sich auflösen und diese Dozenten müßten ambulant tätig sein, dort, wo die Situationen sind. Dann würden sie den Situationsansatz erst einmal selber nachvollziehen und zweitens auch vermitteln können. Also da hakt es strukturell vorn und hinten. ... Auf der anderen Seite muß man sagen, gibt es auch Ermöglichungen. Und zu diesen Ermöglichungen gehört das, was wir so als Infektionskrankheit herausgefunden haben. Nämlich eine (gemeint sind Erzieherinnen, Anm. d. Verf.) steckt die andere an. Oder eine Generation übergibt das an die nächste. Ein ganz wichtiger Punkt in diesem Infektionsmechanismus ist, daß die Infektionen erfolgen von der einen besessenen zur nächsten besessenen Person, das heißt, von einer Querdenkerin zur anderen Querdenkerin."

Christa Preissing zu der gleichen Frage: „Ich denke, eine Frage ist: Ist die Formulierung und Rezeption des Situationsansatzes selber schuld, daß er so oft mißverstanden wird in Richtung von Beliebigkeitspädagogik oder spontaner Angebotspädagogik. Auch da muß man wieder zurückschauen auf die Zeit, in der er entstanden ist. Da ging es nämlich darum, Erzieherinnen auch ein Stück zu befreien von autoritären Anforderungen, die von anderer Seite kamen. Sei es von der Schule, sei es von verunsicherten Eltern, die im Zuge dieses Bildungswahns sehr stark Anforderungen an den Kindergarten gestellt und auch eine frühe Intelligenzförderung und klare Schulvorbereitung der Kinder gefordert haben. Die ‚Anfang-Mitte-Siebziger-Jahre-Zeit' des Situationsansatzes war eine, die eigentlich den Erzieherinnen Mut machen wollte, sich von solchen autoritären Anforderungen von außen ein Stück zu befreien, stärker auf das Kind zu schauen, auf die kreativen Kräfte des Kindes, auf die Kräfte der Phantasietätigkeit der Kinder, und diese stärker zu fördern und zum Zuge kommen zu lassen."

In diesem Zusammenhang wies Christa Preissing darauf hin, es sei versäumt worden, Standards zu entwickeln, „Standards, die einzuhalten sind. ... Das ist ein Punkt, an dem wir heute dran sind zu sagen, wir müssen einmal verbindliche Standards formulieren, die wir auch konkret definieren können: Es darf kein Kind zum Essen gezwungen werden, es dürfen nicht die Kinder zu einer Tätigkeit gleichzeitig um einen Tisch herum gezwungen werden, es darf aber auch nicht alles den Kindern überlassen bleiben, sondern Erzieherinnen müssen sich mit ihrer Person einbringen, also eben auch in die Spiele der Kinder, müssen Spiele von Kindern auch anleiten, müssen eben auch bestimmten Beobachtungen, die sie tätigen, und die sie aufzuzeichnen haben, nachgehen. Müssen auch Buch darüber führen, was sie beobachtet haben und womit sie sich auseinandersetzen. ... Das ist damals auch nicht passiert und das hat dazu geführt, daß die Erzieherinnen meinen konnten, wenn wir die Kinder nur tun lassen, dann ist das schon Situationsansatz, also Alleinlassen von Kindern als Arbeiten nach dem Situationsansatz beschreiben, und dem begegnen wir heute oft. Daß sie sagen, ja klar, wir arbeiten nach dem Situationsansatz, wir lassen die Kinder machen, was sie wollen, daß keine Linie mehr darin ist, überhaupt keine Orientierung mehr vorhanden ist. Das, was gemeint war mit dem Diskurs, also über einen Diskurs sich auch auf Ziele zu verständigen und sich über Methoden zu verständigen, also dieser Begriff vom Diskurs ist zuwenig gefüllt. Der hat auch sowas wie ‚jeder kann sagen, was er denkt, und alles ist irgendwie gleichrangig'. Also auch wieder die Frage von Maßstäben: Woran mißt man denn das, was hinterher zur Entscheidung führt. Da müssen wir noch weiter daran arbeiten. Es ist nicht so beliebig. Alle sagen mal, was sie denken, und dann sehen wir zu, wie wir irgendwie ein Arrangement treffen, wo alle irgendwie so mit klarkommen, oder sich einigermaßen zufrieden fühlen. Das führt zu diesem Brei, den wir überall vorfinden, auch heute. Und das ist das, was sich leider im Durchschnitt durchgesetzt hat. Diese gute Arbeit nach dem Situationsansatz finden wir leider höchst selten."

Eine große Bedeutung bei der Arbeit nach dem Situationsansatz hat die Persönlichkeit der Erzieherin. Dazu Jürgen Zimmer: „Je mehr die Erzieherin voll im Leben steht, je mehr sie Konturen zeigt ..., desto mehr wird sie Chancen haben, ihre eigene Situation und die der Kinder miteinander in Verbindung zu bringen. Also nicht die Tante zu sein, die dann Beschäftigungspädagogik macht, sondern ihr Leben in den Kindergarten hineinzubringen, und die Kinder da sozusagen in das Leben mit hinaus zu nehmen. Das ist dann eine ganz dialektische Verhaltensform. ... Das ist das, was wir in Winterkasten und anderswo gesehen haben. Da kommt Ihnen zunächst einmal eine Persönlichkeit entgegen, und nicht eine stromlinienförmig abgeglättete Dame, sondern eine querliegende Person. Die initiiert dann im Kindergarten auch Dinge, von denen man unmittelbar sieht und erleben kann, die haben was mit diesem Leben ... zu tun. Mit anderen Worten: Je mehr sie selber in der Situation ist, handelnd in ihre eigene Geschichte eintritt, desto besser ist sie als Pädagogin. Man kann nicht blutleer, wie wenn man von Vampiren ausgesaugt ist, daherkommen und sagen, ich mache jetzt Situationsansatz. Dann wird einem nicht viel einfallen. Dann wird man anhand von irgendwelchen Anlässen beliebig gestalten und reduzieren."

Im weiteren Verlauf des Gespräches fragte ich Christa Preissing, was unter einer „Situation" zu verstehen ist.

Christa Preissing: „Ich greife da zurück auf den Begriff der ‚Schlüsselsituation' für die Entwicklung von einem Kind. Ich muß mir klar werden, wenn ich von Kindern von eins bis sechs ... rede, was sind die entwicklungspsychologischen Aufgaben, die anstehen. Das ist die Entwicklung von Geschlechtsidentität, das ist die Ausbildung von moralischen Kategorien, das ist die Entwicklung von einem ‚selbst-sich-über-sich-be-wußtsein' – eine sehr stark körperlich gebundene Erfahrung, die viel mit Bewegungsmöglichkeiten und vielfältigen körperlichen Ausdrucksmöglichkeiten zu tun hat, also die Erfahrung von sich selber in Abgrenzung zu anderen, das ist die Entwicklung von einer basalen Konfliktfähigkeit nämlich als Abgrenzung von Einzigartigkeit und Gemeinsamkeit – das als einige Grundzüge dazu, und diese entwicklungspsychologischen Aufgaben, die anstehen, die muß ich in Verbindung bringen mit dem kulturellen, sozialen, politischen Kontext. Das ist für ein iranisches Flüchtlingskind, das hier eintrifft, eine andere Aufgabe als für meine eigene Tochter. Und das ist für einen türkischen Jungen eine andere Aufgabe als für ein polnisches Mädchen. Diese Entwicklungsaufgaben muß ich dann kulturell, sozial, politisch in der jeweiligen Situation begreifen. Das ist die Aufgabe in der Situationsanalyse. Wenn ich sehe, ich habe die und die Kinder in der Gruppe, und diese Kinder haben die und die und die Probleme, ein Mädchen, das sich überhaupt nicht äußert, das finden wir im Moment häufig bei Aussiedlermädchen, die über ein dreiviertel Jahr den Mund nicht aufkriegen, da steckt dann doch eine Blockade dahinter. Dann muß ich genau dieses miteinander kombinieren, in der Situationsanalyse."

Gegen Ende des Gespräches berichtete Christa Preissing, wie sie Fortbildungsseminare zum Situationsansatz angeht und gestaltet:

Christa Preissing: „Wir versuchen Erzieherinnen erstmal sehr weit zu öffnen, eben auch in ihrem Gefühlsspektrum zu dem Thema hin. Also erstmal sehr weit assoziativ arbeiten, möglichst viele unterschiedliche Methoden zur Verfügung stellen, wie sie sich dem Thema nähern können, also auch mit sehr unterschiedlichen Ausdrucksarten, eben nicht nur die verbale Annäherung an ein Thema, sondern auch körperbetonte, materialbezogene Ausdrucksformen, mit Malen, mit Tonarbeiten, mit verschiedenen Darstellungsformen, mit Farben, mit Musik, mit körperlichem Ausdruck, versuchen, auch Gefühle zu einem Thema darzustellen, z.B. mit Pantomime und und und, um erstmal ein Thema sehr breit und sehr weit aufzuschließen. In dieser Phase lassen wir in der Fortbildung keine wertende Diskussion zu, sondern legen sehr viel Wert darauf, daß jede individuelle Äußerung zu einem Thema ihre Berechtigung hat und erstmal festgehalten wird, so stehenbleibt und auch dokumentiert wird. Der Raum füllt sich mit den Spuren dieser Äußerungen von den Erzieherinnen zu einem Thema. Erst danach kommt eine Phase von Sichtung, von einer ersten Bewertung, von einer Bündelung, von einer Prioritätensetzung, was ist uns daran besonders wichtig und woran will wer arbeiten. Dann kommt eine Aufdifferenzierung ..., wo sich dann vier, fünf, sechs Untergruppen bilden, die sich dann einem dieser aufgeblätterten Aspekte näher widmen wollen, und dann kommt eine rationale Auseinandersetzung damit. Dann kommt Theorie, dann kommen Texte, dann kommen Debatten, dann geht's auch raus aus der Fortbildung, Experten aufsuchen, Gespräche führen, in eine Bibliothek gehen oder in die Kindertagesstätte gehen und dort gezielt eine Beobachtung machen oder ein Gespräch mit der Elternvertreterin oder oder oder. Diese Informationen werden dann weiter aufgearbeitet."

Nach diesem Gespräch ist nun das Interview mit Armin Krenz notiert.

„ ... es hat mit dem eigenen Mensch-Sein zu tun!" – ein Gespräch mit Armin Krenz

Am 2. Juni 1993 hielt Armin Krenz bei der Jahrestagung des Diakonischen Werkes in Braunschweig mehrere Vorträge. Ich sprach mit ihm in der Mittagspause. Bei dem Interview verwende ich noch den Terminus „Situationsorientierter Ansatz". Später habe ich mich entschieden, mit dem Begriff „Situationsansatz" zu arbeiten. Die Begründung dafür ist in der Einleitung notiert. Es muß jedoch an dieser Stelle ausdrücklich darauf aufmerksam gemacht werden, daß Krenz den „Situationsorientierten Ansatz in der sozialpädagogischen Praxis" (KRENZ, 1992, S. 7) von dem Situationsansatz abgrenzt.

In einem Aufsatz, der in der Fachzeitschrift „klein & groß" veröffentlicht wurde, unternimmt er den „Versuch" (KRENZ, 1995, S. 22), die Begriffe „Situationsansatz", „situativer Ansatz", „situatives Arbeiten" und „Situationsorientierter Ansatz (in der sozialpädagogischen Praxis)" (ebd., S. 22) „zu klären und voneinander abzuheben" (ebd., S. 22). Im Sinne der eigenen Meinungsbildung ist eine Kenntnisnahme dieses Beitrages sehr zu empfehlen. Der Aufsatz ist in Heft 3/1995 erschienen, das beim Luchterhand Verlag, Postfach 2352, 56513 Neuwied bestellt werden kann. Nun das Interview.

Stoll: Herr Krenz, sagen Sie doch bitte ganz kurz etwas zu Ihrer Person und Ihrer Tätigkeit.

Krenz: Zu meiner Person: Ich bin 41 Jahre alt, arbeite in Kiel am „Institut für angewandte Psychologie und Pädagogik" und habe drei Schwerpunkte bei meiner Tätigkeit. Zum einen arbeite ich beratend und therapeutisch mit Kindern, Jugendlichen und Erwachsenen. Zum anderen biete ich Seminare innerhalb und außerhalb unseres Institutes an. Darüber hinaus setze ich mich wissenschaftlich mit ganz bestimmten Fragen aus der Elementarpädagogik auseinander. Dazu habe ich auch schon ausgesprochen viel veröffentlicht, um Kindergartenpädagogik offensiv und deutlich nach vorne zu bringen. Dies geschieht in der deutlichen Absicht, der machtbesessenen Verpädagogisierung und Therapeutisierung von Kindheiten durch Erwachsene entgegenzuwirken. Das Institut ist eine seit vielen Jahren bestehende Praxisgemeinschaft für Psychotherapie und Bildung, eine Gesellschaft bürgerlichen Rechts. Sie gehört damit nicht zur Universität Kiel. Die Praxisgemeinschaft hat sich die Aufgabe gestellt, auf der einen Seite unabhängige, wissenschaftliche Arbeit zu leisten, und auf der anderen Seite eine psychotherapeutische Praxisgemeinschaft zu bilden, um Theorie und Praxis abgesichert miteinander zu verbinden.

Stoll: Kommen wir doch mal zum Situationsorientierten Ansatz. Da gibt es verschiedene Begrifflichkeiten: Situationsansatz, Situatives Arbeiten, Situativer Ansatz, Situationsorientierter Ansatz, Situationsbezogener Ansatz usw. Sicherlich kennen Sie noch einige mehr. Grenzen Sie bitte die Termini ab.

Krenz: Also ursprünglich heißt es ja der *„Situationsorientierte* Ansatz in der sozialpädagogischen Praxis".

Hier wird schon deutlich, daß er vom Ursprung her im Sinne der Autonomieentwicklung von Kindern, der Selbständigkeit und der Solidarität etwas ist, was mit Handlungskompetenzen zu tun hat, die die Kinder *innerhalb und außerhalb des Kindergartens* lernen. Alles, was über diesen Begriff hinaus geht, also z.B. der Situative Ansatz, ist eine Verkürzung des Situationsorientierten Ansatzes, der in Sinnzusammenhängen für Kinder mit Kindern gemeinsam erarbeitet wird. Der *Situative Ansatz* bedeutet, die Mitarbeiterinnen haben sich entschieden, isolierte Situationen zu beobachten und „spontan" umzusetzen. Beispiel: Ein Kind kommt und erzählt, daß seine Oma gestorben ist. Jetzt sage ich als Erzieherin möglicherweise, ich setze mich mit dem Thema „Tod" auseinander. Also ich warte immer auf bestimmte Situationen und das mache ich zum Prinzip meiner Arbeit, ohne daß ich das ganze in einen Sinnzusammenhang setze. Die Folge ist eine „teilisolierte Oberflächenarbeit".

Stoll: Das hört sich nach Anlaßpädagogik an.

Krenz: So ist es und genauso ist es auch in der Praxis üblich. Das heißt, hier wird dieser Situationsorientierte Ansatz verkürzt und damit *pervertiert*. Eine etwas schlimmere Form ist dann eben, daß ich sage, ich arbeite *situativ*. Das bedeutet, ich habe die Haltung als Erzieherin, mich hinzusetzen und zu warten, bis etwas passiert, und plane dann nicht nur, sondern greife spontan etwas auf. Der *Situationsbezogene Ansatz* ist das Bemühen von Mitarbeiterinnen in der Elementarpädagogik, diesen roten Faden zu finden, aber es nicht schaffen, die Lebenssinnzusammenhänge von Kindern im Sinne von Lebensplänen miteinander in Verbindung zu bringen. Das sind, ganz kurz, die Unterschiede.

Stoll: Wenn Sie eine Erzieherin fragt, Herr Krenz, was heißt denn jetzt Situationsorientierter Ansatz? Was ist das? Erklären Sie mir das doch mal.

Krenz: Dann sage ich, daß der Situationsorientierte Ansatz der Ansatz ist, der Kindern dabei helfen möchte, ihre Vergangenheit zu *bearbeiten* und zu *bewältigen*.

Vergangenheitsbearbeitung heißt, aus dem, *wie sich ein Kind verhält*, was es mir *erzählt* und was es mir durch die unendliche Kraft von *Zeichnungen* deutlich macht, wie es ihm im *Augenblick geht*, das Bedeutsame aufzugreifen und in *Sinnzusammenhängen nacherleben zu lassen*. Ich stelle mit Kindern gemeinsam Situationen nach, wo die Kinder das nocheinmal erleben können. Dazu ein Beispiel: Ein Kind erzählt davon, daß es beim Fliegen ganz ganz große Angst gehabt hat. Das Thema Angst, wenn es auch ein Thema von anderen Kindern ist, kann mich dazu führen, daß ich unter anderem mit Kindern gemeinsam ganz viel Holz besorge. Wir schaffen uns Holz herbei und bauen im Kindergarten auf dem Freigelände ein riesengroßes Flugzeug. Ein Flugzeug, das geschaukelt werden kann, ein Flugzeug, das vielleicht auch abstürzen kann, indem eine große schwarze Plane darüber gedeckt wird. Hier wird die Situation noch einmal nacherlebt – nicht über

Gespräche, sondern über Handlung. Und dies *neben anderen Erlebnissen der einzeln Kinder* im Projekt „Angst".

Stoll: Bleiben wir doch am besten noch bei diesem Beispiel. Beim Situationsorientierten Ansatz wird ja unterschieden nach dem „Situationsanlaß" und der „Situation".

Krenz: Ja, das ist richtig. Das heißt, hier muß ich einfach schauen, daß die Situation häufig eine Motivation für Kinder hat, ihr eigentliches Gefühl über die Situation zum Ausdruck zu bringen. Also: Wenn ein Kind von diesem Flug und dem Flugzeug berichtet, dann kann die Situation dazu führen, daß ich erstmal zu Kindern sage, hey, das ist eine Idee, um mit Kindern zum Flugplatz zu fahren. Nur, wenn es nicht das Flugzeug oder das Fliegen ist, ist es die Angst und sind es die Gefühle, die ein Kind damit verbindet. Ein anderes Beispiel: Ein Kind, das sehr viel mit Waffen spielt, spielt ja nicht deswegen mit Waffen, weil es mit dem Thema Krieg zu tun hat, sondern es hat ganz eindeutig etwas zu tun mit der Ohnmacht. Kinder versuchen, aus dieser Ohnmacht herauszukommen, indem sie dafür Sorge tragen, daß sie mittels der Waffe mächtiger werden. Thema ist also nicht der Situationsanlaß oder -impuls „Kinder spielen mit Waffen", sondern das, was ein Kind und/oder die Kinder damit *aus-drück-en* möchten, um ihrer Ohnmacht kompetent zu begegnen.

Stoll: Kann man denn verkürzt sagen, Situation ist gleich Bedürfnis und Bedürfnis ist gleich Thema?

Krenz: Und Bedürfnis ist gleich Thema, das kann ich sicherlich beim Situationsorientierten Ansatz so sagen. Wobei Bedürfnis nicht so verstanden werden kann, alles, was ein Kind machen möchte, mache ich, sondern ich sage immer, Bedürfnisse und Notwendigkeiten, die das Kind zum Aus-druck bringt, zum Aus-druck im Sinne von *sich-aus-dem-Druck-bringen.* Die Bedürfnisse und Notwendigkeiten muß ich verstehen und da muß ich *symbolisches Verhalten* von Kindern begreifen. Das bedeutet, ich muß von der Entwicklungspsychologie, aus dem Anthropomorphismus von Kindern, den bildlichen Vorstellungen, mit denen Kinder etwas aus-drücken, unendlich viel verstehen, um zu begreifen, was das eigentliche Bedürfnis, der Wunsch, aus dem Druck zu kommen, ist.

Stoll: Also Symbole deuten können, die Kinder mir bieten.

Krenz: So ist es. Das kann ich ganz klar sagen. So ist es.

Stoll: Können Sie das an einem Beispiel verdeutlichen?

Krenz: Ich erläuterte das an dem Beispiel „Waffe". Ich kann auch ein anderes Beispiel geben: Wenn ein Kind eine Sprachstörung hat, dann kann mich das dazu führen, daß ich sage, eine Sprachstörung, sagen wir einmal ein sogenanntes „klonisches Stottern" ist etwas, wo ein Kind in einer Zerrissenheit lebt. Ich arbeite mit sexuell mißhandelten Kindern.

Auf der einen Seite haben Kinder häufig von jenen Personen, die sie sexuell mißhandelt haben bzw. mißhandeln die Auflage, ein Geheimnis zu hüten. Auf der anderen Seite sind sie in einem Druck, etwas sagen zu müssen und zu wollen. Sprachstörung ist ein Bild: Ich bin *zer-rissen* in meiner Seele und im output meiner Sprache zwischen „Zurückhaltung und Ausdruck-geben-wollen."

Stoll: Das heißt, der Situationsorientierte Ansatz orientiert sich mehr an der Vergangenheit, um das aufzuarbeiten, was das Kind beschäftigt und nicht in die Zukunft, um das Kind in irgendeine Richtung „zu ziehen"?

Krenz: Sie sagen das genau richtig. Ich sehe diesen Ansatz nicht unter dem Aspekt der Förderung im Sinne der Entwicklung, dem Nach-vorne-Kommen, sondern als ein *Zurückspüren jetzt in der Gegenwart*. Und wenn ich es ver-arbeitet, be-griffen habe, worum es geht, durch Handlung, dann kann ich mich letztendlich auf die Zukunft einlassen. Das geht uns Erwachsenen genauso.

Stoll: Dann muß ja die Erzieherin eine ganz hohe Sensibilität für die Kinder haben und eine hohe Sensibilität für sich selber.

Krenz: So ist es. Den Situationsorientierten Ansatz werden auch nur Menschen realisieren können, die auf der einen Seite sehr viel *Selbsterfahrung* mit sich gemacht haben, und auf der anderen Seite Begriffe, die sie für die Pädagogik formulieren, für sich selber auch zur Realität werden lassen. Das bedeutet wirklich *lebenslanges Lernen*. Gleichzeitig ist es nötig, sich immer wieder als Kind selber zu entdecken.

Stoll: Die Ausbildung der Erzieherinnen gibt aber kaum Raum, um solche Selbsterfahrung zu machen. Bedeutet das, wenn ich das jetzt verkürze, Erzieherinnen können eigentlich gar nicht sofort nach dem Abschluß ihrer Berufsausbildung nach dem Situationsorientierten Ansatz arbeiten?

Krenz: So können Sie das sagen. Eine Erzieherin, die frisch von der Fachschule kommt, kann das sicherlich nicht. Die Fort- und Weiterbildung hat daher eine ganz große Bedeutung. Allerdings sind in vielen Ausbildungsstätten Veränderungen im Gange. Ich bin jetzt gerade in Niedersachsen von einer großen Schule angesprochen worden. Das Vorpraktikum bezieht sich dort praktisch nur darauf, die Siebenerschrittfolge, die ich entwickelt habe, im Verlauf eines Jahres mit PraktikantInnen zu erarbeiten und zu übertragen.

Stoll: Beschreiben Sie bitte kurz die Schrittfolge.

Krenz: Die Siebenerschrittfolge beinhaltet erstens die Vergegenwärtigung des Lebens von Kindern, zweitens das Beobachten und Verstehen, was Kinder aus-drücken, drittens das Finden von Lebensplänen der Kinder und eine Vorformulierung eines möglichen Themas, viertens, mich gemeinsam mit Kindern in eine Betroffenheit zu bringen mit dem, womit sich das einzelne Kind gerade auseinandersetzt, das zum Thema machen und Themen sammeln, fünftens, mit Kinder ein Projekt durchzuführen, sechstens, mit Kindern das Projekt auszuwerten und siebtens, aus dieser Auswertung ein neues Projekt zu finden.

Stoll: Aber sind diese Forderungen nicht alter Wein in neuen Schläuchen? Eigentlich sind das doch Inhalte, die auch Jürgen Zimmer fordert.

Krenz: Stimmt. Alter Wein in neuen Schläuchen, stimmt. Ich habe mir die Frage gestellt, warum ist es so, daß der Situationsorientierte Ansatz in der Praxis kaum bis gar nicht gemacht wird. Und da gab es für mich einen Widerspruch mit dem, was Herr Zimmer auf der einen Seite öffentlich gemacht hat, aber auf der anderen Seite offensichtlich in eine funktionsorientierte Sichtweise zurückgefallen ist, wo diese Konsequenz der Arbeit und des Lebens und Lernens mit Kindern grundsätzlich nicht deutlich geworden ist. Ich habe versucht, diesen Ansatz weiter-zuentwickeln.

Ich führe in Kiel Seminare durch, und Erzieherinnen erfahren und erleben, daß dieser Ansatz praktikabel ist. Wir überlegen gemeinsam, wie eine Situationsanalyse aussieht und überlegen, wie Projekte hypothetisch aussehen könnten.

Stoll: Können Sie das an einem Beispiel darstellen, wie diese Weiterentwicklung aussieht?

Krenz: Also das zeigt sich so, daß es häufig sieben Tage sind, sieben einzelne Tage, in denen dann einzelne Aufgaben erarbeitet werden. Nach einer Einführung thematisieren wir beispielsweise die Gruppenbeobachtung – wie sich die Kinder im Augenblick verhalten, was sie erzählen und setzen uns mit Kinderzeichnungen auseinander, die die Erzieherinnen mitbringen.

Wir versuchen, Lebenspläne von Kindern herauszufinden. Und ich muß wirklich sagen: Es klappt immer! Ausnahmslos!

Dann versuchen wir, ein Projektthema zu formulieren und dann formulieren wir aus unserer Sicht, was uns an Themen dazu einfällt. Dann kommt die Betroffenheit der Erzieherinnen, wenn ich sage: Schaut her, so geht es den Kindern im Augenblick. Damit setzen sich die Kinder auseinander. Jetzt beschreibt mal, was habt ihr eigentlich in den letzten Monaten mit diesen Kindern, denen es so und so geht, gemacht. Dann erzählen sie mir, daß sie etwas ganz anderes gemacht haben. Die Betroffenheit und die Feststellung, Handlungsschritte sind tatsächlich abzuleiten, motiviert Erzieherinnen so stark, daß sie ihre Praxis grundlegend verändern.

Stoll: Aber sind das nicht auch Forderungen von Jürgen Zimmer?

Krenz: Ja, sind es. Und ich kann nur sagen, daß es, wenn es nach mir geht, ganz ganz viele Menschen geben müßte, die genauso praxisorientiert – ich bin ja in Kindergärten tätig – mit Erzieherinnen vor Ort arbeiten, damit sie einfach merken, daß eine Arbeit nach dem Situationsorientierten Ansatz möglich ist. Es gibt leider zuwenig Leute, die das machen.

Stoll: Könnten Ihre Weiterentwicklungen, wie Sie es nennen, auch eine Weiterentwicklung der Theorie bedeuten?

Krenz: Das kann es haben. Ich muß sagen, damit setze ich mich überhaupt nicht auseinander. Ich bin jemand, der zunächst einmal an die Praxis denkt. Ich mache diese Seminare seit drei Jahren. Diese Seminare sind voll belegt. Ich führe ein Parallelseminar nach dem anderen durch. Die Erzieherinnen sind einfach fasziniert. Es spricht sich herum und die wenigen freien Termine, die ich mir ursprünglich mal gesetzt habe, das weiter-zu-entwickeln, zu begleiten, die gehen alle durch entsprechende Seminare weg.

Stoll: Woran liegt es denn konkret, daß beispielsweise in Hessen oder in südlicheren Bundesländern der Situationsorientierte Ansatz noch nicht Fuß gefaßt hat?

Krenz: Ich glaube, das wesentliche dabei ist, zu begreifen, daß dieser Situationsorientierte Ansatz mit sehr vielen Merkmalen verbunden ist. Es hat zum Beispiel etwas mit Veränderung von Teamarbeit zu tun. Es gibt ja sogenannte 13 Einflußgrößen, die ich in meinem Buch beschrieben habe. Es hat zu tun mit einer anderen Art von Öffentlichkeitsarbeit – also sich nicht nur bei einem Laternenfest in der Zeitung abbilden zu lassen oder bei einer Scheckübergabe, sondern der Öffentlichkeit mitzuteilen, der Kindergarten bietet weitaus mehr. Den Situationsorientierten Ansatz zu *realisieren* heißt, *vor Ort* dafür zu sorgen, daß diese Arbeit mit Kindern erst überhaupt *möglich* wird. Da ich aus dem Norden komme, sage ich immer, das ist wie bei einem Pharisäer: Das Sahnehäubchen auf dem Pharisäer, das ist letztendlich die Arbeit mit den Kindern. Aber das, was drumherum ist – Kaffee mit dem Alkohol -, das muß ich vorher erst einmal schaffen. Das andere ergibt sich von selbst. Hier geht es zum Beispiel darum, welchen Standpunkt habe ich, welches Rollenbild habe ich von mir, wie gehe ich mit Rechten von Kindern um, wie verstehe ich symbolisches Verhalten, wie sieht die Zusammenarbeit mit dem Träger aus, wie pflege ich sie, welche Formen von Öffentlichkeitsarbeit praktiziere ich, wie arbeite ich mit der Ausbildungsstätte der Praktikantinnen zusammen; ganz viele Elemente, die ich für mich klären muß.

Stoll: Ein wichtiges Prinzip des Situationsorientierten Ansatzes ist das generationsübergreifende Lernen.

Krenz: Also generationsübergreifendes Lernen oder überhaupt die Gemeinwesenorientierung. Das heißt, die Themen der Kinder finde ich vor Ort. Generationsübergreifendes Lernen bedeutet auch, daß ich zu allen Themen sicherlich etwas finden kann. Sagen wir mal zum Thema „Angst": Daß alte Menschen in Altenheimen leben, Angst haben, daß sich niemand um sie kümmert. Daß hier alt und jung und jung und alt zu einer Form zusammen-finden, die wirklich ein gemeinsames Leben und Lernen bedeutet und der Kindergarten davon abkommt, z.B. alten Leuten etwas vorzuführen, wo letztendlich diese Haltung kommt, oh wie nett und wie süß sind die Kinder. Genau darum geht es nicht, sondern darum, nach Möglichkeiten von generationsübergreifendem Lernen direkt in der Praxis vor Ort zu suchen und zu realisieren.

Stoll: Die altersgemischte Gruppe ist ein weiteres Merkmal.

Krenz: Die altersgemischte Gruppe ist natürlich ein unverzichtbares Merkmal. Untersuchungen der Freien Universität in Berlin haben ergeben, daß altersgleiche Gruppen Rivalität bei Kindern provozieren. Das ist eine ganz klare Sache. Stecken Sie 20 dreijährige Kinder in eine Gruppe, und alle können mehr oder weniger das gleiche. Dann will ich mich ja auch abheben von den anderen. Zum anderen holt ein Kindergarten, der nach dem Situationsorientierten Ansatz arbeitet, die Realität herein.

Ich kenne keine Spielstraße von Kindern, ich kenne keinen Spielplatz, wo die Regelung besteht, von sechs bis sieben Uhr dürfen lediglich alle Kinder im Alter von vier bis fünf Jahren dort spielen. Insoweit geht es gar nicht anders, altersgemischte Gruppen zu schaffen.

Stoll: Sie haben eben auch auf die Teamarbeit verwiesen. Wie sieht denn eine Teamarbeit bei Erzieherinnen aus, die nach dem Situationsorientierten Ansatz arbeiten?

Krenz: Das kann ich Ihnen aus der Praxis sagen. Einige Kindergärten, die diesen Ansatz realisieren, entscheiden sich zum Beispiel einmal im Jahr, für zirka drei bis fünf Tage ein Selbsterfahrungsseminar zu machen. Alle Mitarbeiter/innen machen gemeinsam ein Selbsterfahrungsseminar und haben auch immer die Möglichkeit, mich bei ganz bestimmten Fragen anzurufen und mit mir nach einer Antwort zu suchen.

Stoll: Wenn ich mir nocheinmal in Erinnerung rufe, welche Personen Sie eben angeführt haben, mit denen die Erzieherinnen zusammenarbeiten – Kinder, Eltern, Großeltern und andere Personen – dann denke ich, eigentlich ist doch auch pädagogische Arbeit Beziehungsarbeit. Und zwar nicht nur bezogen auf das Kind, sondern auch auf die anderen Menschen im sozialen Umfeld.

Krenz: Ohne Beziehungsarbeit geht überhaupt nichts. Das bedeutet, wir müssen vor allem versuchen zu verstehen. Und das ist etwas, was ich auch von der Antipädagogik gelernt habe – Ekkehard von Braunmühl ist für mich ein großer Lehrmeister. Ich muß alles, was ich an sogenannten pädagogischen Methoden habe, hinten anstellen und sagen: *Ich bin als*

Person das wichtigste Medium, Transportmittel. Es geht alles nur über eine Beziehung, die von Kindern gespürt wird. Nämlich eine Beziehung der Art: Der andere will mich *nicht* anders machen als ich bin.

Stoll: Wenn jetzt ein Kindergartenteam zu Ihnen sagt, wir möchten bei uns den Situationsorientierten Ansatz einführen. Was sagen Sie den Erzieherinnen?

Krenz: Dann sieht das in der Regel so aus, daß mich ein Team bucht, und daß ich für drei oder fünf Tage dort in dieser Einrichtung vor Ort mit Erzieherinnen diese Seminare mache. Das ist ein großer Bestandteil meiner praktischen Arbeit.

Stoll: Kann man das nur machen über Armin Krenz in der Bundesrepublik, oder gibt es noch andere Möglichkeiten?

Krenz: Es gibt sicherlich auch Herrn Zimmer, wobei ich seine Arbeitsweise nicht kenne. Es gibt sehr wenige Menschen, die sich so intensiv mit dem Situationsorientierten Ansatz auseinander gesetzt haben. Ich werde auch aus Süddeutschland angerufen und gefragt, ob ich nicht dorthin kommen kann. Ich war gerade vor vierzehn Tagen in Heidelberg, wo mir einfach gesagt wird, es fehlen Menschen, die vor Ort mit den Erzieherinnen gemeinsam etwas machen. Ich kenne einfach zuwenig. Jetzt bin ich aber dabei, zwei kompetente Fachfrauen in Berlin und Jena einzuarbeiten, die mir im Delegationsverfahren Arbeit abnehmen werden.

Stoll: Nun ist ja auch die Rede von dem „lebensbezogenen Ansatz", den Norbert Huppertz in die Diskussion gebracht hat. Was denken Sie darüber?

Krenz: Zu diesem Ansatz kann ich nur sagen: Es ist für mich eine bunte Gemüsesuppe. Und zwar von allem etwas. Ein bißchen Traditionspädagogik, ein bißchen funktionsorientiertes Training, ein bißchen Demokratie und Selbstbestimmung der Kinder, Religionspädagogik im Sinne von aufgesetztem Zusatz-programm und auch Vorbereitung auf die Schule. Wenn ich mir unter fachlichen Gesichtspunkten diesen „lebensbezogenen Ansatz" ansehe, dann entdecke ich von allen Ansätzen etwas. Das ist etwa, das für mich zur Unklarheit führt. Den „lebensbezogenen Ansatz" lehne ich grundsätzlich ab! Ich glaube übrigens, daß dieser „lebensbezogene Ansatz" leider in der Praxis sehr gut ankommt, weil er nämlich immer ein Alibi zuläßt, immer wieder zu sagen, ja, das machen wir doch. Und darum geht es genau nicht, sondern zu sagen: Es gibt Dinge, die mache ich, und es gibt Dinge, die werde ich nicht machen. Gleiches gilt für den sogenannten „öko-pädagogischen Ansatz", bei dem die ganze Besserwisserei von Erwachsenen den Kindern pädagogisiert übergestülpt wird.

Stoll: Ich möchte am Schluß unseres Gesprächs mit Ihnen in die Zukunft schauen. Welche Chancen geben Sie dem Situationsorientierten

Ansatz? Ist er vielleicht sogar out in den nächsten Jahren? Kommt was Neues?

Krenz: Ich glaube deswegen nicht, daß er out ist, weil er immer von der Gegenwart ausgeht. Und auch im Jahre 2010 wird genau bei diesem Ansatz auch wieder die Frage sein: Wie geht es den Kindern heute im Jahr 2010? Das heißt, er ist *zeitlos*. Die Tatsache, daß sich der Situationsorientierte Ansatz so lange gehalten hat, seit Bestehen, und häufig nicht realisiert wird, ist für mich ein Hinweis darauf, daß einerseits eine Faszination von diesem Ansatz ausgeht und er deswegen ganz klar eine Überlebensstrategie hat, aber andererseits in der Praxis schwer zu realisieren ist. Das fordert heraus!

Stoll: Spannend, denke ich, ist die Diskussion ja auch in bezug auf die neuen Bundesländer. Ich habe heute bei der Tagung Erzieherinnen aus den neuen Bundesländern beobachtet und hatte das Gefühl, daß in den Gesichtern der Kolleginnen ein ganz großes Fragezeichen steht. Und je länger Sie referierten, um so mehr sanken ihre Köpfe nach unten, und um so mehr hatte ich das Gefühl, daß da eine ganz große Unsicherheit vorhanden ist.

Krenz: Also erstmal glaube ich, daß die Schere zwischen Ost und West gar nicht so groß ist. Ich führe ja auch Seminare in den neuen Bundesländern durch und erlebe, daß eine ganz große Ernsthaftigkeit und ein ganz großes Theorie-Interesse da ist. Das fasziniert mich. Die Frauen und Männer aus den neuen Bundesländern, in der Regel sind es Frauen, haben im Augenblick ganz andere Fragen, als sich mit inhaltlichen Fragen aus der Elementarpädagogik auseinanderzusetzen. Ich meine, es kann zunächst einmal nicht darum gehen, 'rüber zu rasen, die Erzieherinnen fachlich zu überfrachten und zu sagen, wie toll irgendein Ansatz ist. Den Kolleginnen und Kollegen muß vielmehr dabei geholfen werden zu begreifen, daß man Kinder auch vielleicht unter einem anderen Aspekt sehen kann, daß man auch eine Pädagogik aus den Rechten von Kindern ableiten kann. Allerdings ist es notwendig zu verstehen, daß diese Frauen und Männer erst einmal andere Fragen für sich in ihrem Leben beantworten wollen. Situationsorientierter Ansatz bedeutet für mich auch, wenn ich Seminare zu diesem Thema durchführe, daß ich auch inhaltliche Fragen zurückstellen kann und sage, hier geht es um ganz andere Themen.

Stoll: Mir ist bekannt, daß viele Erzieherinnen aus den neuen Bundesländern sehr großes Interesse an den Didaktischen Einheiten haben. Ist das eine Lösung, wenn man ihnen die Didaktischen Einheiten in die Hand drückt und sagt: Lesen Sie das durch. Dann verstehen Sie, wie eine Arbeit nach dem Situationsorientierten Ansatz praktiziert wird?

Krenz: Die Didaktischen Einheiten halte ich für überhaupt nicht hilfreich. Also den ersten Teil Ihrer Frage kann ich grundsätzlich mit „nein" beantworten. Das zweite: Ich werde den Situationsorientierten Ansatz nie durch das Lesen oder Erarbeiten von irgendwelcher Literatur begreifen, weil es mit dem eigenen Mensch-Sein zu tun hat.

Ich kann zwar sagen, ich bin Handlungspartner oder Bündnispartner von Kindern. Die Frage ist, ob ich wirklich z.B. die Fähigkeit habe, daß Kinder in der Arbeit spüren, daß ich sie unendlich mag und sie in ihrem **SO-SEIN** verstehe. Und diese Liebe, die kann ich nicht aus Büchern lernen. Das ist etwas, wie ich auch mein eigenes Kind-Sein auch in der Arbeit mit Kindern einbringe.

Stoll: Den Didaktischen Einheiten haben Sie den Vorwurf gemacht, daß sie eine gewisse Funktionsorientierung verfolgen.

Krenz: Ja, ja, stimmt. Auch wenn dies nicht in der Absicht dieser Didaktischen Einheiten lag – es liegt in der Natur der Existenz dieser Einheiten. Wer dies leugnet, leugnet die Realität vor Ort.

Stoll: Ich danke Ihnen für das Gespräch.

In den Gesprächen mit Christa Preissing, Thomas Thiel, Jürgen Zimmer und Armin Krenz wurde auch die Ausbildungssituation von angehenden Erzieherinnen erörtert. So wurde die verschulte Ausbildung problematisiert, die nach Ansicht der Befragten *ein* Grund dafür ist, daß Erzieherinnen Probleme bei der Realisierung einer pädagogischen Arbeit nach dem Situationsansatz haben.

Anhand einer Standortbestimmung zur Erzieherinnenausbildung aus der Sicht eines Dozenten, der an einer Fachschule für Sozialpädagogik arbeitet, soll dieser Einschätzung nachgegangen werden.

Eine Standortbestimmung zur Erzieherinnenausbildung
von Günther Scheibehenne

Günther Scheibehenne bildet seit über 14 Jahren Erzieherinnen aus. Im Verlauf seiner eigenen Studien setzte er sich intensiv mit dem Situationsansatz auseinander. Er thematisierte ihn u.a. in seiner Dissertation. Scheibehenne fragte ich, warum die Vermittlung einer pädagogischen Arbeit nach dem Situationsansatz an der Fachschule für Sozialpädagogik an Grenzen stößt und welche Grenzen sich lokalisieren lassen. Er verwies bei seiner Einschätzung insbesondere auf vier Variablen, die sich ungünstig auf eine Qualifizierung von Erzieherinnen für eine pädagogische Arbeit nach dem Situationsansatz auswirken:

* Sozialisation der Erzieherinnen
* Gesellschaftliches Bild der Erzieherinnen
* Ausbildungswege von Erzieherinnen
* Konkrete Bedingungen von schulischen Institutionen

Als eine Variable benannte er die Sozialisation der Erzieherinnen. Bereits zu Beginn ihres schulischen Werdeganges sei ihnen zumeist eine passive Rolle zugeschrieben worden; reaktives Lernen stehe dabei im Vordergrund. Aber auch schon vorher, im Kindergarten seien sie oft „domestiziert" worden. Diese Erfahrungen stünden den Forderungen des Situationsansatzes gegenüber: „Der Situationsansatz fordert ein bestimmtes Bewußtsein für das Klientel. Es ist schwer möglich, über ein solches Bewußtsein zu verfügen, wenn ich es selber nicht erfahren habe." Dies werde begünstigt durch das Notensystem in der Schule, bei dem Lernen pervertiert werde.

Die Erfahrung, „Lernen zu lernen", könne man hier unter diesen Bedingungen kaum machen.

Erzieherinnen, die dies jahrelang erfahren hätten, würden ähnlich schulisch im Kindergarten arbeiten. Sie böten konkrete Beschäftigungen an, die genau geplant seien. So, wie sie es jahrelang in der Schule erfahren hätten. Scheibehenne: „Dabei wird den Kindern Lebensfreude genommen!"

Ebenso könne man auch den Sozialisationsprozeß der Lehrenden an den Fachschulen beschreiben.

Eine weitere wichtige Rolle spielt nach Scheibehenne der Stellenwert der Erziehung in unserer Gesellschaft. Der Status der Erzieherinnen lasse sich konkret festmachen an der schlechten Bezahlung und den schlechten Arbeitsbedingungen.

Dies seien Hinweise auf die geringe Anerkennung des Berufes „Erzieherin", die oftmals auch von den Erzieherinnen verinnerlicht würde. Das für eine Veränderung dieser Bedingungen notwendige Bewußtsein käme dadurch erst gar nicht zur Entfaltung.

Als weitere Variable sei die Ausbildung an der Fachschule für Sozialpädagogik zu diskutieren:

In der Fachschule für Sozialpädagogik sei ebenso, wie an den anderen Schulen, oft eine traditionelle Schuldidaktik anzutreffen. Es bestehe kaum Raum zur Reflexion des eigenen Sozialisationsprozesses. Dadurch gebe es wenig Möglichkeiten zur Selbsterfahrung, die für eine pädagogische Arbeit nach dem Situationsansatz äußerst bedeutsam sei. Dies sei eine wichtige Voraussetzung dafür, sich mit seiner eigenen domestizierenden Erziehung auseinander zu setzen, sie abzulegen, um dann die Kinder im Kindergarten befreiend zu erziehen.

Diskussionen, bei denen sich die Studierenden engagiert beteiligen würden, würden durch das Klingelzeichen jäh unterbrochen. Dann müßten sich die Studierenden und die Dozentinnen sowie die Dozenten innerhalb weniger Minuten auf den darauf folgenden Unterricht um- und einstellen.

Eine so konzipierte Ausbildung stehe den Axiomen und Absichten des Situationsansatzes diametral gegenüber.

Hinzu kämen konkrete ungünstige Bedingungen in den Kindergärten:

Oftmals sei der Kindergarten vergleichbar mit einem Getto. Abseits vom „wirklichen Leben" seien zuviele Kinder auf zu kleinen Flächen untergebracht und würden dort verwahrt, aber nicht adäquat begleitet. Oft seien die Erzieherinnen überlastet. Eine pädagogische Arbeit nach dem Situationsansatz bedeute zudem eine radikale Umgestaltung der Räume. Dies sei aber in der Praxis kaum anzutreffen. So müsse auch eine gemeinwesenorientierte Gebäudegestaltung vorhanden sein. Das bedeute konkret, Räume für Erfahrungen zu schaffen, Ecken und Nischen einzurichten, wo sich Menschen treffen können, wo Menschen Sitzen und Reden können, wo Menschen sportliche und kreative Aktivitäten praktizieren können.

Die Prinzipien des Situationsansatzes könnten nach der Meinung von Günther Scheibehenne automatisch verwirklicht werden, wenn der Kindergarten zu einem Gemeindezentrum umgestaltet würde, in dem sich kommunales Leben abspielen könnte, und der dann von den unterschiedlichsten Gruppen und Vereinen genutzt werden könnte und würde. Vielfältige menschliche Begegnungen wären möglich.

Diese Bauweise und Einrichtung von Gebäuden müsse auch auf die Freiflächen zutreffen. Sie sollten Ecken und Nischen aufweisen, Erfahrungen mit Naturmaterialen und -elementen ermöglichen, Körpererfahrung provozieren und es sollten gestaltbare Materialen vorhanden sein, die keine festgelegte Funktion haben.

Grundsätzlich müsse sich das gesellschaftliche Bewußtsein hinsichtlich der Haltung gegenüber Kindern ändern. Es müsse deutlich werden: „Kinder sind wichtig, und Kinder brauchen Menschen, die ihnen zuhören und die sie ernst nehmen."

Ich fragte Günther Scheibehenne, welche Möglichkeiten er sieht, trotz der schulischen Eingrenzungen den Situationsansatz zu vermitteln. Scheibehenne: „Ich gehe mit den Studierenden nächste Woche segeln." Eine solche Aktion außerhalb der schulischen Mauern eröffne wichtige Selbsterfahrungsmöglichkeiten.

Grundsätzlich stellte Scheibehenne fest, daß sich das Lernumfeld ändern müsse. Noten sollten abgeschafft und den Studierenden mehr Raum zur Selbsterfahrung gegeben werden.

Das Lernen müsse sich entfernen von der Reproduktion hin zur selbständigen Arbeit. Es müsse eine Verflechtung der verschiedenen pädagogischen Felder vorgenommen werden, die den konkreten Praxisbezug und eine angemessen Reflexion beinhalte. Studierenden solle viel mehr Raum zu Eigeninitiativen zugestanden werden.

In Betracht gezogen werden müsse auch die Ausbildung der Dozentinnen und Dozenten, die zudem in sehr verschiedenen Fachdidaktiken ausgebildet wurden.

Günther Scheibehenne fordert einen inhaltlich übergreifenden Unterricht, der gemeinsam mit anderen Kolleginnen und Kollegen durchgeführt wird, also „team-teaching".

Rahmenrichtlinien müßten dahingehend geändert werden, daß eine solche Ausbildung überhaupt möglich würde. Dies betreffe insbesondere die formale Abhängigkeit der Dozentinnen und Dozenten von ihren Vorgesetzten, die abgeschafft werden müsse. Scheibehenne: „Wir sind Befehlsempfänger". Schulische Verwaltung stelle eine große Barriere dar. Situationsorientierter Unterricht sei unter den bestehenden Bedingungen nicht möglich. Als Beispiel nannte er den Umstand, daß eine Exkursion zwölf Tage vorher angemeldet werden müsse. „Das ist ein Unding. Eigentlich müßte es möglich sein, bei schönem Wetter am gleichen Tag die Boote startklar zu machen, um dann auf der Lahn gemeinsam zu rudern."

Die Schulverwaltung müsse mehr Kompetenzen abgeben, um den Dozentinnen und Dozenten einen größeren Freiraum zu ermöglichen, und um dann gemeinsame Projekte durchführen zu können. Dann könne auch aktives, lebendiges Lernen gegenüber reaktivem Lernen erfolgen, so wie es bei einer pädagogischen Arbeit nach dem Situationsansatz der Fall sei.

Zusammenfassung und Resümee der Ausführungen von Günther Scheibehenne:
Im Verlauf seiner Ausführungen stellt Scheibehenne ausführlich fest, daß es kaum möglich ist, den angehenden Erzieherinnen im Verlauf der schulischen Ausbildung den Situationsansatz adäquat (also erlebnis- und projektorientiert) zu vermitteln. In diesem Zusammenhang verweist er auf die domestizierende schulische Sozialisation, die auch an der FSP stattfindet, und die dann von den Erzieherinnen in der sozialpädagogischen Praxis praktiziert wird. Dabei werden wiederum die Kinder domestiziert, die dadurch in ihren Entwicklungsmöglichkeiten eingeschränkt werden.

Um diese ungünstige Spirale aufzubrechen, muß eine Veränderung der schulischen Strukturen gefordert werden, die eine Ausbildung ermöglicht, bei der die Erzieherinnen nicht auf fragwürdige Beschäftigungsmaßnahmen vorbereitet werden, sondern auf eine pädagogische Arbeit, die von den Bedürfnissen, der Lebenswirklichkeit und den damit korrespondierenden Betroffenheiten der Kinder ausgeht.

Zu fordern ist auch eine Weiterbildung der Dozentinnen und Dozenten, damit die Studierenden nicht als „Container" verkopfter Inhalte und Quantitäten verstanden werden, sondern als lernende, einzigartige, ganzheitliche, auf Sozialität angewiesene und aktiv handelnde Persönlichkeiten mit vielfältigen Kompetenzen, Gefühlen und Gedanken. Im übrigen müßte auch bei der Weiterbildung der Dozentinnen und Dozenten beachtet werden, daß die Lehrenden lernende, einzigartige, ganzheitliche, auf Sozialität angewiesene und aktiv handelnde Persönlichkeiten mit vielfältigen Kompetenzen, Gefühlen und Gedanken sind. Studierende, die von solchen Ausbilderinnen und Ausbildern begleitet und unterrichtet werden, können dann auch die Einsicht entwickeln, daß Kinder lernende, einzigartige, ganzheitliche, auf Sozialität angewiesene und aktiv handelnde Persönlichkeiten mit vielfältigen Kompetenzen, Gefühlen und Gedanken sind. Solche Studierende werden sich dann auch selbst-tätig handelnd auf eine pädagogische Arbeit einlassen können, bei der das Kind und seine Lebenswirklichkeit Ausgangs- und Mittelpunkt ist – und damit auch, wenn sie wollen, auf eine Arbeit nach dem Situationsansatz ...

Man sieht nur mit dem Herzen gut.
Das Wesentliche ist für die Augen unsichtbar.
(DE SAINT-EXUPÉRY, 1988, S. 54)

Anhang

Einbruch, Diebstahl, Angst

ein pädagogisches Projekt, um mit Kindern die damit verbundenen Gefühle aufzuarbeiten.

Am Pfingstwochenende wurde bei uns im Kindergarten eingebrochen. Es wurden Haushaltsgeräte und andere Gebrauchsgegenstände gestohlen.
Mittlerweile ist das Diebesgut wieder bei uns gelandet, die Polizei ist den Tätern auf der Spur.
Man könnte sagen, alles beim Alten...
...oder doch nicht?
Abgesehen von der ganzen Arbeit mit Polizei und Versicherungen, möchten wir allerdings behaupten, daß die wirklich Geschädigten die Kinder sind.

①

Wir erlebten die Kinder sehr unterschiedlich.
Einerseits schien es uns, als fühlten sie sich mitten in einem Krimi.
Sie wollten Einzelheiten des Tathergangs wissen, untersuchten den Kindergarten mit Lupen nach Spuren, schauten in den Räumen nach, ob noch etwas fehlt.
Uns schien, als ob einige Kinder jedoch auch Nervosität hinter all diesem Nachrecherchieren verbargen.

Ein Junge stand vor der Haustür und wollte einfach nicht hereinkommen. Er wirkte auf uns sehr verschüchtert.

Einige Kinder wirkten auf uns unsicher, als sie am Donnerstag in unser Haus kamen; sie schauten fragend und ängstlich um sich.

Andere waren einfach nur neugierig. Einige wenige wirkten auch desinteressiert.

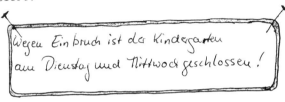

Wegen Einbruch ist der Kindergarten am Dienstag und Mittwoch geschlossen!

Wir waren sehr froh, daß der Einbruch schon am Wochenende entdeckt wurde. Wir konnten den Kindergarten für zwei Tage schließen und so das Durcheinander beseitigen und standen nicht mit den Kindern mittendrin - das hätte die Kinder nur noch mehr beunruhigt.
Diese beiden Tage halfen uns, über das nachzudenken, wie Kinder möglicherweise auf diese Angelegenheit reagieren würden und welchen Standpunkt wir vertreten möchten.

Eltern und Erzieher beraten sich

Während der zwei geschlossenen Tage fand ein Elternabend statt, an dem wir die Eltern nach den ersten Reaktionen ihrer Kinder fragen konnten.
<u>Das sind die ersten Äußerungen ihrer Kinder:</u>
"Ich hab drei Männer gesehen, die aussehen wie Gangster."

"Die Zigeuner die gesammelt haben waren die Einbrecher."

"Ist der Hilu noch da (unser Vogel)?"

"Hatten die Masken auf?"

"Ein Glück sind keine Kinder weggekommen."

"Die Kinder haben alles geklaut was elektrisch war."

"Ist mein Webrahmen noch da?"

"Und was hat der Pfarrer gemacht? (Er wohnt nebenan)
Ja, der hat im Bett gelegen und hat gebetet, daß es net noch schlimmer wird."

Haben die einen Rucksack dabeigehabt?"

Folgendes haben wir gemeinsam erarbeitet:

Für Kinder soll deutlich werden:

⇨ Menschen stehlen, weil sie reich werden wollen und mehr besitzen wollen als die anderen.
Menschen stehlen aber vorallem dann, wenn sie in Not sind, nicht das Notwendige besitzen, selbst in Armut leben müssen.
Wer mit einem Diebstahl reich werden möchte, würde sich für den Einbruch vielleicht eher eine Bank oder ein Elektrogeschäft aussuchen als unseren Kindergarten.
Wer sich soviel Arbeit macht, tut dies eher aus einer Not heraus.
Welches der beiden Motive unser(e) Einbrecher(in) wissen wir nicht.

⇨ Diebstahl ist mit nichts zu entschuldigen.
Es ist ärgerlich etwas abgenommen zu bekommen. Es macht hilflos und wütend, weil man sich einfach nicht dagegen wehren kann.
Es ist uns aber wichtig, Menschen mit ihren Schicksalen hinter dieser Tat zu sehen, damit vorallem den Kindern das Bild des "schwarzverhüllten-bösen-unbekannten- Wesens" aus dem Kopf geht.

⇨ Kinder sollen wissen: Wir Erwachsene sind auch dafür da, Kinder zu beschützen - egal was auch geschehen könnte, wir lassen euch nicht allein!

⇨ Kinder hören, daß Erwachsene etwas Böses tun und das, obwohl sie uns eigentlich immer für die Klügeren halten.
Kindern darf nicht die Zuversicht und das Vertrauen zu uns Großen genommen werden. Wir möchten ihnen aber auch zu verstehen geben, daß nicht jeder Gutes mit uns im Sinne hat.

⇨ In unserem Fall ist es vielleicht der kleine Fisch, der geschnappt wurde und verstrickt ist in die Machenschaften größerer krimineller Organisationen. Kinder können solche Verflechtungen nicht begreifen.
Wir sind der Überzeugung, daß dies nicht mit Kindern angesprochen werden sollte. Schon bei uns Erwachsenen lassen solche Dimensionen Ohnmachtsgefühle entstehen - Kindern könnte es passieren, den Glauben an das Gute im Menschen zu verlieren, weil sie damit überfordert sind.

⇨ Auch hierbei wird wieder einmal ganz deutlich:
unsere eigene Haltung spiegelt sich im Kind wieder.
Bin ich hektisch, selbst ängstlich, sensationslustig,

③

empört, hilflos, überlegt, sachlich, interessiert, ruhig gelassen........so ist es auch mein Kind!

▷ In unserem Gespräch ist es uns von hoher Bedeutung, Kinder klar zu machen, daß nicht alle Ausländer Diebe oder Einbrecher sind.
Viele Deutsche begehen genau solche Straftaten, allerdings kommen die Menschen, die in Armut leben häufiger auf dumme Gedanken.

▷ Ausländer/Asylanten werden häufig zu Buhmännern unserer gesellschaftlichen Misere gemacht.Wie es der unglückliche Zufall wollte, scheint dies unser Einbruch zu bestätigen. Deshalb liegt uns jetzt besonders daran, unseren Kindern auch ein anderes Bild unserer ausländischen Mitbürger zu vermitteln.

▷ Praktisches dazu:
-Bilderbuch:Selim und Susanne
-Wir bekommen marokkanisch gekocht
Wir würden gern die Kinder im Asylantenheim besuchen.
-Könnten wir nicht mal im internationalen Stil ein Fest feiern?

▷ Wir laden einen Polizisten zu uns ein.Wir haben so die Gelegenheit, noch einmal über unsere Gefühle zu reden, die mit dem Einbruch verbunden sind.Wir brauchen es "amtlich", daß eigentlich nie Einbrüche passieren, wenn ein Haus voller Menschen ist.Falls das Interesse bei Kindern für einen Gegenbesuch vorhanden ist, können wir auch eine Dienststelle besuchen.

<u>Es gibt auch einige praktische Hilfen für Kinder:</u>
-In einem Zimmer des Hauses ein kleines Licht anlassen.
Das sagt jedem: das Haus ist gerade bewohnt (und in Bewohnte Häuser steigt eigentlich keiner ein).

-Telefonieren lernen.
Ein Kind kann sich so selbst Hilfe holen, wenn es einmal erschrecken sollte, wenn keiner in der Nähe ist.
Übrigens sagte die Polzei den Kindern, sie dürften ruhig 110 wählen, wenn ihnen irgendetwas komisch vorkäme.

-Unsere Kinder sind zur Zeit bis unter die Zähne bewaffnet.
Das hat natürlich eine direkte Beziehung zu ihrem Erlebten.
Es ist notwendig, diese Spiele den Kindern zu gestatten.
Sie spielen sich ihre Emotionen aus dem Bauch.

-Kinder schwelgen zur Zeit in grausamen Phantasien,was sie alles mit den Einbrechern tun würden."Wenn der Einbrecher kommt, zieh ich mein Messer und vergrab ihn dann im Sandkasten oder wir fesseln ihn und trampeln ihn dann tot."
Kinder signalisieren uns so ganz deutlich ihr Ohnmachtsgefühl. Unserer Meinung nach wäre es deshalb falsch,diese Aussagen zu verbieten. Kinder brauchen"Verbalgewalt" zum abreagieren, genauso wie wir Erwachsene auch mal ordentlich fluchen müssen, um hinterher wieder ganz normal zu sein.

Unser religiöser Aspekt:

Um mit solchen kleinen "Alltagsbedrohungen" leben zu können, ist es notwendig, Menschen um sich zu haben, bei denen man sich geborgen fühlt.
Gott ist bei uns, sorgt für uns.Gottvertrauen ist für uns auch, die Fähigkeit zu besitzen, Vertrauen in Menschen zu haben, die uns in erschreckenden Momenten begleiten.
"Christus aber war treu als Sohn über sein Haus.
Dieses Haus sind wir, wenn wir die Zuversicht und die
Hoffnung festhalten.(Hebräer 3.6)
Es gibt keine Garantie, daß uns diese Sache nicht noch einmal widerfährt,doch...

```
...nur wer lernt mutig vorauszuschauen,
   lernt mit dem Schrecken besser umzugehen.
```

Dazu gehört aber auch, daß man versucht, die Hintergründe für ein Unrecht zu verstehen uund verzeihen zu können - um seine innere Ruhe wiederzufinden.
"Da trat Petrus zu ihm und fragte:Herr,wie oft muß ich denn
meinem Bruder, der an mir sündigt, vergeben?Genügt es sieben mal?
Jesus sprach zu ihm:ich sage die:nicht sieben mal, sondern
siebzigmal siebenmal.(Matth.18.21.22)

Gib uns Ohren, die hören und Augen, die sehn
und ein weites Herz, andre zu verstehn.
Gott, gib uns Mut, unsre Wege zu gehn.

Dieses Thema hat uns hellhörig werden lassen, welche Ängste
Kinder in diesem Alter allgemein haben.
Vielleicht erwächst aus der bisherigen Arbeit genau dieses
neue Thema...

Noch einmal vielen Dank für Ihre Mitarbeit.
Bei der Ausarbeitung dieses Textes haben wir gemerkt, wieviele
wichtige Impulse Sie uns am Elternabend gegeben haben.

⑥

Ein Versuch der Erzieherinnen ihre
päd. Arbeit durchschaubar zu machen.

Das Kennzeichen unserer an christlichen Grundsätzen orientierten Einrichtung ist die Vorschulpädagogik nach dem "situationstheoretischen Ansatz in der sozialpädagogischen Arbeit mit Kindern", die sich aus der Teilnahme unseres Kindergartens am Erprobungsprogramm des Landes Hessen mit dem Curriculum "Soziales Lernen", seit 1975 kontinuierlich entwickelte.
Wissenschaftler des - Deutschen Jugendinstitutes -: erarbeiteten dieses pädagogische Prinzip in enger Zusammenarbeit mit Eltern, Kindern und Erziehern, mit der Absicht Kindern aus verschiedener sozialer Herkunft und mit unterschiedlicher Lerngeschichte zu befähigen, in gegenwärtigen und zukünftigen Lebenssituationen möglichst selbstbestimmt, sachangemessen und solidarisch zu handeln.

Erfahrungen, die Wissenschaftler in den vergangenen Jahren gemacht haben ergeben deutlich, daß die Aufgabe des Kindergartens nicht die Vorverlegung schulischen Lernens beeinhalten darf. Vielmehr ist diese Zeitspanne bei genauem Hinsehen der einzige Lebensabschnitt in dem soziales Lernen in dieser Intensität stattfinden kann. Später bestimmen doch zunehmend Leistung und sichtbar, meßbarer Erfolg das Leben der Menschen.
Dabei meinen wir, wird unsere Zukunft noch viel stärker davon abhängen wie Menschen miteinander umgehen, wie füreinander Verständnis und Mitmenschlichkeit aufgebracht wird.

> Wir sehen die zentrale Aufgabe des Kindergartens darin, den Kindern in einem lebensnahen Lernen Erfahrungen zu ermöglichen, die ihnen helfen, sich in gegenwärtigen und zukünftigen Lebenssituationen besser zurechtzufinden.

WICHTIGER ALS BASTELN - SACH + WISSENSVERMITTLUNG IST UNS DESHALB FÜR KINDER:

- sich angenommen zu fühlen und Freunde zu finden
- zu lernen mit ihren Ängsten umzugehen
- Verantwortung für sich und anderere zu entdecken
- zu wissen wo - wie und bei wem man sich Hilfen und Informationen einholen kann
- Vertrauen in sich und andere setzen können
- seine Zeit mit eigenen Aktivitäten sinnvoll zu füllen
- zu lernen seine Gefühle wahrzunehmen, - zu äußern und damit umzugehen
- Regeln und Ordnungen zu hinterfragen
- ein Stück in die Erwachsenenwelt hineingenommen zu werden, mitbestimmen und mitgestalten dürfen, (das gilt für Tagesabläufe, Raumgestaltung, Regeln, Ausflüge ...
- Erwachsene zu erleben die sie als Persönlichkeiten ernstnehmen, die gemeinsames Leben so praktizieren, daß sich jeder Einzelne in den verschiedensten Lebenssituationen angenommen weiß
- spontan und voller Interesse zu handeln und Fehler machen zu dürfen
- über die Gestalt Jesu den Zugang zu christlichen Inhalten eröffnet zu bekommen

Das Wesentliche in der Religionspädagogik ist uns, Kinder die Einsicht zu vermitteln, Jesu Wort und Leben ist nicht etwas das sich vor 2000 Jahren in einem fernen Land ereignet hat und vergangen ist, sondern auch heute noch Gültigkeit hat - anwendbar und umzusetzen in den Alltag.
Kinder brauchen dafür Inhalte, die vor dem Hintergrund einer Erfahrung stehen, die ihr eigenes Leben bewegen wie: Angst vor Verlassensein, Unsicherheit, Streit, Anteilnahme, Verständnis, Vertrauen u.ä.m. Wir wählen sorgfältig Texte und Jesusgeschichten aus und versuchen es nicht beim Wort zu lassen, - wir versuchen es auch mit den Kindern zu leben.

WER SAGT'S DENN:
AUCH GROßE LERNEN VON KLEINEN

Altersgemischte Gruppen sehen wir als notwendige Voraussetzung für vielfältige Erfahrungen an. Das Kind trägt bei einer solchen Gruppenzusammensetzung einmal die Führungsrolle, ein anderes Mal ordnet es sich unter und lernt von und durch seine Spielkameraden. Kinder lernen gerne von Kindern, weil sie im partnerschaftlichen Umgang nicht permanent Erwachsenenüberlegenheit ausgesetzt sind. In der altersgemischten Gruppe gibt es nicht nur das drastische Gefälle zwischen Erwachsenen und Kindern, dazwischen gibt es eine Reihe erfahrener Kinder die bereits besser Bescheid wissen und ihr Mehrwissen an die anderen Kinder weitergeben können.

ELTERNMITARBEIT DRINGEND ERWÜNSCHT

Elternmitarbeit halten wir für eine sinnvolle Vorschulpädagogik unumgänglich. Wir meinen, sie sollten sich und ihre Vorstellungen einbringen und an der Planung und Durchführung pädagogischer Projekte, (soweit es zeitlich möglich ist) beteiligen und auch unterschiedliche Meinungen ausdiskutieren. Deshalb bieten wir häufig Elternabende an, geben schriftliche Arbeitsunterlagen von pädagogischen Projekten - Didaktischen Einheiten - an Eltern weiter. Darüberhinaus sind wir jederzeit zu Gesprächen bereit. Woher kommen die Inhalte einer Didaktischen Einheit?

> Ausgangspunkt für unsere pädagogische Planung ist die
> Lebenssituation das heißt: es wird von den eigentlichen, auch ganz individuellen Bedürfnissen, Interessen
> und Situationen der Kinder ausgegangen und nicht von
> dem Anspruch des Erwachsenen besser zu wissen was Kinder brauchen, können oder nötig haben!

Wir registrieren Äußerungen, machen Beobachtungen, erfahren
Sorgen, Freuden und augenblickliche Interessen der Kinder.
In intensiven Gesprächen im Team ordnen und hinterfragen
wir diese Informationen. Wenn wir meinen, es gäbe Situationen in denen Kinder Hilfe oder Unterstützung bräuchten z.B.
große und kleine Kinder haben miteinander Schwierigkeiten,
Kinder kommen in den Kindergarten oder in die Schule, und wir
könnten ihnen Erfahrungen ermöglichen mit deren Hilfe sie
jetzt oder später bestimmte Lebenslagen besser in den Griff
bekommen, erarbeiten wir Inhalte, Zielvorstellungen und Umsetzungsmöglichkeiten für einen unbestimmten Zeitraum.
Es gibt daneben auch Zeiten in denen keine D E läuft, dann
bestimmen verschiedene individuelle Interessen der Kinder
unsere päd. Planung.

Kinder sollen vieles lernen, um sich selbständiger zurechtzufinden

Kinder sollen ihr Wissen und Können nicht
nur im eigenen Interesse, sondern auch in
Verantwortung für andere Menschen und für
ihre Umwelt, einsetzen lernen

Kinder sollen emotional stabil und selbstbewußt werden, sie sollen aber in Beziehung
zu anderen auch sensibel und solidarisch
sein können

Dankeschön – sage ich...

- meinen Freundinnen und Freunden Doris, Norbert, Andi, Manuela, Klaus-Jürgen, Siggi, Jessica, Bianca, Annette, Thomas, Hannelore, Winfried, Daniela, Tordis, Christian, Ottmar, Matthias, Nassrin, Silke, Silke, Guido, Lore, Hermann, Ruth, Richard, Martin, Elisabeth, Lenchen, Helmut, Waltraud, Rudi, Mücke, Fluse, Hagen und Jost

- meinem Bruder Werner und Annette Sziede für die Hilfe bei den verschiedenen Arbeiten mit dem Computer sowie Martin Hausburg für seine Hinweise bei der Erstellung des Manuskriptes

- den Dozentinnen und Dozenten sowie den Hochschullehrerinnen und -lehrern, die sehr lebendige und inhaltsreiche Vorlesungen und Seminare durchgeführt und ermöglicht haben und mit denen ich äußerst angenehme Erinnerungen verbinde: Dr. Imbke Behnken, Dipl. Pädagogin Songrid Hürtgen-Busch, Prof. Dr. Werner Metzler, Prof. Dr. Christine Möller, Prof. Dr. Ulrike Schildmann, Prof. Dr. Peter Trenk-Hinterberger, Prof. Dr. Sigbert Weinmann, Prof. Dr. Jürgen Zinnecker und Prof. Manfred Zabel.

- meiner Familie, die mir bei meinem Studium in jeder Hinsicht hilfreich zur Seite stand

- der Friedrich-Ebert-Stiftung (FES) für die angenehme Förderung meines Studiums sowie Reimar Kleinwächter (Kurt-Schumacher-Akademie der FES in Bad Münstereifel), bei dem und mit dem ich äußerst hilfreiche Seminare erlebte

- den Kolleginnen und Kollegen der Evangelischen Sozialbildungsstätte „Haus Keppel" der Evangelischen Sozialakademie Friedewald in Hilchenbach bei Siegen, die mir einen breiten Entwicklungs-Raum boten und bieten

- meinem ehemaligen Lehrer Hans-Udo Staudinger in der Grund- und Hauptschule „Perftal" in Breidenbach. Seine wertschätzende Haltung und sein pädagogischer Optimismus wirkten sich unmittelbar auf meine persönliche Entwicklung aus – sowie auf die Klassengemeinschaft, an die ich mich sehr gerne erinnere.

Literaturverzeichnis

Almsted, Lena; Kammhöfer, Hans-Dieter: Situationsorientiertes Arbeiten im Kindergarten: Bericht über ein Erprobungsprogramm, München, 1980

Amendt, Gerhard: Das Leben unerwünschter Kinder, Frankfurt a. M., 1992

Arbeitsgruppe Paulo Freire: Paulo Freires „Pädagogik der Unterdrückten" – ein Weg zur Befreiung? Die Didaktik des Paulo Freire, in: b:e, Heft 7/1973, S. 22-38

Arbeitsgruppe Vorschulerziehung: Anregungen I: Zur pädagogischen Arbeit im Kindergarten, München, 1974

Arbeitsgruppe Vorschulerziehung: Anregungen III: Didaktische Einheiten im Kindergarten, München, 1979

Arbeitsgruppe Vorschulerziehung im DJI: Zum Curriculum „Soziales Lernen". Ergebnisse praktischer Curriculumarbeit, in: b:e, Heft 1/1976, S. 47-50

Bambach, Heide; Gerstacker, Ruth: Der Situationsansatz als didaktisches Prinzip: Die Entwicklung didaktischer Einheiten, in: Zimmer, Jürgen (Hg.), Curriculumentwicklung im Vorschulbereich, Bd. 1, München, 1973

Betz, Felicitas; Becker Antoinette; Kettler, Walter: Religiöse Elemente in der Vorschulerziehung, München, 1973

Boehm, Marion: Noch nicht veröffentlichtes Manuskript für die Zeitschrift Theorie und Praxis der Sozialpädagogik (TPS)

Buber, Martin: Das dialogische Prinzip. Ich und Du. Zwiesprache. Die Frage an den Einzelnen. Elemente des Zwischenmenschlichen, Gerlingen, 1962

Cohn, Ruth: Es geht ums Anteilnehmen. Die Begründerin der TZI zur Persönlichkeitsentfaltung. Freiburg i. Br., 1993

Colberg-Schrader, Hedi; Krug, Marianne: Arbeitsfeld Kindergarten. Planung, Praxisgestaltung, Teamarbeit, München, 1991a

Colberg-Schrader; Krug, Marianne: Lebensnahes Lernen im Kindergarten. Zur Umsetzung des Curriculum Soziales Lernen, München, 1986

Colberg-Schrader, Hedi; Krug, Marianne; Pelzer, Susanne: Soziales Lernen im Kindergarten. Ein Praxisbuch des DJI, München, 1991b

Colberg-Schrader, Hedi: Wandel und Annäherung – Kindergarten und Familien, in: Deutsches Jugendinstitut (Hg.). Handbuch zur Situation der Familie heute, München, 1988

Colberg-Schrader, Hedi: Kindheitsforschung für die Praxis, in: Diskurs. Studien zu Kindheit, Jugend, Familie und Gesellschaft. Thema: Kindheit heute – Aufwachsen in der Moderne. Heft 1/1992, S. 22-27

Comenius-Institut: Situationsansatz und Religionspädagogik. Förderprogramm für den Kindergarten, Münster, 1976

De Saint-Exupéry, Antoine: Der kleine Prinz, Düsseldorf, 1988

Der Bundesminister für Jugend, Familie, Frauen und Gesundheit: Achter Jugendbericht. Bericht über Bestrebungen und Leistungen der Jugendhilfe, Bonn, 1990

Dichans, Wolfgang: Der Kindergarten als Lebensraum für behinderte und nichtbehinderte Kinder, Köln, 1990

Engelhardt, Klaus: Ins Fragmentarische einleben. Evangelisches Profil zeigen in unübersichtlicher Zeit, in: Evangelische Kommentare, Heft 1/1995, S. 35-39

Evangelische Kirche in Deutschland: Kundgebung der 8. Synode der Evangelischen Kirche in Deutschland auf ihrer 5. Tagung zum Schwerpunktthema „Aufwachsen in schwieriger Zeit – Kinder in Gemeinde und Gesellschaft", Hannover, 1994

Feuser, Georg: Unverzichtbare Grundlagen und Formen der gemeinsamen Erziehung behinderter und nichtbehinderter Kinder in Kindergarten und Schule, in: Behindertenpädagogik, Heft 2/1986, S. 122-139

Freie Universität Berlin: Projektantrag zu Evaluation des Erprobungsprogramms, Berlin, 1991

Freire, Paulo: Pädagogik der Unterdrückten: Bildung als Praxis der Freiheit, Reinbek, 1973

Harris, Thomas A.: Ich bin o.k. – Du bist o.k. Wie wir uns selbst besser verstehen und unsere Einstellung zu anderen verändern können – Eine Einführung in die Transaktionsanalyse, Reinbek, 1991

Hessisches Sozialministerium (Hg.): Beziehungsfeld Kindergarten: Zur psychischen Situation des Kindergartenkindes, Wiesbaden, 1981

Huppertz, Norbert: Erleben und Bilden im Kindergarten. Der lebensbezogene Ansatz als Modell für die Planung der Arbeit, Freiburg i. Br., 1992

Hürtgen-Busch, Songrid: Situationsbezogenes Arbeiten im Kindergarten. Eindrücke aus Fortbildungsseminaren mit Erzieherinnen und Leiterinnen, in: Kita, Heft 2/1993a, S. 24-27

Hürtgen-Busch, Songrid: Situationsbezogenes Arbeiten im Kindergarten – Teil 2. Eindrücke aus Fortbildungsseminaren mit Erzieherinnen und Leiterinnen, in: Kita, Heft 4/1993b, S. 57-60

Irskens, Beate; Preissing, Christa: Damit wir wissen, was wir tun! Methoden zur Erstellung eines pädagogischen Konzeptes im Team, Frankfurt am Main, 1990

Jilesen, M.: Soziologie, Köln-Porz, 1982

Jung, Carl Gustav: Der Mensch und seine Symbole, Olten, 1982

Jungjohann, Eugen: Kinder klagen an: Angst, Leid und Gewalt, Frankfurt a. M., 1993

Kindergarten Lorsch: Pädagogisches Konzept. Ein Versuch der Erzieherinnen, ihre pädagogische Arbeit durchschaubar zu machen, o. J.

Kindergarten Lorsch: „Manchmal hab ich Angst". Ein pädagogisches Projekt, das sich mit einer Lebenserfahrung von Kindern auseinandersetzt, o. J.

Kindergarten Lorsch: Mädchen und Jungen – haben Fähigkeiten, die nicht gleichberechtigt entwickelt werden, o. J.
Kindergarten Winterkasten: Einbruch, Diebstahl, Angst – ein pädagogisches Projekt, um mit Kindern die damit verbundenen Gefühle aufzuarbeiten, o. J.
Korczak, Janusz: Wie man ein Kind lieben soll, Göttingen, 1983
Korczak, Janusz: Verteidigt die Kinder! Erzählende Pädagogik, Gütersloh, 1978
Krenz, Armin: Alptraum oder Selbstverständlichkeit: Der „Situationsorientierte Ansatz" in der Praxis, in: klein & groß: Lebensorte für Kinder, Heft 3/1995, S. 21-23
Krenz, Armin: Berufseid für Erzieher/innen, in: Kinderleicht, März 1/1993a, S. 8-9
Krenz, Armin: Der „Situationsorientierte Ansatz" im Kindergarten. Grundlagen und Praxis, Freiburg i. Br., 1992
Krenz, Armin: Seht doch, was ich alles kann! Was uns Kinder sagen wollen, Freiburg, 1993b
Krenz, Armin: Kinder spielen mit Waffenimitaten: (k)ein Grund zur Aufregung?!, in: kindergarten heute, Heft 7-8/1993c, S. 34-41
Krug, Marianne: Die Frage nach dem „richtigen Lernen". Gedanken zur Entwicklung des Situationsansatzes, in: Welt des Kindes, Heft 3, Mai/Juni 1994, S. 7-11
Lindgren, Astrid: Niemals Gewalt. Rede der Kinderbuchautorin anläßlich der Verleihung des Friedenspreises des Deutschen Buchhandels in Frankfurt am Main im Jahr 1978. Der Vortrag wurde in Form eines Posters vom Oetinger Verlag Hamburg publiziert.
Lingen: Lexikon, Köln, 1977
Lutherische Monatshefte: Politische Alphabetisierung: Einführung ins Konzept einer humanisierenden Bildung, Heft 11/1970, S. 578-583
Manderscheid, Hejo: Vom christlichen Liebesgebot zum Lernort des Glaubens. Was ist ein katholischer Kindergarten?, in: Schnabel, Thomas (Hg.): versorgen, bilden, erziehen. 1912-1987. Festschrift des Zentralverbandes katholischer Kindergärten und Kinderhorte Deutschlands, Freiburg i. Br., 1987
Mühlum, Sieglinde: Aufeinander hören – miteinander reden. Praxisbericht über eine Kinderkonferenz, in: Theorie und Praxis der Sozialpädagogik, Heft 6/1989, S. 314 – 315
Mühlum, Sieglinde: Projektdokumentation: Wie kann so etwas aussehen?, in: Veröffentlichungen für Erzieherinnen des Bistums Trier, 1988
Obereisenbuchner, Matthias: Überlegungen zu Voraussetzungen und Möglichkeiten der Evaluation offener Curricula, in: Zimmer, Jürgen (Hg.): Curriculumentwicklung im Vorschulbereich, Bd. 2, München, 1973
Preissing, Christa; Prott, Roger: Rechtshandbuch für Erzieherinnen, Berlin, 1987
Preissing, Christa; Prott, Roger: Rechtshandbuch für Erzieherinnen, Berlin, 1993
Richter, Horst-Eberhard: Wer nicht leiden will muß hassen: Zur Epidemie der Gewalt, Hamburg, 1993
Rogge, Jan-Uwe: Kinder können Fernsehen: vom sinnvollen Umgang mit dem Medium, Reinbek, 1992

Rogge, Jan-Uwe: Kindliche Ängste und die Medien, in: Niedersächsisches Kultusministerium (Hg.): Bausteine zur Medienerziehung jüngerer Kinder, o. O., 1990

Scheffen, Anke; Leis, Verena: Chancen und Grenzen der Gemeinwesenarbeit im Hinblick auf die Integration von Ausländern. Siegen, 1992 (unveröff. Diplomarbeit)

Scheibehenne, Günther: Elternpädagogik – historische, rechtliche und curriculare Rahmenvariablen, Berlin, 1985 (unveröff. Dissertation)

Schulz von Thun, Friedemann: Miteinander Reden. Störungen und Klärungen. Allgemeine Psychologie der Kommunikation, Reinbek, 1990

Schwarte, Norbert; Mahlke, Wolfgang: Raum für Kinder. Ein Arbeitsbuch zur Raumgestaltung in Kindergärten, Weinheim, 1991

Strecker, Dieter: Vom guten Umgang mit sich selbst. Wie Krankheit und Krise verhindert werden, Ettlingen, 1990

Strecker, Dieter: Vom guten Umgang mit Gott. Angstfreies Leben ist möglich, Ettlingen, 1992

Thomas, Murray; Feldmann, Birgitt: Die Entwicklung des Kindes, Weinheim, 1992

Ulich, Dieter; Mayring, Philipp: Psychologie der Emotionen, Stuttgart, 1992

Watzlawick, Paul; Beavin, Janet H.; Jackson, Don D.: Menschliche Kommunikation: Formen, Störungen, Paradoxien, Bern, 1990

Weber, Erich (Hg.): Pädagogik: Eine Einführung: Grundfragen und Grundbegriffe, Donauwörth, 1977

Widlöcher, Daniel: Was eine Kinderzeichnung verrät. Methode und Beispiele psychoanalytischer Deutungen, Frankfurt a. M., 1993

Wildt, Gretel; Schoen, Barbara: Die Methode Paulo Freire – der theoretische Hintergrund des DJI-Curriculums und die Möglichkeiten der Übertragung auf die Erzieherfortbildung – Aufarbeitung von Erfahrungen in der Erzieherfortbildung des Projektes „KITA-3000" der Stadt Frankfurt, Frankfurt, 1977 (unveröff. Diplomarbeit)

Zimbardo, P. G.: Psychologie, Berlin, 1983

Zimmer, Jürgen: Die vermauerte Kindheit: Bemerkungen zum Verhältnis von Verschulung und Entschulung, Weinheim, 1986

Zimmer, Jürgen: Entwicklungen des Situationsansatzes im Rahmen der Kindergartenreform, in: Zimmer, Jürgen (Hg.): Enzyklopädie Erziehungswissenschaft, Bd. 6: Erziehung in früher Kindheit, o. O., o. J., (Manuskript)

Zimmer, Jürgen: Acht Fragen zu vier Ansätzen der Pädagogik im Kindergarten: Antworten aus der Sicht der Waldorf- und der Montessoripädagogik, des Situationsansatzes und der Psychoanalytischen Pädagogik, in: Theorie und Praxis der Sozialpädagogik (TPS), Heft 5/1985, S. 242-252

Zlotowicz, Michel: Warum haben Kinder Angst? Stuttgart, 1983